GOTAS DE SABIDURÍA PARA EL ALMA

365 reflexiones diarias

Hernandes Dias Lopes

editorial clie

EDITORIAL CLIE
C/ Ferrocarril, 8
08232 VILADECAVALLS
(Barcelona) ESPAÑA
E-mail: libros@clie.es
http://www.clie.es

© 2011 por Hernandes Dias Lopes
Publicado por la Editora Hagnos Ltda. avenida Jacinto Júlio, 27
Cep 04815-160, São Paulo, SP, Brasil, con el título
GOTAS DE SABEDORIA PARA A ALMA.
Esta edición se publica con autorización por contrato con la
Editora Hagnos Ltda.

© 2015 Editorial CLIE

GOTAS DE SABIDURÍA PARA EL ALMA. 365 reflexiones diarias
ISBN: 978-84-8267-841-2
Depósito Legal: B 6192-2015
VIDA CRISTIANA
Devocionales
Referencia: 224852

Impreso en USA / Printed in USA

Sobre el autor

Hernandes Dias Lopes es graduado en Teología por el Seminario Presbiteriano del Sur, Campinas, SP, Brasil, y Dr. en Ministerio del Reformed Theological Seminary de Jackson, Misisipi, Estados Unidos. Es pastor de la Primera Iglesia Presbiteriana de Vitória, ES, Brasil, desde 1985. Conferenciante internacional y escritor, ha publicado más de 100 títulos en portugués.

Dedicatoria

Dedico este libro al doctor Robert Heerspink, director general del Back to God Ministries International, del Departamento de Medios de la Iglesia Cristiana Reformada, a quien Luz para o Caminho [Luz para el Camino] está unida. Robert Heerspink es un hombre íntegro, piadoso e involucrado de manera profunda en el proyecto de proclamar el evangelio, a través de los medios de comunicación, alrededor del mundo. Es un amigo precioso, un amado hermano, un hombre según el corazón de Dios.

Presentación

Supongamos que Dios le dijera: "Pídeme lo que quieras que yo te lo daré". Imagínese encontrarse con ese tipo de situación. El Soberano, el dueño de los cielos y de la tierra abriendo el baúl celestial de los regalos e incentivándole a estirar la mano y tomar lo que más le agrade. Sería sensacional, ¿no es así? Pero también podría servir como un espejo de sus caprichos materialistas. La Biblia presenta a un hombre que recibió la libertad de darle nombre a sus deseos, y él hizo su elección.

Dentro de todas las bendiciones que Salomón podría requerir de Dios, él eligió solamente una: la sabiduría (1 Reyes 3:3-4). La elección de Salomón se debe al valor inestimable de poseer un corazón sabio: "Mejor es adquirir sabiduría que oro preciado; y adquirir inteligencia vale más que la plata" (Proverbios 16:16).

La sabiduría es un regalo de Dios. No es natural en el hombre ni se adquiere por medio del trabajo intenso o la observación cuidadosa de la vida, o por la autodisciplina o una inteligencia brillante. La sabiduría concedida aquí viene de lo alto. Es común oír hablar de la existencia de la sabiduría popular. En nuestra cultura, las personas tienden a buscar sabiduría en todas partes, pero ninguno de esos caminos apunta hacia Dios. El primer paso en la dirección a la verdadera sabiduría es "el temor del Señor" (Proverbios 1:7; 9:10).

Por eso recomiendo la lectura de *Gotas de sabiduría para el alma*. El propósito de su autor, el reverendo Hernandes Dias Lopes, es conducirlo a un camino iluminado por la sabiduría de Dios. En sus más de cien libros, estudios y predicaciones, es posible leer y oír, además de su talento como uno de los más grandes expositores bíblicos en Brasil, a un hombre de mente cautivada por las Escrituras y de corazón apasionado por Dios. Puedo asegurar que la vida consagrada de ese pastor, abierta en los más de 30 años de amistad, ha sido orientada por una sabiduría que solamente puede venir del trono de la gracia del Señor.

Además, deseo que cada gota de sabiduría de este libro se transforme en una fuente que no se agota de vida que inunda su alma. ¡En el nombre de Jesús!

Reverendo Milton Ribeiro,
Director Administrativo de LPC

Prefacio

Gotas de sabiduría para el alma es un libro de meditaciones basado en los Proverbios de Salomón.

Empezamos con el capítulo 10 del libro de los Proverbios porque se trata de versículos independientes, en el que cada uno contiene un mensaje diferente y antitético. La idea es que cada versículo presenta una gota de sabiduría, una instrucción diaria para llevarnos por los caminos de la vida. Mi ardiente expectativa es que este devocional sea un libro de cabecera que lo acompañe todos los días del año, sirviéndole de farol que le ilumina los pasos, mostrándole el rumbo correcto, dándole instrucción segura sobre las mejores opciones que escoger.

Que el mismo Dios que inspiró el texto sagrado, ilumine su corazón en esta lectura y le dé gracia y poder para poner en práctica los principios expuestos aquí.

Hernandes Dias Lopes

1
de enero

Los hijos, fuente de alegría o de tristeza

El hijo sabio alegra al padre, pero el hijo necio es la tristeza de su madre.

PROVERBIOS 10:1

L os hijos son un manantial de alegría o una fuente de tristeza para los padres. Traen grandes alegrías o profundo sufrimiento. Hay hijos sabios que obedecen y honran a los padres, y esos se vuelven bienaventurados en la vida y alargan sus días sobre la tierra. Pero hay hijos insensatos que escarnecen de la educación recibida de los padres y echan a la basura los principios aprendidos en el hogar. Esos hijos entran por los atajos y los descaminos de la vida, se unen a malas compañías, se sumergen en los laberintos oscuros de los vicios y se entran a cualquier suerte de libertinaje. En esta jornada sin gloria, recogen los frutos malditos de lo que han sembrado de manera insensata. Trastornan su propia vida, son vergüenza para la familia y provocan sentimientos indescriptibles a su alrededor, especialmente a los padres. Benditos son los hijos que andan por la calle de la santidad, en vez de naufragar en los pantanos de la impureza. Benditos son los hijos que oyen y honran a los padres y son motivo de alegría para ellos. Esos son los que glorifican a Dios, bendicen la familia, fortalecen la iglesia y construyen una sociedad justa. Son esos que van a probar la bendición de una vida superlativa aquí y, por medio de Cristo, disfrutarán de la bienaventuranza eterna.

2
de enero

Cuidado con el dinero mal adquirido

Los tesoros de maldad no serán de provecho; mas la justicia libra de la muerte.

PROVERBIOS 10:2

Vivimos una crisis sin antecedentes en nuestra sociedad. La crisis que más nos aqueja es la de la integridad. Los valores morales son motivo de burla. La ley de dárselas bien en todo parece que gobierna la humanidad. Políticos sin escrúpulos venden el alma de las naciones para ser elegidos. Esquemas de corrupción esconden grupos de "cuello blanco", que transitan por los corredores del poder anhelando los tesoros de la impiedad. Así, riquezas que debían auxiliar a los afligidos y levantar las columnas de una sociedad justa son desviadas para cuentas bancarias de ricos que hacen las leyes, y se burlan de ellas y por fin se escapan del tribunal humano. Sin embargo, aquellos que acumulan los tesoros de la impiedad, viven en la pompa y en el lujo y acumulan para sí riquezas mal adquiridas van a ver que sus bienes serán combustible para su propia destrucción. La riqueza injusta produce muerte, pero la justicia libra de la muerte. Es mejor ser un pobre íntegro que un rico deshonesto. Es mejor comer un plato de verduras donde hay paz que vivir en la casa de los banquetes con el alma atribulada. Es mejor ser un pobre rico que un rico pobre.

3
de enero

Dios cuida al justo

Jehová no dejará padecer hambre al justo; mas rechazará la ambición de los impíos.

PROVERBIOS 10:3

Dios no desampara a aquellos que confían en Él. Él trabaja en el turno nocturno para conceder bendiciones a los que andan rectamente. A sus amados les da mientras duermen. No hay Dios como el nuestro, que trabaja para aquellos que esperan en Él. Él cabalga en las alturas para ayudarnos. Está sentado en la sala de comando del universo, tiene en las manos el control de la historia y actúa de tal manera que todas las cosas cooperan para el bien de los que lo aman. Ese no es un lenguaje de conjetura hipotética, pero de seguridad que fue probada. Dios cuida del justo y no deja que padezca hambre. David dijo: "Joven fui, y ya he envejecido, y no he visto al justo desamparado, ni a su descendencia mendigando el pan" (Salmos 37:25). Dios auxilia a los justos, pero rechaza la ambición de los perversos. Dios alimenta a los que tienen hambre, pero está en contra de los soberbios. Cuida a los justos, pero desampara a aquellos que de manera avara, acumulan solo para sí mismos. John Mackay, ilustre rector de la Universidad de Princeton, dijo que el problema más grande del mundo no es la escasez de recursos, sino la mala distribución de las riquezas. Tenemos que tener el corazón abierto para Dios y las manos abiertas para el prójimo.

4
de enero

Cuidado con la pereza

La mano negligente empobrece; mas la mano de los diligentes
enriquece.

PROVERBIOS 10:4

La pereza es la madre de la miseria y la patrona de la pobreza. Aquellos que tienen alergia al trabajo y huyen de él como si fuera una plaga contagiosa se vuelven pobres. Aquellos que aman el sueño y encuentran todo tipo de disculpas para no trabajar, esos acaban teniendo la mente llena de cosas perversas. El dicho popular dice: "Mente desocupada, taller de Satanás". El trabajo es una bendición. El trabajo no es un castigo ni fruto del pecado, es una orden de Dios. El hombre trabajaba antes de la caída y trabajará después de la glorificación. El cielo no será una bienaventuranza contemplativa, sino un trabajo dinámico y dichoso. La Biblia dice que en el cielo los siervos de Dios lo servirán. El trabajo dignifica al hombre, suple las necesidades de la familia, hace prosperar la sociedad y glorifica a Dios. El trabajo es una bendición, y debemos dedicarnos a él con mucho cuidado. Todo trabajo que es realizado de manera honesta es digno. Podemos transitar de la industria para el santuario con la misma devoción. El trabajo genera riqueza, pues "la mano del diligente enriquece". Por medio del trabajo hacemos lo que es bueno, cuidamos de nosotros mismos y de nuestra familia y aun ayudamos al necesitado.

5
de enero

Tenga ahorros

El que recoge en el verano es hombre sensato; el que duerme en
el tiempo de la siega es hijo que avergüenza.

PROVERBIOS 10:5

John Wesley dijo con razón que debemos ganar todo lo que podamos, ahorrar todo lo que podamos y dar todo lo que podamos. La pensión no puede
llevarnos a la usura ni a la generosidad irresponsable. Tenemos que juntar en
el momento de la abundancia así como lo hizo José en Egipto. No podemos
gastarnos todo lo que ganamos y comernos todas las semillas que recogemos.
Tenemos que ahorrar con la finalidad de que tengamos un saldo positivo en
los días de vacas flacas. Vivimos en una sociedad consumista, que ama las
cosas y olvida a las personas. El consumismo nos ilusiona con la idea tonta de
que somos lo que tenemos. En la década de 1970, más del setenta por ciento
de las familias dependían apenas de una fuente de renta para mantenerse.
Hoy en día más del sesenta por ciento de las familias dependen de dos fuentes
de renta para mantener el mismo estilo de vida. El lujo de ayer se volvió la
necesidad de hoy. Entramos en esa espiral consumista y acabamos comprando
cosas que no necesitamos, con el dinero que no tenemos, para impresionar a
personas que no conocemos. Tenemos que trabajar más; tenemos que ahorrar
más; tenemos que invertir más. ¡Ese es el camino de la sabiduría!

6

de enero

El justo es bendecido

Hay bendiciones sobre la cabeza del justo; pero la violencia cerrará la boca de los impíos.

PROVERBIOS 10:6

Vale la pena conocer a Dios, andar con Dios y servir a Dios. Sobre la cabeza del justo hay bendiciones. La casa del justo es bendecida. Él es como árbol plantado junto a corriente de aguas, que no se marchita y en su momento da su fruto. El justo florece como la palmera. ¿Quién es el justo? No es aquel que tiene justicia propia, sino aquel que fue justificado. No es aquel recibido por Dios por sus méritos, sino aquel que, a pesar de no merecer, cree en Cristo y se viste de su justicia. El justo es bendecido no porque corre detrás de la bendición, sino porque es conocido y amado por el bendecidor. Si la cabeza del justo es la dirección donde vive la bendición de Dios, la boca del perverso es el lugar donde habita la violencia. La bendición que marca al justo viene del cielo, de lo alto, de Dios; la violencia que procede del perverso brota de sí mismo, pues la boca habla de lo que el corazón está lleno. Sobre la cabeza del justo hay bendiciones venidas de Dios que se esparcen para todas las personas; sin embargo, de la boca de los perversos, procede la violencia que destruye y mata. El perverso sigue el camino ancho de la condenación esparciendo palabras de muerte, mientras que el justo esparce la luz de Cristo, exhala su perfume y distribuye bendiciones a su alrededor. Él es bendecido por Dios y por eso se vuelve un bendecidor para los hombres.

de enero

El buen nombre vale más que el dinero

La memoria del justo será bendita; mas el nombre de los impíos se pudrirá.

PROVERBIOS 10:7

La historia está llena de hombres que durmieron en camas de marfil, pero el colchón estaba lleno de espinas. Durmieron en cunas de oro, pero no había paz en el corazón. Vivieron en palacios, conjuntos exclusivos y *penthouses*, pero vivieron acorralados por los presagios más horribles. El dinero ha hechizado a muchas personas. Por amor al dinero muchos individuos pasan por encima de todos, escarnecen de la virtud y arrastran su nombre en el barro. Olvidan que el dinero no puede comprar las cosas más importantes de la vida. El dinero puede comprar lisonjeadores, pero no amigos; puede comprar favores sexuales, pero no amor; puede comprar una casa, pero no un hogar; puede comprar diversión, pero no alegría; puede comprar una comida refinada, pero no el apetito; puede comprar una cama confortable, pero no el sueño que da descanso; puede comprar un cajón de cedro, pero no la vida eterna. Aquellos que destruyen su honra por causa del dinero verán su nombre caer en podredumbre y a su familia llenarse de vergüenza y oprobio. Pero la memoria del justo es bendecida. El justo, aun después de muerto, influye en generaciones. Él pasa, pero su memoria continúa inspirando a millares de personas.

8
de enero

La obediencia es el camino de la sabiduría

El sabio de corazón acepta los mandatos; mas el charlatán corre a su ruina.

PROVERBIOS 10:8

La obediencia es el camino más corto para la felicidad. La esencia de la vida es la obediencia. La tragedia de la confusión de lenguas en la torre de Babel fue el resultado de la desobediencia. La peregrinación del pueblo de Israel en el desierto por cuarenta años fue consecuencia de la desobediencia. El cautiverio babilónico del pueblo de Judá fue producto de la desobediencia. La caída de Jerusalén en el año 70 d.C. fue el resultado directo de la desobediencia. Las grandes tragedias históricas vinieron como desdoblamiento de la desobediencia. Tapar los oídos a los mandamientos de Dios y caminar por la calle resbalosa de la desobediencia es una locura total. De la misma manera que no podemos romper una ley física sin sufrir las consecuencias, tampoco podemos romper la ley moral sin recoger los inevitables resultados. El sabio de corazón acepta los mandamientos y obedece, pero el insensato de labios, que deja que su boca hable improperios, será arruinado. La obediencia no es una camisa de fuerza, ni una visera que nos restringe; es nuestra carta de libertad, nuestro grito de independencia, el único camino que nos conduce a la verdadera felicidad. No sea insensato, sino sabio. No hable sin reflexión, ¡obedezca!

9
de enero

La integridad es
el mejor seguro de vida

El que camina en integridad anda seguro; mas el que pervierte
sus caminos será descubierto.

PROVERBIOS 10:9

El mejor seguro de vida es la integridad; la mejor defensa, la conciencia
pura. Aquellos que viven en la cuerda floja de la deshonestidad, con el
rabo preso en la ratonera de la mentira, metidos en cualquier tipo de corrupción, no andan en paz. Viven atormentados y sin sosiego. Los deshonestos,
que tuercen la ley, roban el derecho del inocente, roban los tesoros públicos y
aun así escapan ilesos de la justicia de los hombres, esos pueden hasta andar
con carros blindados, con chalecos a prueba de balas, armados hasta los dientes, con escoltas enormes protegiéndoles, pero no consiguen tener seguridad.
La verdadera seguridad procede de la conciencia limpia, del corazón puro y
de la conducta irreprensible. Aquellos que en el silencio de la noche o en los
bastidores del poder hacen acuerdos oscuros, corrompen o son corrompidos,
pensando que quedarán escondidos en el manto del anonimato o impunes
ante sus pérfidos delitos, notarán que la máscara de la mentira no es segura como piensan. Serán descubiertos y avergonzados, y sobre ellos caerá el
oprobio y la vergüenza. El blindaje del dinero, del prestigio y del éxito no los
puede proteger de la execración pública ni del recto y justo juicio de Dios.
Permanece el alerta divino: "El que camina en integridad anda seguro; mas el
que pervierte sus caminos será descubierto" (Proverbios 10:9).

10
de enero

Cuidado con el coqueteo

El que guiña el ojo acarrea disgustos; y el necio de labios caerá.

PROVERBIOS 10:10

El hombre puede caer tanto por lo que ve como por lo que habla. El texto se refiere a una mirada lasciva y con foco en el coqueteo malicioso. Ese guiño con los ojos es un lazo, y aquellos que extienden esa trampa caen en ella como presas indefensas. El resultado es el disgusto, la decepción y el sufrimiento. El pecado no vale la pena. Es un fraude maligno. Promete mundos y fondos, placeres y aventuras, delicias y más delicias, pero en ese paquete tan atractivo vienen el dolor, las lágrimas y la muerte. Muchos matrimonios fueron deshechos a partir de un guiño con los ojos. Muchas vidas fueron arruinadas emocionalmente porque correspondieron a ese guiño con los ojos. El patriarca Job dijo: "Hice pacto con mis ojos, de no fijar mi vista en ninguna doncella" (Job 31:1). Entrar por ese camino resbaloso es caer en el pecado de la defraudación, y defraudar a alguien es despertar en la otra persona lo que no se puede satisfacer lícitamente. El secreto de la felicidad no es la mente impura, los ojos maliciosos y los labios insensatos. La felicidad es la hermana gemela de la santidad. La bienaventuranza no está en los banquetes del pecado, sino en la presencia de Dios. Es en esa presencia que hay alegría eterna y delicias perpetuas. Cuidado con sus ojos. ¡Ponga guardia en la puerta de sus labios!

11

de enero

Fuente de vida o trampa mortal

Manantial de vida es la boca del justo; pero la boca de los impíos encubre violencias.

PROVERBIOS 10:11

J esús dijo que la boca habla de lo que el corazón está lleno. La lengua refleja el corazón. Muestra lo que es interno. Coloca para afuera lo que está por dentro. La lengua nos coloca al revés, muestra nuestras entrañas y descubre los secretos de nuestro corazón. La lengua puede construir puentes o cavar abismos. Puede ser fuente de vida o trampa mortal. El sabio Salomón dice que la boca del justo es manantial de vida. El justo habla la verdad con amor. Su palabra es buena y trae edificación. Es oportuna y transmite gracia a los que oyen. De la boca del justo brotan a chorro alabanzas a Dios y estímulo al prójimo. Su boca es como un árbol fructífero que alimenta y deleita. Es como un manantial cuyo caudal lleva vida por donde pasa. Sin embargo, en la boca de los perversos hay violencia. En la boca de los perversos hay blasfemias contra Dios e insultos contra el prójimo. La lengua de los perversos siembra contiendas, promueve intrigas, instiga enemistades y produce muerte. La lengua de los perversos es un pozo de impureza, un retrete nauseabundo de suciedad y un campo minado de violencia. Debemos pedirle a Dios un nuevo corazón para que nuestros labios sean manantial de vida y no trampas mortales.

12
de enero

¡No odie, ame!

El odio despierta rencillas; pero el amor encubre todas las faltas.

PROVERBIOS 10:12

Tanto el odio como el amor son sentimientos que brotan del corazón. Son opuestos y producen resultados diferentes. Si el odio promueve contiendas, el amor cubre transgresiones. Si el odio aleja a las personas, el amor las aproxima. Si el odio expone los defectos de las personas, el amor los cubre. Si el odio cava abismos, el amor construye puentes. El odio es un sentimiento irracional y arrollador. Antes de destruir a los demás, arruina a quien lo alimenta. Quien tiene odio en el corazón se destruye a sí mismo antes de ejercitar contiendas entre los demás. El odio es una especie de autofagia. Es como tomar un vaso de veneno pensando que es el otro quien va a morir. Sin embargo, el amor tiene un origen diferente y produce frutos diferentes. El amor procede de Dios, y su resultado no es maldecir al prójimo, ni colocar a uno contra el otro, sino bendecir a las personas, protegerlas y reconciliarlas. El amor es paciente con los errores de los demás y benigno con las personas, aún en sus debilidades. Quien ama protege al ser amado. Quien ama cubre las transgresiones del otro y proclama sus virtudes. Quien ama quita la atención de sí para enaltecer al prójimo. El odio trae el ADN de la muerte, pero el amor es fuente de vida. No odie, ame. No sea un instrumento de contiendas, sino un agente de la reconciliación.

13
de enero

No sea tonto, sino sabio

En los labios del prudente se halla sabiduría; mas la vara es para
las espaldas del falto de cordura.

PROVERBIOS 10:13

E l hombre prudente es aquel que sigue su vida por los principios de Dios,
sigue la rectitud y anda en santidad. En sus labios habita la sabiduría. Oír
a una persona prudente es como matricularse en la escuela de la sabiduría, es
sentarse en las sillas del conocimiento y poner los pies en la calle de la bienaventuranza. Pero el tonto, el falto de cordura, por despreciar el conocimiento
y escarnecer de la sabiduría sufre las consecuencias inevitables de su locura.
Por faltarle sabiduría en los labios recibe latigazos en la espalda. El sufrimiento
del tonto es autoimpuesto. Al que le falta cordura produce tempestades que
lo destruyen. Él transforma su propia vida. Teje el látigo que castiga el propio
cuerpo y abre la tumba para sus propios pies. Pero el prudente aleja su corazón del consejo de los impíos, retira sus pies del camino de los pecadores y
no se sienta en la rueda de los escarnecedores. El prudente alimenta su alma
con los manjares de la verdad de Dios y, por eso, sus labios destilan el néctar
de la sabiduría. Sabiduría es más que conocimiento, es la aplicación correcta
del conocimiento, es mirar para la vida con los ojos de Dios. Es escoger de
acuerdo con la voluntad de Dios y para la gloria del Señor.

14
de enero

El conocimiento, el mejor ahorro

Los sabios atesoran la sabiduría; mas la boca del necio es calamidad cercana.

PROVERBIOS 10:14

El conocimiento es mejor que el oro, es más seguro que la moneda más valorizada del mercado. Los ladrones pueden robar nuestros tesoros y las polillas pueden corroer nuestras reliquias, pero el conocimiento es una riqueza que nadie nos puede quitar. Los sabios atesoran el conocimiento y con él vienen como consecuencia las riquezas de esta tierra. El conocimiento es el mejor ahorro, la inversión más lucrativa. Pero nadie atesora conocimiento de un momento para el otro. Ese es un proceso largo. Para atesorar conocimiento es necesario dedicación, esfuerzo y mucho trabajo. Los necios y perezosos creerán muy caro hacer esa inversión. Prefieren el sueño, la recreación y la diversión. Aquellos cuya mente es desocupada de conocimiento tienen la boca llena de tonterías. La boca del necio es una ruina inminente. En vez de ayudar a las personas a caminar por las sendas de justicia, las descarrila para los abismos de la muerte. La lengua del necio es un veneno mortífero. Sus labios son lazos traicioneros. Su boca es una tumba de muerte. El sabio atesora el conocimiento, no solo suple a sí mismo con lo mejor de esta tierra, sino que también se vuelve una fuente de bendición para quien vive a su alrededor.

15

de enero

Refugio temporal

Las riquezas del rico son su ciudad fortificada; y el terror de los pobres es su pobreza.

PROVERBIOS 10:15

E xisten mitos sobre el dinero. El primero es que el dinero produce seguridad. ¿Será que eso es verdad? No, absolutamente no. La Biblia nos enseña a no colocar nuestra confianza en la inestabilidad de la riqueza. El dinero no puede librarnos de los peligros más grandes ni consigue darnos las cosas más importantes de la vida. El dinero nos puede dar una casa, pero no un hogar; puede dar aduladores, pero no amigos; puede dar favores sexuales, pero no amor. Puede dar una cama confortable, pero no el sueño; puede dar una mesa llena, pero no apetito; puede dar remedios, pero no salud; puede dar un lindo funeral, pero no la vida eterna. Es una verdad que el rico considera los bienes su ciudad fortificada, hasta que viene la tempestad, y sus bienes son disipados y arrastrados por la calle como el barrial. El pobre, que nada tiene, piensa que su pobreza es su propia ruina y lamenta. Pero cuando llega la crisis, mueren tanto el rico como el pobre, tanto el viejo como el joven, tanto el doctor como el iletrado. El rico no puede gloriarse en su riqueza, el fuerte no puede gloriarse en su fuerza, ni el sabio en su sabiduría. El único refugio verdadero es Dios, la roca de los siglos que jamás será zarandeada. En Él estamos seguros ahora y eternamente.

16
de enero

El fruto de su trabajo

La obra del justo es para vida; mas el fruto del impío es para pecado.

PROVERBIOS 10:16

L o que el hombre siembra, eso cosecha; las semillas que cultivamos determinan los frutos que cosechamos. Quien siembre el bien cosecha los dulces frutos de esa inversión; quien siembra el mal ve como su propio maleficio cae sobre sí. Quien siembra viento cosecha tempestad, y quien siembra en la carne cosecha corrupción. Nuestro trabajo siempre traerá resultados para el bien o para el mal. La obra del justo conduce a la vida. Lo que él hace es bendecido y bendecidor. Sus obras son movidas por Dios, hechas de acuerdo con la voluntad de Dios y visan la gloria de Dios. El justo no realiza sus obras con el propósito de alcanzar el favor de Dios; él las hace como gesto de gratitud por la gracia recibida. Sus obras no son causa de sù salvación, pero sí el resultado. Sus obras glorifican a Dios en el cielo y conducen a los hombres a la vida en la tierra. No obstante, el rendimiento del perverso conduce al pecado. Sus obras no arruinan solamente a él mismo, sino que trastornan también a los otros. Porque el corazón del perverso no es recto ante Dios, sus obras incitan a los hombres al pecado. Su boca es un pozo de lodo; sus pies se apresuran para el mal, y sus manos laboran para la perdición. ¿Quién es usted? ¿Cuáles son los frutos de su trabajo? ¿En qué campo está sembrando? ¿Qué semillas está esparciendo? ¿Qué frutos está cosechando? Es tiempo de sembrar para la vida, y no para el pecado.

17
de enero

La obediencia tiene una linda recompensa

Camino a la vida es guardar la instrucción; pero quien desecha la reprensión, yerra.

PROVERBIOS 10:17

Hay muchos caminos que son amplios, anchos y sin muros, pero esos caminos con tantos atractivos y ningún obstáculo desembocan en la esclavitud y en la muerte. La Biblia inclusive dice que "Hay camino que al hombre le parece derecho; pero al final es un camino de muerte" (Proverbios 14:12). El sabio es categórico al decir que el camino para la vida es de quien guarda la enseñanza. La obediencia a la enseñanza de la Palabra de Dios libra nuestros pies de la caída y nuestra alma del infierno. Sin embargo, la rebeldía es como el pecado de hechicería, es una rebelión contra Dios. Tapar los oídos a la reprensión de Dios es colocar el pie en la calle del error, y caminar rápidamente para el abismo es llegar al destino sin gloria de la condenación eterna. Solamente los necios viven a ciegas, sin ninguna percepción, sin ninguna sensibilidad con relación al peligro. Una vida sin reflexión es una vida construida para el desastre. El camino seguro para la vida es la calle de la obediencia. Obedecer a Dios y andar de acuerdo a sus consejos es el camino seguro en la calle de la vida. Esa calle es estrecha y apretada. No son muchos los que andan por ella. Pero su destino es la gloria, la bienaventuranza eterna. Aquellos que andan por las veredas de la obediencia recibirán una linda recompensa.

18
enero

No acumule odio

El que encubre el odio es de labios mentirosos; y el que propaga
calumnia es necio.

PROVERBIOS 10:18

E xisten dos maneras erradas de lidiar con el odio. La primera es la explosión de ira, cuando el individuo, como un volcán en erupción, suelta la
boca para difamar al prójimo. Esa explosión empieza con la agresión verbal y
termina en la violencia física. Personas sin templanza emocional trastornan la
vida de todos a su alrededor. La segunda manera errada de lidiar con la ira es
retenerla y acumularla. La persona no explota, no provoca un escándalo público y hasta mantiene las apariencias, pero amarga el corazón y destila falsedad
con los labios. Muchas personas viven una mentira. Los labios producen palabras suaves, pero el corazón es duro como una piedra. Los labios tejen elogios,
pero en el corazón se trama la muerte. Hay un descompaso entre lo que se
siente y lo que se habla, un abismo entre la boca y el corazón. Tanto la explosión de la ira como retenerla son actitudes incompatibles con la vida cristiana.
No podemos apuntar esa arma de grueso calibre contra los otros o contra
nosotros mismos. La solución no es herir a los demás ni a nosotros mismos,
sino perdonarnos mutuamente, como Dios en Cristo nos perdonó. En vez de
esconder el veneno de la maldad debajo de la lengua, debemos bendecirnos y
preferir en honra los unos a los otros. Solamente de esta manera disfrutaremos
de una vida verdaderamente feliz.

19
de enero

Vigile la puerta de sus labios

En las muchas palabras no falta pecado; mas el que refrena sus labios es prudente.

PROVERBIOS 10:19

Quien habla mucho erra mucho. "Aun el necio, cuando calla, es contado por sabio" (Proverbios 17:28). La Palabra de Dios es categórica: "todo hombre sea pronto para oír; tardo para hablar, tardo para airarse" (Santiago 1:19). Transgrede mucho quien habla para pensar después, habla sin reflexionar y habla más que lo necesario. Debemos hablar la verdad en amor. La verdad es el contenido, y el amor la forma. La verdad sin amor agrede; el amor sin la verdad engaña. Solamente debemos hablar lo que es bueno y oportuno. Solamente debemos abrir la boca para transmitir gracia a los que oyen. El necio habla mucho y piensa poco; habla mucho y comunica poco; habla mucho y acierta poco. Pero el prudente modera sus labios y hace amplia su influencia. Habla poco y reflexiona mucho; habla poco y comunica mucho; habla poco y bendice mucho. Debemos ser cautelosos en nuestro hablar, pues la vida y la muerte están en el poder de la lengua. Podemos vivificar o matar una relación dependiendo de la manera como nos comunicamos. La comunicación es el oxígeno que nutre nuestras relaciones. Entonces nuestra lengua debe ser fuente de vida y no cueva de muerte; tiene que ser medicina y no veneno; tiene que ser bálsamo que consuela y no un fuego que destruye.

20

de enero

¿Cuánto valen sus palabras?

Plata escogida es la lengua del justo; mas el corazón de los impíos es como nada.

PROVERBIOS 10:20

L as palabras de un justo son más preciosas que los metales más nobles. La lengua del justo es plata escogida: tiene belleza y valor. Cuando el justo habla, las personas son edificadas, consoladas y estimuladas. Cuando el justo abre la boca, una corriente de sabiduría brota de sus labios. Sus palabras son medicina para el cuerpo y bálsamo para el alma. La lengua del justo es como la luz que apunta la dirección, es como la sal que da sabor, es como el perfume que llena a todos con su fragancia. Quien oye al justo no anda en tinieblas, sino en la luz; no camina por caminos inciertos, sino que sigue por camino seguro; no cruza los desiertos áridos e inhóspitos, sino que atraviesa los campos fértiles de la prosperidad. Quien acoge las palabras del justo sigue el camino perfecto de Dios, hasta llegar a la ciudad de Dios, para reinar con el Hijo de Dios. Si la lengua del justo tiene palabras tan bellas y preciosas, el corazón del perverso, de donde fluyen sus palabras, vale muy poco, pues es un pozo de perdición, un laboratorio de engaño, una fábrica de mentiras, un territorio donde domina la maldad. Es el tiempo de que evaluemos el valor de nuestras palabras: ¿Ellas son plata o basura? ¿Son bellas y atrayentes o feas y repugnantes? ¿Tienen valor como la plata escogida o valen muy poco como el corazón del perverso?

21
de enero

Apaciente con su lengua

Los labios del justo apacientan a muchos, mas los necios mueren
por falta de entendimiento.

PROVERBIOS 10:21

Existen muchas bombas que tienen gran poder de destrucción. Hiroshima
y Nagasaki fueron destruidas por el poder devastador de la bomba atómica. Hoy se habla de la bomba de neutrones y de la bomba de hidrógeno. Aun
con una política internacional de desarme nuclear, el arsenal de que dispo-
nemos hoy en día puede destruir nuestro planeta varias veces. Pero la bomba
más poderosa no es la atómica ni la de hidrógeno, sino la bomba de las ideas,
que son vehiculadas por la lengua. Adolf Hitler, con el poder de su elocuencia,
hechizó una nación y provocó la Segunda Guerra Mundial. Pero la Biblia dice
que "Los labios del justo apacientan a muchos" (Proverbios 10:21). La lengua
del justo es un pastor de almas, un ministro fiel, un consejero sabio que conduce a muchos por los caminos de la justicia. Sus palabras apuntan al camino
correcto para los errantes y consuelan a los tristes. Vivifican a los abatidos y
fortalecen a los débiles. Curan a los enfermos y colocan en pie a los tambaleantes. El justo apacienta con la lengua. Sin embargo, los necios, por falta
de sensibilidad, no consiguen ni siquiera apacentarse a sí mismos. Los necios
no encuentran orientación para sí y por eso caen vencidos en el camino de la
vida. Su muerte se vuelve un monumento sin gloria de su necedad. Por despreciar el conocimiento de Dios, el necio pierde la propia vida. Por tapar los
oídos a la instrucción, perece para siempre.

22
de enero

La bendición de Dios enriquece

La bendición de Jehová es la que enriquece, y no añade tristeza con ella.

PROVERBIOS 10:22

L a teología de la prosperidad está de moda. Muchos predicadores se rinden a esa visión, movidos por la ganancia, y prometen a los fieles mundos y fondos en el nombre de Dios. Enseñan que la evidencia de la bendición divina es la prosperidad material. Esa interpretación, no obstante, está en desacuerdo con la Palabra de Dios. Hay ricos pobres y pobres ricos. John Rockefeller dijo que el hombre más pobre que conocía era aquel que solamente tenía dinero. Los que quieren quedarse ricos caen en tentaciones y trampas, pues el amor al dinero es la raíz de todos los males. No postulamos la teología de la prosperidad y tampoco la teología de la miseria. La pobreza no es una virtud, ni la riqueza, un pecado. La Biblia es categórica al afirmar que "la bendición de Jehová es la que enriquece, y no añade tristeza con ella" (Proverbios 10:22). Dios es la fuente de todo bien. De él procede toda buena dádiva. Es Dios quien fortalece nuestras manos para que adquiramos riqueza. La riqueza que Dios da no es fruto de la deshonestidad. No es el producto del robo ni de la corrupción. La riqueza que Dios da es fruto de la bendición que viene del cielo y del trabajo honrado hecho en la tierra. Esa es una riqueza que no trae disgusto ni quita el sueño. Su fuente es limpia, su naturaleza es santa, su propósito es sublime.

23
de enero

Diversión peligrosa

El hacer maldad es como una diversión al insensato; mas la
sabiduría recrea al hombre de entendimiento.

PROVERBIOS 10:23

¿Cuál es su diversión? ¿Qué es lo que más le gusta hacer? ¿Qué le da placer? La Biblia dice que el insensato se divierte practicando la maldad. Existen muchos programas de humor, telenovelas, espectáculos musicales, piezas de teatro, ruedas de *happy hour* que no pasan de diversión frívola, de maldad disfrazada de diversión. Aquellos que encuentran en el mal un placer mórbido y se divierten revolviendo el barrial infectado de los sótanos sucios de la obscenidad son insensatos. El placer verdadero y el sentido de la vida no están en la práctica de la maldad, sino en la búsqueda de la sabiduría. El inteligente no se entromete en esa rueda de los escarnecedores. No se mete en ese pantano pestilente. El inteligente busca guiar su vida por la sabiduría. No ofrece sus oídos a la basura de este mundo. No coloca ante sus ojos cosas inmundas. No coloca sus pies en la calle del mal ni lanza sus manos en aquello que es deshonra para su alma. El inteligente no tiene placer en el pecado; antes, su placer está en conocer a Dios y vivir para la gloria del Señor. Él no busca su diversión en las sucursales del pecado, sino en las alacenas de la sabiduría. Su placer no está en los banquetes de la tierra, sino en las delicias del cielo.

24
de enero

Presentimientos peligrosos

Lo que el impío teme, eso le vendrá; pero a los justos les será dado lo que desean.

PROVERBIOS 10:24

E l perverso tiene presentimientos; el justo, esperanza. El perverso teme el mal, y eso le vendrá; el justo busca el bien, y Dios atiende su deseo. La gran pregunta es: ¿Por qué aquello que el perverso teme le sobreviene? Es porque él cosecha lo que siembra. El perverso siembra viento y cosecha tempestad. Él siembra en la carne y de la carne recoge corrupción. Él toma el reflujo de su propio flujo. Ciega los frutos de su propia siembra insensata. De la misma manera que hay una ley natural, también hay una ley moral. De la misma manera que es imposible cosechar higos de espinos, tampoco es imposible cosechar de la siembra de la maldad el fruto de la felicidad. El perverso hace el mal con la pretensión de recibir el bien. Él hace el mal a los demás, pero tiene miedo que el mal caiga sobre su propia cabeza. Pero aquello que él teme, eso le sucede. No es así en la vida del justo. Sus anhelos son santos, y sus motivaciones son puras. El justo se deleita en Dios y ama al prójimo. El justo promueve el bien a los demás y Dios le devuelve el bien hecho a los otros. La Biblia dice "sabiendo que el bien que cada uno haga, ese volverá a recibir del Señor" (Efesios 6:8). Dios cumple el deseo del justo. Lo ampara en la aflicción, lo sostiene en las pruebas, lo fortalece en el caminar, le da la victoria en las luchas y después lo recibe en la gloria.

25 de enero

Fundamento firme

Como pasa el torbellino, así el malo no permanece; mas el justo permanece para siempre.

PROVERBIOS 10:25

La tempestad es intensa, peligrosa y provoca grandes desastres por donde pasa y desaparece. Después que se va, deja un rastro de destrucción y recuerdos amargos. En enero de 2011, en algunas ciudades brasileñas en las montañas cercanas a Río de Janeiro, Petrópolis, Teresópolis y Nova Friburgo, fueron devastadas por una terrible tempestad. Esa fue rápida, pero dejó marcas que no se pueden borrar. Más de mil personas fueron enterradas debajo de un montón de barro y sus casas fueron arrastradas por trombas violentas. La vida del perverso es así: él pasa como la tempestad. A su paso, deja marcas devastadoras. Si el perverso es llevado por la avalancha de la tempestad, el justo tiene fundamento perpetuo. Él es como un árbol plantado junto a la corriente de las aguas. Está firme en la rocha de los siglos, que nunca se debilita. Él es como un edificio, cuya base perpetua es Cristo. Su vida no puede ser resquebrajada. Su estabilidad es constante. Su memoria es bendecida en la tierra. Aunque la tempestad venga, el justo no es destruido, porque su confianza no está en la fuerza de su brazo, ni en su riqueza o sabiduría, sino en el Dios Todopoderoso, creador y sostenedor del universo.

26
de enero

La tragedia de la pereza

Como el vinagre a los dientes, y como el humo a los ojos, así es el perezoso para los que lo envían.

PROVERBIOS 10:26

El vinagre provoca neuralgia en los dientes, y el humo, gran incomodidad para los ojos. Cuando los dientes, por el efecto del vinagre, quedan sensibles, no conseguimos triturar bien el alimento ni aun sentir su sabor. Cuando los ojos son alcanzados por el humo, sentimos una incomodidad profunda y perdemos la capacidad de ver con claridad las cosas que están a nuestro alrededor. Esa es la incomodidad que el perezoso siente todas las veces que alguien le ordena hacer alguna cosa útil. El perezoso es amante del confort. Solo piensa en su bienestar. Gasta sus energías solamente para alimentar su mórbida comodidad. Nutre peligrosas fantasías sobre lo que le puede suceder en el caso que se lance a hacer alguna actividad. Retiene su mano de sembrar porque le teme al mal tiempo. Deja de salir de casa para trabajar porque cree que será atracado en el camino. Deja de buscar un empleo para sostenerse y cuidar de la familia porque cree que todas las puertas de las oportunidades están irremediablemente cerradas. El perezoso hace provisiones para el desastre. Él siembra la nada y cosecha el vacío. Por eso es como aquellos que andan siempre con los dientes amarillos y los ojos rojos.

27

de enero

Longevidad bendecida

El temor de Jehová prolonga los días; mas los años de los impíos serán acortados.

PROVERBIOS 10:27

E l temor del Señor es un freno contra el mal. Es el principio de la sabiduría. Nada puede detener al hombre de practicar el mal sino el temor del Señor. Habrá momentos en los que usted estará lejos de los padres, de los hijos, del cónyuge, de los amigos, de la patria, y en esas horas de soledad y aislamiento la tentación golpeará a la puerta de su corazón con ímpetu o con una seducción mañosa. En esas horas el único freno moral es el temor del Señor. Él es la sirena que despierta la conciencia. El temor del Señor impidió a José de Egipto acostarse con la mujer de Potifar. El temor del Señor impidió que Nehemías fuera un político corrupto. El temor del Señor nos libra de lugares peligrosos, actitudes sospechosas y personas seductoras. El temor del Señor prolonga los días de la vida. Pero los años del perverso, que no anda en el temor del Señor, son abreviados. Eso porque él no conoce a Dios, la fuente de la vida. Por no andar en el temor del Señor, él se mete por los caminos sinuosos del pecado. Por despreciar los consejos divinos, se envuelve en tramas de muerte y acorta sus días sobre la tierra. No obstante, el temor del Señor es el elixir de la vida. Cuando andamos por ese camino, disfrutamos de la longevidad bendecida.

28
de enero

Esperanza feliz

La esperanza de los justos es alegría; mas la esperanza de los impíos perecerá.

PROVERBIOS 10:28

Todos nosotros tenemos sueños. Quien no sueña no vive. Quien dejó de soñar dejó de vivir. No obstante es posible que usted haya perdido sus sueños más bonitos por las calles de la vida. También es posible que haya visto sus sueños más sublimes volverse pesadillas. Inclusive es posible que haya desistido de sus sueños, enterrándolos y colocando sobre la tumba de ellos una lápida con letras enormes: "Aquí yacen mis sueños". Quiero motivarle a retomar esos sueños y a colocarlos nuevamente en la presencia de Dios, pues la esperanza de los justos es alegría. Dios tiene pensamientos de vida y de paz a su respecto. Si ahora usted solamente ve nubes oscuras, sepa que por detrás de ellas el sol está brillando. Las nubes pasarán, pero el sol jamás dejará de brillar. Usted no está en el camino del fracaso sino marchando rumbo a la gloria. En Cristo, Dios le ha hecho más que vencedor. Pero no es así la expectativa de los perversos. Los sueños de ellos se volverán amarga pesadilla. Ellos siembran vientos y cosecharán tempestades. Lanzaron en el útero de la tierra espinas y no cosecharán higos. Tanto los perversos como su esperanza perecerán.

29
de enero

El camino del Señor

El camino de Jehová es fortaleza para el hombre íntegro; pero
es destrucción para los que hacen maldad.

PROVERBIOS 10:29

E l camino de Dios es perfecto. El camino de Dios pasa por las veredas de
la justicia. Es el camino estrecho que lleva a la salvación. Ese camino es
abierto a todos, pero no abierto a todo. En él transitan los pecadores arrepentidos, que nacieron de nuevo y fueron lavados en la sangre del Cordero. En
ese camino se alinean los que aman la santidad y todo aquel cuyo corazón es
totalmente del Señor. El camino del Señor no solo conduce a los íntegros a la
vida abundante, sino que también los protege de los peligros altaneros. El camino de Dios es piso para los pies del íntegro y muralla que protege contra los
dardos inflamados del maligno. Al mismo tiempo en que protege al íntegro, el
camino del Señor es una ruina inevitable para los que practican la iniquidad.
El camino del Señor no es neutro. Es como una espada de doble filo: ofrece
vida a los que obedecen y condena a los que practican iniquidad. A los que
corren para los brazos de Dios arrepentidos, buscando su gracia, se le abren los
portales de la gloria. Sin embargo, aquellos que huyen de Dios, desobedecen
su Palabra y escarnecen, de su gracia reciben la dura sentencia de que se alejen
de aquel que es la fuente de la vida.

30
de enero

La estabilidad del justo

El justo no será removido jamás; pero los impíos no habitarán la tierra.

PROVERBIOS 10:30

Salomón una vez más hace un vivo contraste entre el justo y el perverso. Una vez más la idea es resaltar la estabilidad del justo y la inestabilidad del perverso. El justo se mantiene firme a pesar de la tempestad. Él no es escatimado de los problemas, sino en los problemas. Sobre la casa del justo también cae la lluvia en el tejado, sopla el viento en la pared y golpean los ríos en las bases. Pero su casa permanece de pie, porque está construida sobre la roca. Él no será arruinado, no porque es fuerte en sí mismo, sino porque su fundamento es el propio Dios, la roca de los siglos. Pero el perverso, que en muchas ocasiones aparece fuerte e inexpugnable y manifiesta al mundo robustez de su intelectualidad, o el poder de su dinero y el poder de su influencia política, será desarraigado como una paja llevada por el viento. Él no habitará la tierra de la promesa, no permanecerá en la congregación de los justos ni disfrutará la bienaventuranza eterna. El perverso vive un vacío existencial y construye para la nada, pues ¿de qué sirve ganar el mundo entero y perder su alma? ¿De qué sirve tener riquezas y bienes si el dinero no puede darnos seguridad y felicidad? El justo heredará la tierra, pues tiene a Dios como su herencia y su eterna fuente de placer.

31
de enero

La boca del justo,
fuente de sabiduría

La boca del justo producirá sabiduría; mas la lengua perversa
será cortada. Los labios del justo destilan benevolencia; mas la
boca de los impíos habla perversidades.

PROVERBIOS 10:31-32

La boca del justo es una fuente de vida; la del perverso, una tumba de
muerte. Cuando el justo abre la boca, lanza sabiduría como agua fresca
para el sediento; cuando el perverso habla, su lengua es fuego que destruye y
veneno que aniquila. La sabiduría del justo lleva a los hombres a mirar para la
vida con los ojos de Dios. Pero, al contrario, la maldad del perverso aleja a los
hombres de Dios y los seduce para un camino de transgresión, cuyo paradero
final es la muerte. La lengua es como el timón de un barco: puede llevarlo en
seguridad para su destino, o puede dirigirlo para rocas sumergidas y provocar
un gran naufragio. La lengua del justo es manantial perenne de sabiduría; por
medio de ella los hombres aprenden los caminos de la vida. Sin embargo, la
lengua del perverso, que será desarraigada, maquina el mal y toda su instrucción produce incredulidad, rebeldía y desastre. Tenemos que hablar aquello
que exalta a Dios, edifica a los hombres y promueve el bien. Nuestra lengua
debe ser un manantial de sabiduría, y no un instrumento de iniquidad; un
bálsamo del cielo para los afligidos y no un látigo de tortura para los abatidos.

1

de febrero

Honestidad en los negocios, el placer de Dios

El peso falso es abominación a Jehová; mas la pesa cabal le agrada.

PROVERBIOS 11:1

L a ley de darse bien en todo está de moda. Vivimos la cultura de la explotación desde el descubrimiento del nuevo mundo. Nuestros colonizadores vinieron con la finalidad de explotar nuestras riquezas y no para invertir en esta tierra. Esa tendencia aún permanece en las relaciones comerciales. La falta de integridad en los negocios es un mal crónico. La báscula engañosa es un símbolo de esa deshonestidad. En los días del profeta Amós, los ricos vendían un producto inferior al trigo por un peso inferior y un precio más alto, con la finalidad de explotar a los pobres y llenar sus cofres con riquezas mal habidas. Se olvidaron los avaros de que Dios abomina de la báscula engañosa. Dios no tolera la deshonestidad en las transacciones comerciales, pues el peso justo es su placer. La riqueza de la impiedad, fruto de la corrupción, producto del robo y de la explotación, obtenida sin el trabajo honesto y sin la bendición de Dios, trae pesar y sinsabor. Esas riquezas se volverán combustible para la destrucción de aquellos que las acumularon. Pero la bendición de Dios enriquece y con ella no trae disgusto. La honestidad en los negocios es el placer de Dios. Aquel que es el dueño de todas las cosas y la fuente de todo el bien requiere de sus hijos integridad en todas las áreas de la vida.

2

de febrero

La humildad,
el camino de la sabiduría

Cuando viene la soberbia, viene también la deshonra; mas con los humildes está la sabiduría.

PROVERBIOS 11:2

Un individuo soberbio es aquel que desea ser más de lo que es y aun se coloca por encima de los demás para humillarlos y avergonzarlos. El soberbio es aquel que sobredimensiona su propia imagen y disminuye el valor de los demás. Es el narcisista que, al mirarse al espejo, se da la nota máxima y se aplaude a sí mismo, al mismo tiempo que dirige sus críticas a los que están a su alrededor. Es por eso que el sabio dice que "cuando viene la soberbia, viene también la deshonra". Es el corredor de la vergüenza y de la humillación. La Biblia dice que Dios "resiste al soberbio" (Santiago 4:6), declarando guerra contra él. Por otra parte, con los humildes está la sabiduría. El humilde es aquel que da la gloria debida a Dios y trata al prójimo con honra. La humildad es el palacio donde vive la sabiduría. Los humildes son aquellos que se postran delante de Dios, reconociendo sus pecados y nada reivindicando para sí mismos; sin embargo, estos son los que en el momento oportuno, Dios va a exaltar. La Palabra de Dios es categórica al decir que Dios humilla a los soberbios, pero da gracia a los humildes. El reino de Dios no pertenece a los soberbios, sino a los humildes de espíritu.

3

de febrero

La integridad,
un farol en la oscuridad

La integridad de los rectos les allanará el camino; pero destruirá
a los pecadores la perversidad de ellos.

PROVERBIOS 11:3

La integridad es como un farol en la oscuridad. Las nubes oscuras de las
pruebas se juntan sobre la cabeza del íntegro. Muchas veces en la jornada
de la vida, el justo es acorralado en un callejón sin salida, y su reputación es
colocada a prueba. Eso fue lo que sucedió con el profeta Daniel en el Imperio
medo-persa. Conspiraron contra él. Hicieron una red para sus pies. El hombre de Dios acabó lanzado para la cueva de los leones, el sistema de pena de
muerte más cruel de aquel reino. Sin embargo, aun siendo considerado culpable por sus malhechores, Daniel tenía la conciencia limpia delante de Dios
y de los hombres. Fue la luz que iluminó su camino y el escudo protector que
lo libró de las manos de sus verdugos y de los dientes afilados de los leones.
Aquellos que pérfidamente tramaron el mal contra Daniel vieron que ese mal
les cayó en sus propias cabezas. Daniel fue retirado de la cueva de los leones,
al mismo tiempo en que sus verdugos fueron lanzados a las fieras e irremediablemente destruidos. Los traidores cavan un abismo para sus propios pies.
Traman el mal contra los demás, pero ese mal cae sobre sus propias cabezas. El
camino del perverso es como una oscuridad, pero el camino del justo es como
la luz de la aurora que va brillando más y más hasta que es un día perfecto.

4

de febrero

Las riquezas, un bastón frágil

No aprovecharán las riquezas en el día de la ira; mas la justicia
libra de la muerte.

PROVERBIOS 11:4

Existen dos mitos sobre las riquezas. El primero es que las riquezas producen felicidad. Hay muchas personas que se casan y se divorcian por causa
de las riquezas. Otros mueren y matan por causa del dinero. Hay los que se
corrompen y son corrompidos por el amor al dinero. Pero cuando llegan al
tope de esa pirámide social, descubren que la felicidad no está allí. El apóstol
Pablo dice que aquellos que quieren ser ricos caen en tentación y trampas y
atormentan su alma con muchas angustias. El segundo mito es que las riquezas producen seguridad. Por esa razón, el apóstol ordena a los ricos que
no pongan su confianza en la inestabilidad de las riquezas, sino en Dios. El
sabio dice que las riquezas de nada aprovechan en el día de la ira; al contrario,
ellas pueden atraer más furia y destrucción. No obstante, la justicia libra de la
muerte. Los justos son aquellos que fueron justificados por Dios, están bajo
el manto de la justicia de Cristo, y sobre ellos no pesa ninguna condenación.
Es mejor ser justo que ser rico. La riqueza sin justicia es pobreza; la justicia,
aunque sin riqueza, es un gran tesoro. En el día del juicio el dinero no nos
librará, pero revestidos con el manto de la justicia de Cristo estaremos seguros.

5
de febrero

La justicia,
el mapa seguro del íntegro

La justicia del perfecto enderezará su camino; mas el impío por
su impiedad caerá.

PROVERBIOS 11:5

Warren Wiersbe, ilustre escritor americano, tiene razón cuando dice que
la crisis más grande de la actualidad es la crisis de integridad. Ella está
presente en los palacios y en las cabañas; entre los ricos y entre los pobres;
dentro de las familias e inclusive dentro de las iglesias. La falta de integridad es
un cáncer moral que enferma mortalmente nuestra sociedad. Y en ese mar de
corrupción, el íntegro es una isla que levanta su bandera y hace oír su voz. La
justicia del íntegro endereza su camino. Aunque atraviese desiertos ardientes,
recorra valles oscuros y ande por caminos estrechos sobre pantanos peligrosos,
el íntegro llega a su destino sano y salvo. Pero la impiedad es una trampa mortal para el impío. El hombre injusto planea el mal contra el prójimo y cae en
esa trampa. La persona perversa gasta sus energías planeando estrategias para
explotar al prójimo y enriquecerse ilícitamente, pero sus artimañas planeadas
en lo oscuro de la noche se vuelven contra sí mismo. Su mal cae en su propia
cabeza. El impío puede inclusive escapar por un tiempo, pero no toda la vida.
Puede librarse del juicio de los hombres, pero jamás será inocente en el juicio
divino. Por su impiedad cae el perverso, pero la justicia del íntegro endereza
su camino.

6
de febrero

La maldad, un lazo para los pies

La justicia de los rectos los librará; mas los pecadores serán atrapados en su pecado.

PROVERBIOS 11:6

Vale la pena ser honesto. Aunque la integridad lo prive de los tesoros de esta tierra, ella le concederá paz en la pobreza y libramiento en el momento de la crisis. La conciencia sin culpa es mejor que la riqueza inicua, y el carácter íntegro vale más que el éxito meteórico. La justicia de los rectos los librará, si no ante los hombres, con seguridad ante Dios. José de Egipto fue considerado culpable por el tribunal de los hombres, pero su integridad lo libró de la muerte. Juan el Bautista, aun siendo degollado por orden de un rey borracho, su recuerdo es bendecido en la tierra. Pero no es de esa manera para el impío. Él practica el mal a escondidas, en lo oscuro de la noche. Pero lo que hace en el anonimato, Dios lo trae a la vista, a la luz del día. Los pérfidos serán sorprendidos en su maldad. Ellos caerán en su propia trampa, que planearon para los demás. Recibirán la maldita recompensa de sus propios actos malignos. La Biblia dice que "al impío sus propias iniquidades, y será retenido con las cuerdas de su pecado... Los necios se mofan del pecado... el salario del pecado es la muerte" (Proverbios 5:22; 14:9; Romanos 6:23).

7
de febrero

La esperanza del impío, pura frustración

Cuando muere el hombre impío, perece su esperanza; y la
expectación de los malos quedará burlada.

PROVERBIOS 11:7

Dice el dicho popular que la esperanza es lo último que muere. Pero acaba muriendo. Cuando el perverso muere, con él muere su esperanza. Eso porque su esperanza se limita apenas a este mundo y a esta vida. Toda la inversión del perverso se termina cuando él va para la sepultura. Todo lo que juntó se quedará aquí. Nada trajo y nada se llevará de esta vida. La expectativa de la iniquidad desaparece como la neblina. Lo más grave es que el fin de la línea del perverso no es terminar en la tumba helada, sino pasar la eternidad en tinieblas, tormentos, separado para siempre de la presencia de Dios. La esperanza del perverso desemboca en el más tormentoso desespero. Sin embargo, aquellos que esperan en Dios tienen una esperanza viva. Esos renuevan sus fuerzas y suben como águilas, corren y no se cansan, caminan en el vigor del Omnipotente y no se fatigan. Los que esperan en el Señor no cierran las cortinas de la vida en el ocaso de la existencia; la muerte para ellos no es el fin de la jornada sino el amanecer de una eternidad de gozo inefable y lleno de gloria. La esperanza del cristiano no es una quimera ni un pensamiento fugaz; no es una utopía ni una ilusión. Es una persona, es Jesús. Jesucristo, el Rey de la gloria, es nuestra esperanza.

8

de febrero

La tribulación,
la paga del perverso

El justo es librado de la tribulación; mas el impío entra a ocupar
el lugar de él.

PROVERBIOS 11:8

La tribulación es un sentimiento que usted debe conocer muy bien. Es imposible pasar por la vida sin probarla. Todos nosotros, en algún momento de la vida, sentimos un nudo en la garganta, un aprieto en el corazón y un dolor avasallador en el alma. Es la tribulación que coloca en nosotros sus tentáculos y nos aplasta con demasiado rigor. La buena noticia es que la Palabra de Dios dice que el justo es librado de la tribulación. Dios nunca permite que pasemos por una prueba más grande que nuestras fuerzas. Con la tribulación también viene el libramiento. La noche puede ser tenebrosa y asustadora, pero el sol siempre aparecerá al amanecer. Las lágrimas calientes y gruesas pueden rodar por nuestra cara, pero el consuelo divino siempre nos alcanzará. El orvallo del cielo que riega nuestra cabeza, así como el aceite, cura nuestras heridas. El perverso que olvida a Dios y se levanta contra su gracia se vuelve el destino final de las angustias que son removidas del justo. La carga pesada retirada de las espaldas del justo es lanzada sobre la espalda del perverso, para quien la angustia se vuelve paga. Existe bienaventuranza para el justo, pero ninguna promesa para el perverso. Existe consuelo para el justo, pero angustia para el perverso.

9
de febrero

La boca del impío, espada afilada

El hipócrita daña con la boca a su prójimo; mas los justos son librados con su sabiduría.

PROVERBIOS 11:9

L a boca del impío es un arma mortal. Su lengua es una espada afilada. La Biblia dice que la lengua es como chispa que incendia el bosque. Una palabra dicha con la motivación equivocada o con la entonación de voz equivocada puede provocar desastres irreparables. Es como subir a lo alto de la montaña y abrir una bolsa llena de plumas. Ellas serán llevadas por el viento y acabarán esparcidas por todas partes. Es imposible recogerlas todas de nuevo. La boca del impío esparce palabras llenas de veneno. Su boca es una sepultura abierta, que destruye al prójimo. Pero la lengua del justo es un remedio que cura, es bálsamo que consuela, es vehículo que distribuye el conocimiento. Cuando el justo habla, de sus labios sale conocimiento que conduce a la vida y liberación. El justo conoce a Dios, la fuente de todo conocimiento verdadero. El justo no solo lo conoce de oídas, sino en la intimidad. Ese conocimiento es fruto de la comunión y deleite. Tape sus oídos a la voz de los que bajaron su voz para blasfemar contra Dios y decir improperios contra el prójimo. Aproxímese a aquellos que transitan por los caminos de la verdad y que son embajadores de ella. Júntese a esa caravana que sube para la Sion celestial y deléitese en aquel que es la verdad.

10

de febrero

El justo, fuente de alegría para la ciudad

Con el éxito de los justos la ciudad se alegra; mas cuando los impíos perezcan hay fiesta.

PROVERBIOS 11:10

L os justos son la alegría de una ciudad, pero los perversos son su pesadilla. Los justos promueven la paz, pero los perversos la trastornan. Los justos son agentes del progreso; los perversos los protagonistas del desastre. Cuando los periódicos anuncian la muerte de un criminal muy peligroso, el pueblo se siente aliviado. Cuando los medios divulgan la prisión de un traficante, la ciudad respira aliviada. Cuando los perversos mueren, hay júbilo en la ciudad. Pero con el bienestar de los justos la ciudad exulta. El justo es alguien que fue salvo por la gracia y vive para practicar el bien. Su descendencia es santa, su vida irreprensible, su testimonio ejemplar. El justo anda en la luz, habla la verdad y practica el bien. De su boca proceden palabras de vida, y de sus manos provienen actos generosos. Mientras más florece el justo, la ciudad también es más bendecida, ya que en la casa del justo habita la bendición de Dios. En la casa del justo hay prosperidad. Todas las naciones que fueron colonizadas teniendo como base la Palabra de Dios fueron prósperas y bienaventuradas. El justo es una fuente de alegría para la ciudad. ¿Su ciudad es bendecida por que usted habita en ella? ¿Su presencia en su ciudad es de bendición? ¿Su ejemplo inspira a otros a andar en rectitud? ¿Su vida ha sido fuente de alegría para los que están a su alrededor?

11
de febrero

El perverso, causa de ruina para la ciudad

Por la bendición de los rectos la ciudad será engrandecida; mas
por la boca de los impíos será trastornada.

PROVERBIOS 11:11

No solo el justo es bendecido, él suscita bendiciones. No solo el justo es
receptáculo de bendiciones, también es su vehículo. El sabio dice que
por la bendición que los rectos suscitan, la ciudad se exalta. Dios bendice a
toda la ciudad por causa de la presencia de sus hijos en ella. Si hubiese habido
diez justos en Sodoma, Dios no la habría destruido. Sin embargo, la boca de
los perversos es una bomba explosiva. La ciudad es derrumbada cuando sigue
consejos insensatos de los perversos, cuando oye sus locuras. La boca del perverso son los medios de hoy sin el temor de Dios, los cuales lanzan la basura
de la degradación moral en los oídos de la ciudad. Con raras excepciones, las
telenovelas, las películas y los programas de entretenimiento, basados en el
argumento mentiroso de estar retratando la realidad, promueven e instigan
toda suerte de corrupción de los valores, solapando de esta manera las bases
de la familia y destruyendo los valores morales que deben sostener la sociedad.
Una ciudad nunca es verdaderamente fuerte si el pueblo que vive en ella está
rendido al pecado y a la promiscuidad. Es la virtud y no el vicio que exalta la
ciudad; la bendición es decurrente del justo, y no la maldición oriunda del
perverso, que levanta las columnas de una sociedad justa y feliz.

12
de febrero

El prójimo, alguien muy especial

El que menosprecia a su prójimo carece de entendimiento; mas
el hombre prudente calla.

PROVERBIOS 11:12

Despreciar y ridiculizar al prójimo es una insensatez. Tratar a los vecinos con desprecio es una falta de buen respeto. Jesús contó una parábola para mostrar que debemos amar a nuestro prójimo, no solo de palabra, sino de hecho y en verdad. Él habló sobre el hombre que cayó en las manos de los ladrones, fue despojado de sus bienes y fue dejado a la orilla del camino, herido y agonizante. El sacerdote y el levita, hombres religiosos, pasaron a su lado y lo dejaron a su suerte. Pero el samaritano, al ver al hombre en el piso, vio sus heridas, lo llevó a un lugar seguro y cuidó de él. De la misma manera debemos hacer con el prójimo, bien sea un pariente o un extranjero, un amigo o alguien que no nos cae bien. Nuestro papel no es humillar a las personas ni omitirnos cuando necesitan socorro. Nuestra función no es esparcir chismes para colocar una persona contra la otra, sino colocar guardia en la puerta de nuestros labios y hablar solamente aquello que edifica y esparcir gracia a los que oyen. El corazón y la lengua pueden ser fuentes de vida o pueden ser laboratorios en los cuales se fabrican los venenos letales. El prójimo es alguien muy especial. Debemos honrarlo y protegerlo, en vez de despreciarlo. El amor al prójimo es la evidencia de nuestro amor a Dios y el cumplimiento de la ley y los profetas.

13
de febrero

Guardar un secreto, una actitud sensata

El que anda en chismes divulga los secretos; mas el de espíritu fiel oculta las cosas.

PROVERBIOS 11:13

Un individuo que no guarda secreto no merece la confianza de las personas. Quien tiene la lengua suelta se vuelve una amenaza para su prójimo. El chismoso es un asesino de relaciones interpersonales. Las personas que viven chismoseando la vida ajena buscando informaciones confidenciales para esparcirlas con malicia se vuelven agentes de intrigas y enemistades. La Biblia dice que el pecado que Dios más odia es el de esparcir contiendas entre los hermanos. El chismoso no solo divulga los secretos de los demás, sino que al divulgarlos con astucia y maldad les destruye la reputación. No es así en la vida del individuo fiel. Él es confiable. Con él podemos abrir el corazón, con la seguridad de que no nos despreciará por causa de nuestras debilidades ni las esparcirá al viento para avergonzarnos. El fiel de espíritu guarda los secretos en vez de descubrirlos. Protege al prójimo en vez de exponerlo al ridículo. Él es agente de vida, y no un sepulturero. Es ungüento que consuela el alma, y no vinagre en la herida. Es instrumento de Dios que cura, y no un agente de maligno que hiere y mata. Necesitamos personas así en la familia y en la iglesia, en el gimnasio y en la política, en la industria y en el comercio. Gente que sea instrumento de vida y portadora de esperanza.

14

de febrero

Gobierno insensato, pueblo caído

Donde no hay dirección sabia, caerá el pueblo; mas en la multitud de consejeros hay seguridad.

PROVERBIOS 11:14

L a historia está llena de ejemplos de malos gobernadores, que impusieron a la nación desgracia y opresión; al mismo tiempo la historia destaca la importancia de los sabios consejeros para darle seguridad al pueblo. La locura de Adolf Hitler trastornó a Alemania y provocó la Segunda Guerra Mundial, con sesenta millones de muertos. El gobierno violento de Mao Zedong mató en China a más de cincuenta millones de personas. Hoy en día hay dictadores crueles que se llenan del poder y viven lujosamente mientras el pueblo gime bajo las manos crueles de la pobreza y de la opresión. El rey Salomón declara: "Donde no hay dirección sabia, caerá el pueblo" (Proverbios 11:14). Un escenario muy diferente es el de la nación que es gobernada por consejeros sabios. "Mas en la multitud de consejeros hay seguridad" (Proverbios 11:14). Cuando el justo gobierna, el pueblo es bendecido. Cuando la verdad se sienta en el trono, la justicia florece. La Biblia dice que "Bienaventurada la nación cuyo Dios es Jehová" (Salmos 33:12). Todas las naciones que fueron establecidas bajo el amparo de la Palabra de Dios se volvieron prósperas y felices; pero todas las que prohibieron la libertad y persiguieron el evangelio cayeron en oprobio. La Biblia nos enseña a orar por aquellos que gobiernan, por aquellos que están investidos de autoridad, para que tengamos paz.

15
de febrero

No sea fiador, es peligroso

Con ansiedad será afligido el que sale por fiador de un extraño;
mas el que aborreciere las fianzas vivirá seguro.

PROVERBIOS 11:15

El fiador es aquel que da garantías de que quien debe cumplirá su palabra y pagará sus deudas; en caso contrario, él mismo cargará con ese compromiso. El fiador empeña su palabra, su honra y sus bienes, garantizando al creedor que el deudor saldará sus compromisos a tiempo. De esta manera, el fiador queda obligado, mediante la ley, a pagar en el caso de que el deudor no cumpla su compromiso. Se multiplican los ejemplos de muchos sufrimientos y perjuicios sufridos por los fiadores. Existen personas que pierden todo lo que consiguieron con su trabajo honesto para pagar las deudas de otros. No pocos, de buena fe, quedaron por fiadores de gente deshonesta y terminaron pobres y desamparados. La Biblia nos advierte para huir de esa práctica. Quien huye de ser fiador estará seguro. No tenemos la responsabilidad de financiar la irresponsabilidad de los demás. No podemos comprometer el sustento y estabilidad financiera de nuestra familia para asegurar negocios arriesgados de aquellos que nos piden un respaldo. Huya de ser fiador. Ese es un camino resbaloso, y el fin de esa línea es disgusto.

16

El corazón bondadoso es mejor que los bolsillos llenos

La mujer bondadosa se gana el respeto; los hombres violentos
solo ganan riquezas.

PROVERBIOS 11:16 (NVI)

Aquí hay un contraste entre la mujer de corazón generoso, que conquista
el respeto de los poderosos, "y los hombres violentos, que solo ganan riquezas". Hay ricos que son despreciados por el pueblo porque adquirieron esa riqueza con opresión, corrupción y lascivia. La riqueza de la iniquidad no trae honra, sino desprecio. No es fruto del trabajo honesto, sino del robo criminal. No promueve la gloria de Dios; al contrario, atrae su ira. No promueve el bien del prójimo, sino le trae opresión. Los hombres violentos solamente tienen dinero, pero no tienen ningún respeto. Cuando dejen este mundo, nada se van a llevar de sus riquezas, sino con seguridad cargarán el disgusto del pueblo y la condenación divina. Sin embargo, la mujer de corazón generoso, aun habiendo acumulado riquezas en la tierra, posee un tesoro en el cielo. Su corazón no es un pozo de avaricia, sino una fuente de generosidad. Sus bienes están al servicio de Dios y del prójimo, porque su tesoro no está aquí, sino allá en lo alto, donde Cristo vive. Permanece el consejo del sabio: "un corazón bondadoso es mejor que los bolsillos llenos". Es mejor conquistar el respeto que las riquezas. Es mejor juntar tesoros en el cielo que acumularlos en la tierra.

17
de febrero

La bondad, una inversión en sí mismo

El que es bondadoso se beneficia a sí mismo; el que es cruel, a
sí mismo se perjudica.

PROVERBIOS 11:17 (NVI)

Cuando hacemos el bien a los demás, somos los primeros en ser beneficiados. El bien que practicamos a los demás vuelve para nosotros mismos. La Biblia dice: "sabiendo que el bien que cada uno haga, ese volverá a recibir del Señor, sea siervo o sea libre" (Efesios 6:8). Bebemos el reflujo de nuestro propio flujo. Cosechamos con llenura lo que sembramos en el campo de los demás. La práctica del bien es la mejor y la inversión más segura que podemos hacer en la vida. El apóstol Pablo dice que el marido que ama a su mujer a sí mismo se ama. Y Salomón afirma que aquel que hace el bien a los demás a sí mismo lo hace. Pero no es esa la realidad del perverso. El mal que él intenta hacerle al prójimo cae sobre su propia cabeza. Él recibe el pago de su maldad. El hombre cruel es como un loco que se hiere a sí mismo. Comete el desatino de la autofagia. Las flechas envenenadas que él lanza sobre los otros se vuelven contra su propia vida. La crueldad, antes de destruir a su destinatario, destruye a su remitente. La bondad es una inversión en sí misma. Hacer el bien compensa, pero practicar el mal es una locura consumada. Usted, ¿qué ha sembrado: el bien o el mal? ¿Bondad o crueldad?

18

de febrero

Perversidad, un sueldo de ilusión

El impío consigue un jornal falso; mas el que siembra justicia
tendrá galardón firme.

PROVERBIOS 11:18

El dinero conseguido con deshonestidad es como un sueldo de ilusión.
De la misma manera que llega, se va. El anhelo por la riqueza transforma
a muchas personas. Hemos visto a hijos que matan a sus padres para tomar
posesión anticipada de la herencia. Hemos visto a cónyuges que traman la
muerte de su consorte para tomar sus tesoros. Hemos visto políticos deshonestos que roban el erario para llenar sus cuentas gordas en paraísos fiscales.
Hemos visto empresarios bandidos que compran a peso de oro licitaciones
públicas y se unen con entidades públicas para enriquecerse ilícitamente. No
obstante, esos caminos no son seguros. De vez en cuando la luz de la verdad
llega a los sótanos inmundos y trae a la luz toda esa putrefacción de la corrupción, dejando avergonzados a sus protagonistas de cuello blanco. El sabio hace
énfasis: "El impío consigue un jornal falso; mas el que siembra justicia tendrá
galardón firme". Existen cosas más importantes que el dinero, como el buen
nombre, la paz de espíritu, una familia en armonía y la comunión con Dios.
¡No acumule tesoros de la impiedad; acumule tesoros en el cielo!

19

de febrero

La justicia, el camino de la vida

Como la justicia conduce a la vida, así el que sigue el mal lo
hace para su muerte.

PROVERBIOS 11:19

L a práctica de la justicia es un camino seguro. Aunque los hombres no la
reconozcan o inclusive nos persigan por su causa, somos bienaventurados.
La justicia conduce para la vida. Pero aquellos que siguen el mal arman trampas para sus propios pies. Aquellos que andan por los caminos escurridizos
de la maldad transforman la vida de los otros y acortan sus propios días. Si la
justicia es el camino de la vida, la maldad es la autopista de la muerte. La justicia es un camino estrecho, y pocos se aciertan con él; sin embargo, la maldad
es una avenida ancha y amplia, y una multitud se aglomera en esa maratón
cuya línea de llegada es la muerte. La justicia, aun cruzando por valles oscuros,
subiendo pendientes y atravesando caminos estrechos sobre pantanos llenos
de lodo, tiene su destino final en la gloria eterna. La justicia no quedará sin
recompensa. La justicia conduce a la vida, pues los justos son todos aquellos
que fueron justificados por Cristo y recibieron la vida eterna de él. La maldad
tiene su pago y su sueldo. También recibirá su recompensa justa. La Palabra
de Dios es enfática: "el que sigue el mal lo hace para su muerte" (Proverbios
11:19). ¡Siga el camino de la vida; huya del camino de la muerte!

20
de febrero

La vida del íntegro, el deleite de Dios

Abominación son a Jehová los perversos de corazón; mas los de camino intachable le son agradables.

PROVERBIOS 11:20

Dios no es un ser apático y amoral. Él se deleita en aquellos que andan en integridad y siente repulsa por los perversos de corazón. Tiene placer en la vida del justo y abomina de aquellos que en el corazón planean el mal. Dios no se impresiona con las apariencias. Muchos perversos de corazón tienen palabras dulces, gestos nobles y se presentan como verdaderos beneméritos de la sociedad. Normalmente son personas que ocupan posiciones estratégicas en los altos escalones del gobierno y aparecen en los medios como héroes nacionales. Pero Dios no se deja engañar. No se impresiona con el desempeño rebuscado. Él ve el corazón, y no solo el exterior. Dios abomina no solamente de la perversidad cuando ya está con su maldito fruto maduro; Dios abomina de los perversos cuando esa maldad es apenas una semilla en su corazón. Si los perversos de corazón son abominables para Dios, los que andan en integridad son su placer. Dios es luz, y no podemos tener comunión con él andando en las tinieblas. Dios es santo, y no podemos navegar por los mares de la impureza y al mismo tiempo disfrutar de intimidad con él. Solamente los puros de corazón verán a Dios. Solamente aquellos que visten verdaderas vestiduras blancas andarán en la ciudad santa con el Señor.

21
de febrero

El hombre malo recibe
con seguridad el castigo

Tarde o temprano, el malo será castigado; mas la descendencia
de los justos será librada.

PROVERBIOS 11:21

Es imposible practicar el mal y quedarse sin castigo. Inclusive es posible
que ese castigo no sea visto. También es posible que en esta vida la recompensa del mal no sea pagada. No obstante, inclusive aquellos que escaparon
del juicio de los hombres jamás escaparán del juicio justo de Dios. Asaf entró
en crisis al ver al impío, que blasfemaba contra Dios, prosperando y mostrando salud, mientras él, siendo un hombre íntegro y fiel, era castigado todas las
mañanas. Hasta llegó a pensar que no valía la pena mantener su integridad
y lavar sus manos en la inocencia. Sin embargo, cuando entró en la casa de
Dios y atinó con el fin del impío, los ojos de su alma fueron abiertos, y él se
dio cuenta de que el impío sería irremediablemente desamparado. El hombre
malo no prevalecerá en la congregación de los justos ni encontrará amparo
cuando tenga que enfrentar el tribunal de Dios. Pero la generación de los
justos será guardada y disfrutará de libertad. Aquellos que buscan a Dios y
confían en su gracia reciben perdón para sus pecados y justificación ante el
tribunal divino. Mientras que el hombre malo será agarrado por las cuerdas de
su pecado, el justo quedará libre de los suyos para siempre. El malo recibirá el
castigo correcto, pero el justo no se quedará sin su galardón.

22
de febrero

La belleza física no lo es todo

Como zarcillo de oro en el hocico de un cerdo es la mujer
hermosa, pero falta de razón.

PROVERBIOS 11:22

Una mujer bonita siempre llama la atención. Cuando Dios creó a la mujer, no usó una vez más el barro; sacó una costilla del hombre. La mujer es la última obra de la creación, la más bella, la más encantadora. La mujer tiene una belleza física singular. Sin embargo, la belleza exterior sin la belleza interior es de completa frustración. La Biblia dice que "engañosa es la gracia y vana la hermosura". El apóstol Pedro exhorta: "Vuestro atavío no sea el externo" (1 Pedro 3:3). El sabio Salomón compara a la mujer bonita, pero que es indiscreta, a una joya en el hocico de un cerdo. El cerdo es un animal inmundo, que vive arrastrándose en el barro. Su hocico constantemente está metido en la basura y la putrefacción. De la misma manera es la mujer que tiene un cuerpo bonito, pero la lengua suelta; tiene una apariencia atrayente, pero suelta la boca para esparcir chismes. Hermosura y liviandad no combinan. La belleza externa de una mujer se apaga completamente si su lengua es una fuente de donde brota maldad. En este tiempo en el que se le hace culto a la belleza y se escarnece de la virtud, tenemos que darle oídos a las palabras de Salomón: "Como zarcillo de oro en el hocico de un cerdo es la mujer hermosa, pero falta de razón" (Proverbios 11:22). Belleza física no lo es todo. ¡Es mejor ser bonito por dentro que ser hermoso por fuera!

23
de febrero

Deseos santos, frutos buenos

El deseo de los justos es solamente el bien; mas lo que les espera
a los impíos es el enojo.

PROVERBIOS 11:23

L awrence Crabb júnior, un ilustre psicólogo americano, dice que el deseo
produce el comportamiento, y el comportamiento desemboca en el sentimiento. El hombre hace lo que piensa en su mente y desea en su corazón.
Lo que él hace determina lo que él siente. Todo empieza con el deseo. Es de
esa fuente que brotan los ríos de la vida o los ríos de la muerte. El corazón
es la cabecera donde nace ese río. Él puede llevar a la vida o transportar a
la muerte. El deseo de los justos tiende para el bien, pues su corazón ya fue
transformado. Lejos de ser una fuente envenenada, es un manantial del cual
fluyen aguas cristalinas que le quitan la sed a los cansados. Pero la esperanza
de los perversos redunda en ira, pues parte de un corazón soberbio, violento
e impuro. La esperanza del perverso es como un mar agitado que lanza de sí
lodo y barro. Las ondas revueltas que se levantan en el corazón del impío son
verdaderos *tsunamis* que acaban con todo a su alrededor. El deseo del justo da
buenos frutos, pero la esperanza del perverso redunda en ira.

24

Manos abiertas, bolsillos llenos

Hay quienes reparten, y les es añadido más; y hay quienes retienen más de lo que es justo, pero vienen a pobreza.

PROVERBIOS 11:24

En la economía de Dios usted tiene lo que da y pierde lo que retiene. El dinero es como una semilla: solamente se multiplica cuando es sembrado. La semilla que se multiplica no es la que comemos ni la que guardamos, sino la que sembramos. La siembra generosa tendrá una cosecha llena, pues a quien da liberalmente se le añade aún más y más. Es el propio Dios quien multiplica nuestra semilla y hace prosperar nuestra siembra cuando abrimos la mano para bendecir. Manos abiertas producen bolsillos llenos. Pero lo contrario también es verdad. "Hay quienes retienen más de lo que es justo, pero vienen a pobreza" (Proverbios 11:24). Se escapará por entre los dedos. Es como recibir el sueldo y colocarlo en un bolsillo roto. Aquellos que acumulan con avaricia lo que podría auxiliar al afligido descubren que ese dinero acumulado no les puede dar felicidad ni seguridad. Aquellos que juntan fortunas y viven en el lujo indescriptible, dejando en la penuria al prójimo en su puerta, descubrirán que, cuando la muerte llegue, no podrán llevarse ni un centavo. No hay camión de trasteo en el entierro, ni caja fuerte en el cajón del entierro. Pero lo que usted da con generosidad es como una semilla bendita que se multiplica y alimenta a millares.

25
de febrero

La generosidad,
fuente de prosperidad

El alma generosa será prosperada; y el que saciare, él también
será saciado.

PROVERBIOS 11:25

L a prosperidad no es resultado de la usura, sino de la generosidad. La avaricia es la madre de la pobreza, pero la generosidad es la progenitora de la
prosperidad. Aquellos cuyo corazón fue abierto por Dios tienen manos y bolsillos abiertos para auxiliar a los necesitados. Jesucristo dijo que más bienaventurado es dar que recibir. La contribución no es un favor que les hacemos a las
personas, sino una gracia que recibimos de Dios. Cuando abrimos nuestras
manos para ofrendar, estamos invirtiendo en nosotros mismos y sembrando
en nuestra propia tierra. Quien le da al pobre le presta a Dios, quien jamás
queda en deuda con nosotros. Dios multiplica las semillas de aquel que siembra en la vida de sus hermanos. Quien dé alivio a los demás también recibirá
alivio. La Biblia dice: "Bienaventurado el que se preocupa del pobre; en el día
malo lo librará Jehová. Jehová lo guardará, y le dará vida; será bienaventurado
en la tierra, y no lo entregarás a la voluntad de sus enemigos. Jehová lo sustentará sobre el lecho del dolor; tornarás su postración en mejoría" (Salmos
41:1-3). Cuando le damos de beber a quien tiene sed, nos quitamos la sed a
nosotros mismos. El bien que hacemos a los otros vuelve para nosotros el doble. En el reino de Dios tenemos lo que damos y perdemos lo que retenemos.

Sed de ganancias, con seguridad una maldición

Al que acapara el grano, el pueblo lo maldecirá; pero habrá bendición sobre la cabeza del que lo vende.

PROVERBIOS 11:26

En tiempos de guerra o recesión económica, comerciantes avaros y gananciosos retienen los alimentos básicos para venderlos por un precio más elevado. En los días de Salomón y de los profetas, los comerciantes adinerados compraban y almacenaban toda la cosecha para, a la hora del hambre, chantajear al pueblo cobrando precios exorbitantes. De esta manera, muchas familias tenían que hipotecar sus propias casas para comprar el trigo. Esa avaricia criminal es denunciada por la Palabra de Dios. Aquellos que adoptaban esa práctica criminal fueron maldecidos por el pueblo y rechazados por Dios. El texto bíblico hace énfasis al decir que habrá bendición sobre la cabeza del comerciante íntegro que no intenta enriquecerse con la infelicidad ajena. No hay ganancia más grande que suplir la necesidad del prójimo. No hay bendición más grande que ser instrumento de Dios para auxiliar a los necesitados. La sed de ganancias es una maldición con seguridad, pero la integridad generosa es la fuente de bendiciones más abundante. Es mejor tener pocas ganancias con la bendición de Dios que ganar mucho dinero y ser maldito por el pueblo y reprobado por el Señor.

27

de febrero

Busque el bien, y este vendrá a su encuentro

El que busca el bien se procura favor; mas al que busca el mal, este le saldrá al encuentro.

PROVERBIOS 11:27

Usted encuentra lo que busca. Si su vida es una carrera detrás del bien, usted será respetado y verá su deseo cumplirse. Pero si usted corre detrás del mal, este vendrá a su encuentro. El hijo pródigo dejó la casa del padre y partió para un país lejano. Gastó el dinero con amigos y con prostitutas. Vivió de manera disoluta y exhibió irresponsablemente su herencia. Acabó cosechando lo que sembró. Se quedó sin dinero en el bolsillo y sin amigos en el lugar. El hambre lo torturaba, hasta que fue a parar en un chiquero. Él buscó el mal, y el mal le dio un abrazo apretado. Entonces, ese joven cayó en sí y recordó a su padre y de cómo tenía pan en abundancia en la casa paterna. Arrepentido de su error, resolvió volver con el padre. Sabiendo que había sido inconscientemente feliz en la casa del papá, ahora estaba conscientemente infeliz en el país distante. Al colocar el pie en el camino de regreso, encontró al papá con los brazos abiertos. Estaba dispuesto a ser apenas un trabajador, pero recibió de regreso la posición de hijo. Porque el hijo pródigo buscó el bien, alcanzó el favor del papá. Haga lo mismo. Busque el bien, esfuércese para alcanzarlo, y este vendrá a su encuentro. Odie el mal, y este huirá de usted.

28

de febrero

Confiar en la riqueza,
con seguridad una caída

El que confía en sus riquezas caerá; mas los justos reverdecerán como el follaje.

PROVERBIOS 11:28

Las riquezas no son confiables; son un refugio falso. No podemos depositar nuestra confianza en la inestabilidad de las riquezas. Estas no nos pueden dar seguridad verdadera ni felicidad permanente. Aquellos que confían en sus riquezas en vez de confiar en Dios notan que el dinero se evapora como nube pasajera. El dinero no tiene raíces. Es liso como el jabón. Desaparece en el horizonte tal como un relámpago que aparece en el cielo como un rayo de luz y después desaparece en la oscuridad. El dinero no puede transponer con nosotros los umbrales de la muerte. No trajimos nada para este mundo y no nos vamos a llevar nada de él. El dinero hasta nos puede dar un funeral muy bello, pero no nos garantiza la vida eterna. Solamente los locos piensan que la seguridad de su alma está en el dinero. Confiar en la riqueza es una caída con seguridad. Pero los justos, los que confían en el Señor, rejuvenecerán como las hojas de los árboles. Aunque las crisis lleguen, ellos no perderán su belleza ni dejarán de dar su fruto. Es mejor ser un justo pobre que un rico insensato. Es más seguro confiar en Dios que depositar la confianza en el dinero.

29

de febrero

Cuide de su casa
o heredará el viento

El que desordena su casa heredará viento; y el necio será siervo
del sabio de corazón.

PROVERBIOS 11:29

Recibir el viento de herencia es heredar nada. Aquellos que ocasionan problemas a la familia van a heredar tan solo viento. No tendrán el respeto, ni la gratitud de sus entes queridos. Estarán condenados a vivir en soledad y en la miseria. Nada es más peligroso para el futuro que destruir la propia familia. Aquellos que trastornan la propia casa no encontrarán abrigo en el día de la tempestad. Aquellos que hacen la vida un infierno a la familia no encontrarán amparo en el día de la calamidad. Tendrán que alimentarse del polvo y recibirán el viento como herencia. El necio, que no invierte en la familia, que antes de nada lucha para destruirla con las propias manos, acabará siendo siervo del sabio de corazón. Sus rebeldías se desharán como el agua, y su tonta arrogancia le hará bajar la cerviz. En ese momento, el yugo de la esclavitud le maltratará el cuello, ya que despreció tanto a la familia como a la sabiduría. El versículo meditado aquí es una solemne advertencia para nosotros. Tenemos que invertir en nuestra familia para no tener solamente el viento como herencia. Tenemos que buscar la sabiduría para no ser esclavos de los sabios. La Biblia dice que "porque si alguno no provee para los suyos, y especialmente para los de su casa, ha negado la fe, y es peor que un incrédulo" (1 Timoteo 5:8). ¡Nuestra casa debe ser el primer territorio de nuestra generosidad!

1

de marzo

Ganar almas, gran sabiduría

El fruto del justo es árbol de vida; y el que gana almas es sabio.

PROVERBIOS 11:30

La vida del "justo es como un árbol plantando junto a la corriente de las aguas, y el fruto del justo es árbol de vida". El fruto del justo alimenta a los hambrientos y fortalece a los débiles. De la boca del justo salen palabras de vida eterna, y de sus manos, obras de bondad. El justo también es sabio, y la expresión más grande de sabiduría es invertir en la salvación de los perdidos. Aquel que gana almas hace una inversión eterna y junta tesoros que los ladrones no pueden robar ni la polilla destruir. Invertir en la salvación de almas es entrar en una causa de consecuencias eternas. Un alma vale más que el mundo entero. De nada sirve ganar el mundo entero y perder su alma. De nada sirve juntar tesoros en la tierra si esos bienes no están al servicio de Dios para ganar almas. La mejor y más duradera inversión que podemos hacer es invertir en la salvación de vidas. El mejor y más sabio uso de nuestro tiempo es proclamar las buenas nuevas de salvación. La alegría más grande que podemos tener es gestar hijos espirituales. La recompensa más grande que podemos recibir es ver almas rindiéndose a los pies de Jesús como fruto de nuestro trabajo. ¡Sea sabio, invierta su tiempo, su dinero y su vida en la gran caminada de ganar almas!

2

de marzo

El castigo del impío, correcto y riguroso

Ciertamente el justo será recompensado en la tierra; ¡cuánto más el impío y el pecador!

PROVERBIOS 11:31

No es verdad que la vida del justo es un mar de rosas. Ser cristiano no es vivir en un centro vacacional, o en un *resort* o en un parque de diversiones. El justo es afligido en la tierra, bien sea por sus debilidades, o aun cuando practica la justicia. El apóstol Pablo dice que nos importa entrar en el reino de Dios por medio de muchas tribulaciones. Pero si el justo no es guardado de castigos en la tierra, con más veras el pecador perverso. Ellos están acumulando ira para el día de la ira. Sufrirán no solo el castigo que sus actos merecen, sino también la penalidad eterna de la destrucción. Serán excluidos para siempre de la faz del Dios vivo y serán lanzados en las tinieblas exteriores, donde habrá lloro y crujir de dientes. El sufrimiento del justo es disciplina, y no castigo. Dios disciplina a quien ama. La disciplina es un acto responsable de amor. Las aflicciones del justo no vienen para destruirlo, sino para fortalecerle el alma. El castigo del perverso, sin embargo, en vez de quebrantarle el corazón, aún lo vuelve más duro y rebelde, ya que el mismo sol que ablanda la cera, endurece el barro. El justo es disciplinado y corre para los brazos del Padre arrepentido; pero el perverso es afligido y blasfema en contra del Señor.

3
de marzo

La disciplina,
el camino de la sabiduría

El que ama la instrucción ama la sabiduría; mas el que aborrece
la reprensión es un ignorante.

PROVERBIOS 12:1

L a disciplina no es castigo, sino un acto responsable de amor. No autoriza
a aplastar o destruir al ofensor, sino a restaurarle el alma. La disciplina es
preventiva, evita que otros caigan en el mismo error; y también es restaura-
dora, ayuda al caído a levantarse. La disciplina no produce alegría inmediata,
sino frutos permanentes. Las heridas provocadas por ella traen cura, pero una
cura superficial trae la muerte. Dios solamente disciplina a sus hijos que ama.
Los bastardos, que no son hijos, no son corregidos. Por eso mueren en sus
pecados. Salomón es enfático cuando dice: "El que ama la instrucción ama
la sabiduría; mas el que aborrece la reprensión es un ignorante" (Proverbios
12:1). Aprendemos por los preceptos, por los ejemplos y también por medio
de nuestros errores. Un fracaso solamente es fracaso cuando no aprendemos
con él. Nuestros errores no tienen que ser nuestros sepultureros; pueden ser
nuestros pedagogos. Tan solo los estúpidos odian la reprensión; los sabios
aman la disciplina. La disciplina es el camino del conocimiento práctico y de
la sabiduría que viene de lo alto.

4

de marzo

La bondad,
el canal del favor divino

El bueno alcanzará favor de Jehová; mas él condenará al hombre que maquina intrigas.

PROVERBIOS 12:2

D ios no tiene placer en el hombre malo. No se deleita en aquellos cuyo corazón es una industria de perversidades. El hombre bueno alcanzará el favor de Dios, pero aquel que planea la maldad, el Señor lo condena. Dios no es un ser sin moral, que aplaude el vicio y escarnece de la virtud. Dios es santo y justo. Aborrece el mal y ama el bien. Él es luz, y no hay tinieblas en él. Él aborrece los altivos de corazón y resiste al soberbio. Inclusive abomina del sacrificio de los perversos. Dios reprueba los intentos y los designios de los perversos, pero bendice aquellos que, de corazón recto, buscan el bien. La bondad es un atributo moral de Dios. Es fruto del Espíritu. Solamente podemos ser hombres de bien cuando imitamos a Dios y somos conducidos por su Espíritu. Andar por ese camino es tener la promesa segura del favor divino. Dios se vuelve galardonador de aquellos que lo buscan. Sin embargo, entrar por los laberintos de la maldad es colocarse bajo la ira de Dios y exponerse a su justo y recto juicio.

5

de marzo

La vida del justo, firmeza que no quiebra

El hombre no se afianzará por medio de la impiedad; mas la raíz de los justos no será removida.

PROVERBIOS 12:3

La práctica del mal no compensa. Puede que rinda beneficios inmediatos, pero después trae tormentos permanentes. Aquellos que intentan afirmarse mediante la impiedad serán desarraigados repentinamente. Serán como la paja que el viento dispersa. Serán como una casa construida sobre la arena. La tempestad pasará y la arrastrará de manera irremediable y será grande su destrucción. Cuanto más grande sea la altura conquistada por los artificios de la corrupción, más grande será la caída. Cuanto más alto sea el puesto ocupado por medio expedientes de maldad, más humillante será su caída al fondo del pozo. Si el perverso se vuelve como un pedazo de madera suelto en un mar bravo, el justo es como un árbol que ha sido plantado de manera sólida, cuyas raíces no pueden ser removidas. Inclusive el justo puede pasar por pruebas amargas, por injusticias violentas y por tempestades borrascosas, pero su raíz no será removida. Él puede inclusive perder su vida y sus bienes, pero jamás perderá su reputación y su descendencia santa. La vida del justo es sólida aquí y feliz eternamente. El tiempo no puede apagar su memoria ni quitarle brillo a su nombre. El justo ultrapasará los umbrales de la eternidad y vivirá con el Señor para siempre, en la más espléndida bienaventuranza.

6

de marzo

Mujer virtuosa, corona del marido

La mujer virtuosa es corona de su marido; mas la desvergonzada,
como carcoma en sus huesos.

PROVERBIOS 12:4

La Biblia habla de dos tipos de mujeres. No las clasifica en bellas y feas,
ricas y pobres, jóvenes y viejas, sino en virtuosas y sinvergüenzas. "El que
halla esposa halla el bien, y alcanza la benevolencia de Jehová" (Proverbios
18:22). La sinvergüenza es como cáncer en sus huesos; le produce sufrimiento
muy grave y le acorta los días. La virtuosa es fiel, y el corazón de su marido
confía en ella. La sinvergüenza se entrega a las pasiones del adulterio, destruyendo con sus manos la propia casa. La mujer que procede vergonzosamente
es aplaudida hoy en día en nuestra cultura moribunda. La decadencia de las
costumbres y el colapso de la ética estimulan el adulterio y promueven la
infidelidad. El matrimonio se ha vuelto frágil, y el divorcio, banal. Los hijos
se están volviendo huérfanos de padres vivos, mientras los cónyuges buscan
aventuras con más intensidad. En esa carrera sin frenos rumbo a la decadencia
de los valores morales, tenemos que levantar muy alto la bandera de la verdad
y decir que la virtud trae honra, pero el comportamiento sin pudor promueve
sufrimiento y muerte. Tenemos que levantar nuestra voz y decir que la mujer
virtuosa es feliz y promueve felicidad, pero la mujer sinvergüenza es infeliz y
fuente de profundo disgusto.

7
de marzo

El consejo de perverso, un peligroso engaño

Los pensamientos de los justos son rectitud; mas los consejos de los impíos, engaño.

PROVERBIOS 12:5

E l justo es una fuente de donde brotan la justicia y la rectitud. En sus palabras hay sabiduría, y en sus consejos, verdad; pero cuando el perverso abre la boca, sus consejos son traicioneros y engañadores. Sus palabras producen muerte. Un ejemplo clásico de esa realidad fatal fue el consejo maligno que Jonadab le dio a Amnón, hijo del rey David. El joven príncipe se enamoró enfermizamente de su hermanastra, Tamar. En vez de buscar consejo en hombres sabios, le abrió su corazón a un joven sagaz y peligroso, una serpiente venenosa. Los labios de Jonadab lanzaron veneno mortal. Sus consejos empezaron una tragedia irremediable en la vida de Amnón y de su familia. Tamar fue violada. Amnón fue asesinado. Absalón se volvió homicida, y la casa de David fue trastornada. Los consejos del perverso son como una chispa que incendia todo un bosque y trae destrucción y muerte. No obstante, los pensamientos del justo son rectos. El justo no se levanta contra Dios ni planea el mal contra el prójimo. Él tiene la mente de Cristo y el corazón transformado. De su boca fluyen palabras de vida, y no consejos de muerte.

8

de marzo

La boca del perverso, una trampa mortal

Las palabras de los impíos son asechanzas para derramar sangre;
mas la boca de los rectos los pone a salvo.

PROVERBIOS 12:6

L a lengua es un pequeño órgano de nuestro cuerpo, pero tiene gran poder. De la misma manera que el timón gobierna un barco y el bocado, un caballo, la lengua dirige todo nuestro cuerpo. Quien domina su lengua controla todo su cuerpo. La lengua tanto arma emboscadas de muerte como desarma bombas devastadoras. Tiene la capacidad de matar y también de dar la vida. La Biblia dice que "La muerte y la vida están en poder de la lengua" (Proverbios 18:21). Esta es tanto el remedio que sana las heridas como el veneno que acarrea la muerte. La boca de los perversos es una trampa peligrosa. Sus labios son más venenosos que los de una serpiente. Cuando los perversos abren la boca, el inocente es atrapado en su emboscada mortal. Una emboscada es una trampa invisible cuya finalidad es el derramamiento de sangre. Pero la boca de los rectos deshace las tramas, desata los nudos y desarticula los planes diabólicos de los perversos. En la boca de los rectos hay palabras de vida y paz. Los rectos son mensajeros de paz y agentes de la reconciliación. No son sembradores de contiendas, sino pacificadores que construyen puentes donde los perversos solamente cavarán abismos.

9
de marzo

La casa del justo, firmeza en la tempestad

Dios trastornará a los impíos, y dejarán de ser; pero la casa de los justos permanecerá firme.

PROVERBIOS 12:7

Los perversos, no pocas veces, se vuelven fuertes y poderosos en la tierra. Adquieren riquezas ilícitas, saquean a los pobres, tuercen las leyes y violan el derecho de los inocentes. Colocan su nido entre las estrellas y se blindan con armaduras de acero. Piensan que su dinero y su prestigio político les pueden dar seguridad. Pero el castillo de los perversos es un castillo de arena. Cuando la tempestad llega, esa casa cae, y hay gran ruina. Aunque los perversos escapen de la justicia de los hombres, no escaparán del recto juicio de Dios. Aunque sean aplaudidos en la tierra, no serán aprobados en el cielo. Los justos no siempre son notados en la tierra. Muchas veces, mientras el impío prospera, el justo es castigado. No obstante, en el día de la tempestad, mientras la casa de este permanece de pie, la casa de aquel entra en colapso. Porque el justo hizo de Dios su refugio más elevado y edificó su vida sobre la roca que no se estremece; la lluvia puede caer en su tejado, los vientos pueden golpear su pared y los ríos pueden pegarle a sus cimientos, pero él permanecerá imperturbablemente de pie. La firmeza de los perversos es apenas de apariencia, pero la estabilidad de los justos es real. La casa de los perversos puede ser ostentosa por un tiempo, pero perecerá eternamente, al paso que la casa del justo permanecerá para siempre.

10
de marzo

Mente lúcida, honra cierta

Según su sabiduría es alabado el hombre; mas el perverso de
corazón será menospreciado.

PROVERBIOS 12:8

Dios nos creó a su imagen y semejanza, por eso podemos pensar, reflexionar y tener entendimiento sobre las cosas visibles e invisibles, materiales
e espirituales. La falta de entendimiento es una degradación de la naturaleza
humana. Hace del hombre una fiera salvaje o una mula que necesita freno
para ser gobernada. Es por eso que el perverso de corazón será despreciado,
pues todo el pensamiento de su mente mira la autogratificación o la explotación del prójimo. Él emplea su inteligencia para hacer el mal, y no para
promover el bien. Por eso su memoria será maldita en la tierra. Por otra parte,
aquellos que usan su entendimiento para promover el bien alcanzan las más
altas alabanzas. Nuestra inteligencia es una dádiva de Dios, debemos usarla
para desarrollar nuestros dones y talentos y colocarlos al servicio de nuestro
prójimo. No vivimos ni morimos para nosotros mismos. Nuestra vida tiene
que desafiar a las personas en el presente, y nuestra muerte tiene que dejar
herencia para el futuro. No debemos entrar en el rol de aquellos que son
despreciados; podemos hacer parte de aquellos que son alabados en la tierra
y amados en el cielo.

11

de marzo

Usted no es el que habla, sino el que hace

Más vale el despreciado que tiene un criado, que el que se jacta,
y carece de pan.

PROVERBIOS 12:9

El mundo está lleno de gente que habla mucho y hace poco, hace propaganda de sus hechos, pero no los presenta; personas cuyas obras niegan sus palabras. El hablador y que se vanagloria es aquel que comenta a los cuatro vientos que está construyendo un rascacielos, pero en verdad apenas está haciendo un gallinero. Él sobredimensiona su imagen y hace propaganda mentirosa de sí mismo y de sus obras. Gasta su tiempo hablando de hazañas que nunca realizó, de planes que nunca concretizó, de fortunas que nunca granjeó, de influencias que nunca ejerció. Aquellos que habitan en la casa de la ilusión y viven en el reino de la mentira enfrentarán la dura realidad de la pobreza hasta el extremo. La sabiduría muestra que es mejor hablar poco y conseguir hacer todo, que hablar demasiado y no hacer nada. Es mejor ser humilde y realizar su trabajo. Es mejor hacer que hablar, ya que el hombre no es lo que habla sino lo que hace. El fin de la vanagloria es el desprecio, pero el camino de llegada de la humildad es la honra. Quien habla lo que no hace es alcanzado por la pobreza, pero quien se estima poco y realiza su trabajo alcanza prosperidad.

12
de marzo

Generosidad
hasta con los animales

El justo cuida del sustento de sus bestias; mas el corazón de los impíos es cruel.

PROVERBIOS 12:10

El hombre es aquello que comunica con sus actitudes. Nuestro carácter se refleja en nuestros gestos. La generosidad de nuestro corazón se revela en nuestra postura. El justo lidia de manera correcta no solo con Dios, con el prójimo y consigo mismo, sino también con los animales domésticos. Un individuo que tiene el corazón generoso jamás trata con crueldad a los animales. Podemos identificar la casa de un justo al observar como son tratados sus animales. Aquellos que golpean los animales y los dejan tener hambre revelan un corazón cruel, pero los que cuidan por la vida de ellos son justos. La actitud contraria es darles más valor a los animales que a las personas. Hoy se gasta más con los animales domésticos que con los niños. En muchos hogares, los animales son mimados y cubiertos de cariño, mientras que los hijos son tratados con grosería. Existen animales que son cubiertos de besos y abrazos, mientras que los miembros de la familia viven de sobras y mendigando un gesto de amor. Tanto un extremo como el otro son nocivos. ¡A los animales no podemos tratarlos con crueldad pero tampoco podemos colocarlos en el lugar de las personas! ¡A las personas no podemos tratarlas como animales, sino que debemos amarlas como nuestros prójimos!

13
de marzo

El trabajo, fuente de riqueza

El que labra su tierra se saciará de pan; mas el que anda a la caza
de naderías es falto de entendimiento.

PROVERBIOS 12:11

La pereza es la madre de la pobreza, y el trabajo es el útero donde la riqueza
es gestada. Aquellos que buscan los atajos del enriquecimiento rápido o
caen en la seducción del enriquecimiento ilícito demuestran ser insensatos. El
que labra su tierra será lleno de pan. El que invierte en su campo y cultiva su
tierra tendrá pan en abundancia, pero aquel que cruza los brazos y se entrega a
la insolencia sufrirá privaciones. No importa el área de su actividad, esmérese
por hacer lo mejor. Hágalo todo con excelencia. Sea un especialista. El mundo
hoy no pertenece a los generalistas. Tenemos que labrar nuestra tierra, invertir
en nuestros estudios y colocar en el vientre de la tierra las semillas de nuestro
trabajo. Aquellos cuyas manos rehúsan el trabajo solamente verán dificultades.
Esos no labrarán sus tierras. Por eso, sus campos se cubrirán de maleza. En la
casa del perezoso no habrá prosperidad, ni en su mesa, abundancia de pan. La
riqueza es fruto del trabajo honesto y consecuencia de la dedicación. Los que
se acomodan y cruzan los brazos no prosperarán, pero los diligentes tendrán
abundancia de bienes y abundancia de pan. El trabajo no es un castigo, sino
un privilegio; no es una fuente de disgustos, sino un manantial de riqueza.

14

de marzo

La codicia, el camino del fracaso

El impío codicia la red de los malvados; pero la raíz de los justos
dará buen fruto.

PROVERBIOS 12:12

L os impíos codician las riquezas ilícitas acumuladas por los malos. Como
parásitos, buscan vivir de la vitalidad de los otros. Como sanguijuelas,
nunca se satisfacen y siempre quieren más. Son ansiosos por la ganancia fácil. Son rápidos para armar esquemas de corrupción que asalten los cofres
públicos. Son hábiles para sacar ventaja inmediata. Para eso están dispuestos
a mentir, a corromper, a robar y a matar. El perverso quiere vivir de lo que
cazan los malos. Los malos son los predadores, las bestias fieras que atacan y
sangran a sus víctimas. Los perversos son aquellos que se reparten y se llenan
de los despojos dejados por los malos. Nuestra sociedad sazonada por la maldad, embriagada por la injusticia y dominada por la opresión ha producido
un bando de esos lobos devoradores. Sus víctimas están esparcidas por todos
los lados. El fruto de esa codicia es maldición, miseria y muerte, pero la raíz
de los justos florece y produce su propio fruto. El justo no es gobernado por
la ganancia insaciable, sino por el trabajo honesto. No es un parásito que
se alimenta de la vida ajena, sino que florece y produce su propio fruto. El
perverso es una maldición para su generación, pero el justo es una bendición
entre su pueblo.

15
de marzo

La lengua, una trampa peligrosa

El impío es enredado en la prevaricación de sus labios; mas el justo saldrá de la tribulación.

PROVERBIOS 12:13

La lengua es como un látigo que castiga la espalda de los malos. Es un veneno que mata a los impíos. Es fuego que destruye los escarnecedores. Es una red que prende los pies de los perversos. Aquellos que mienten para librarse de sus transgresiones acaban cayendo en una trampa mortal. Aquellos que sueltan la boca para hablar improperios acaban enredados en las cuerdas de sus pecados. La lengua de los malos es el vientre en el cual la angustia es generada. En ese vientre, el hijo bastardo crece como un monstruo y cuando nace destruye a aquellos que lo generaron. La transgresión de la lengua es una especie de autofagia. Quien peca con la lengua cava un abismo para sus propios pies. La transgresión de la lengua también es "otrofagia". Quien peca con la lengua no solo se destruye a sí mismo, sino también a otras personas a su alrededor. Si por la transgresión de los labios el malo se coloca la soga, el justo saldrá de la angustia. La lengua del justo no lo coloca en el calabozo del desespero, pero le abre una puerta de esperanza para una vida bienaventurada y feliz. La lengua del justo es portadora de buenas nuevas de salvación, es fundo de donde fluye el agua limpia que quita la sed de los exhaustos, es árbol de vida que produce los buenos frutos que alimentan a los hambrientos.

16
de marzo

Lengua bendita, manos bendecidas

El hombre será saciado de bien del fruto de su boca; y le será
pagado según la obra de sus manos.

PROVERBIOS 12:14

Del fruto de su boca el hombre tiene beneficios. Palabras verdaderas,
oportunas y sabias producen ricos dividendos. Si la lengua de los malos
es un campo que produce espinas de angustia, la lengua de los justos es un
terreno fértil donde se toma abundancia de frutos de alegría y prosperidad.
Si la lengua de los perversos es una fuente contaminada de donde brotan las
aguas sucias de la maldad, la lengua de los rectos es una fuente bendita de
donde fluyen copiosamente ríos de agua viva. Cuando la lengua es bendita,
las manos son bendecidas; pues, así como el hombre se llena de bien por el
fruto de su boca, él también es recompensado por el trabajo de sus manos.
El trabajo honesto y diligente no se queda sin retribución. Esa retribución
brota de la tierra y emana del cielo. Viene de los hombres y también de Dios.
Hay cuatro recompensas preciosas para aquellos que son dedicados a su obra:
la recompensa de la satisfacción interior, del reconocimiento humano, de la
prosperidad y de la aprobación divina. ¿Usted ha recibido estas recompensas?
¿Ha disfrutado de esas bendiciones? ¿Se ha llenado de los frutos benditos de
su propia boca?

17
de marzo

El autoengaño, un peligro real

El camino del necio es derecho en su opinión; mas el que
escucha los consejos es sabio.

PROVERBIOS 12:15

E xiste un dicho popular que dice: "El peor ciego es el que no quiere ver".
El necio es así. Él no discierne las cosas. Tiene una venda en sus ojos y un
tapón en sus oídos. Su corazón está endurecido, y su conciencia, cauterizada.
Él coloca los pies en una calle resbaladiza y avanza como si estuviera en tierra
firme. Se envuelve en tramas de muerte y camina sin cuidado. Los necios olvidan que el diablo es un defraudador y que el pecado es un fraude. El diablo les
ciega el entendimiento a los incrédulos y les anestesia el alma. Los necios son
dañados de tal manera que además de no ver los riesgos de su camino curvo,
a sus propios ojos esos caminos aún les parecen rectos. Los necios invierten
los valores y se tapan los oídos a los consejos sabios. Por estar en un camino
de oscuridad no saben en qué tropiezan. Por estar sordos a la verdad, marchan
rápidamente para la muerte sin recibir la oferta graciosa de la vida eterna. El
autoengaño es el último escalón de la degradación moral, pues aquellos que
están durmiendo en los brazos de esa comodidad moral se despertarán muy
tarde, cuando ya habrán pasado el tiempo del arrepentimiento y la oferta de
la gracia.

18
de marzo

El autocontrol,
una protección segura

El necio al punto da a conocer su ira; mas el que no hace caso
de la injuria es prudente.

PROVERBIOS 12:16

El necio es alguien emocionalmente desequilibrado. Es un pozo de amargura, un protagonista de intrigas y un provocador de contiendas. Su vida es una amenaza para los que viven a su alrededor. Sus palabras, acciones y reacciones son explosivas. El necio no tiene dominio propio, sus accesos de ira son constantes. Por falta de autocontrol, manda esquirlas a todos los que están a su alrededor. Porque le falta el discernimiento, habla sin pensar y expone las personas a situaciones vergonzosas y que constriñen. Las palabras del necio hieren como espada y provocan contienda entre los hermanos. Pero el prudente no pierde los estribos cuando es ridiculizado. No paga mal con mal, sino que vence el mal con el bien. No pierde el control cuando es agredido con palabras maliciosas y actitudes injustas, pero bendice aun a sus enemigos. No es gobernado por la carne, sino por el Espíritu, y un fruto del Espíritu es el dominio propio. El prudente tiene control no solo sobre sus acciones sino también sobre sus reacciones. Cuando es herido en una mejilla, coloca la otra; cuando es forzado a caminar una milla, camina dos; cuando le toman la túnica, entrega también la capa. El prudente sabe que aquel que domina su espíritu es más fuerte que quien conquista una ciudad.

19
de marzo

La verdad,
promotora de la justicia

El que habla verdad declara lo que es justo; mas el testigo mentiroso, lo que es falso.

PROVERBIOS 12:17

En el tribunal de Dios, la verdad siempre manifiesta la justicia, pero en el tribunal de los hombres, no pocas veces la justicia es negada a los inocentes. En el tribunal de los hombres algunas veces los injustos son hechos inocentes y los justos, condenados. En el tribunal de los hombres, con cierta frecuencia se acogen falsos testigos, y el fraude prevalece. En el tribunal de los hombres, el joven José va a la cárcel, y la mujer infiel de Potifar es tenida como la que fue molestada. En el tribunal de los hombres el adúltero rey Herodes condena a la muerte al profeta Juan el Bautista, y el cobarde Pilato sentencia a muerte al Hijo de Dios. En el tribunal de los hombres, Jesús es acusado de un crimen teológico y político, de blasfemia y sedición, pero los testigos son falsos, y la sentencia contra él es injusta. La verdad tiene que ser restablecida en los tribunales, en las transacciones comerciales, en las relaciones familiares y en los púlpitos de las iglesias. Tenemos que repudiar con toda vehemencia el testigo falso, que vende su conciencia por soborno, tuerce la verdad por ventajas inmediatas, escupe en la cara de la justicia y da a luz ese monstruo perverso que es el fraude.

20
de marzo

La lengua, ¿espada o remedio?

Hay hombres cuyas palabras inconsideradas son como golpes de espada; mas la lengua de los sabios es medicina.

PROVERBIOS 12:18

Deslenguado es el que habla por los codos. Es hablar al viento. Es hablar mucho y pensar poco. Es hablar sin pensar las consecuencias de lo que se habla. Es ser irresponsable con la mayordomía de la comunicación. La lengua del hablador hiere como puntas de espada. Destruye como veneno y destruye como fuego. La lengua del hablador transporta la muerte, y no la vida, ya que siembra enemistad entre los hermanos y provoca contiendas entre las personas. La lengua del hablador es como un caballo salvaje sin freno y como un barco en alta mar a la deriva. Ambos son agentes de muerte, y no de vida. Pero la lengua del sabio es remedio para los enfermos, bálsamo para los afligidos, jarabe para los cansados y fuente de vida para los que se encuentran prostrados. La lengua de los sabios es el vehículo que transporta la verdad y el canal que conduce a la esperanza. El sabio es aquel que habla la verdad en el amor. De la boca del sabio no salen palabras torpes, solamente palabras para edificación, de acuerdo con la necesidad, transmitiendo gracia a los que oyen. Nos sobran las preguntas: ¿Nuestra lengua es como remedio o como puntas de espada? ¿Es bálsamo que refrigera o vinagre que arde en la herida? Escoja qué quiere hacer en este mismo instante.

21

La verdad vive más que la mentira

El labio veraz permanecerá para siempre; mas la lengua mentirosa solo por un momento.

PROVERBIOS 12:19

E xiste un dicho popular que dice "la mentira tiene patas cortas". Para sostener una mentira, una persona tiene que tener buena memoria, pues otras mentiras tendrán que ser forjadas para no caer en contradicción. Consecuentemente, la lengua mentirosa no dura para siempre. Tiene vida corta. La mentira no compensa, pues el padre de la mentira es el diablo, y los mentirosos no heredarán el reino de Dios. La Palabra de Dios nos exhorta a hablar la verdad. Jesús dice que nuestra palabra debe ser: "Sí, sí; no, no; pues lo que se añade de más, procede del maligno" (Mateo 5:37). Una persona mentirosa no tiene credibilidad. Su lengua es como la oscuridad: deja a las personas confusas, errantes. Pero la verdad es luz que apunta el camino. Quien anda en la luz no tropieza. La verdad, aun cuando amordazada por la violencia, acaba prevaleciendo. La verdad, aun cuando escamoteada en las calles y oprimida en los tribunales, acaba prevaleciendo. En ese caso el siguiente adagio es verdadero: "el tiempo lo dirá". Nadie puede contra la verdad, sino a favor de la verdad. El labio verdadero permanece para siempre.

22
de marzo

El corazón,
laboratorio de acciones

Hay amargura en el corazón de los que piensan el mal; pero
alegría en el de los que piensan el bien.

PROVERBIOS 12:20

La violencia que choca a la opinión pública y nos deja perturbados por su
explosión mortal tiene su origen en el silencio del corazón. El corazón del
hombre es el laboratorio donde el mal es gestado y también la fábrica que produce todo ese veneno letal a la humanidad. El mal solamente es maquinado y
practicado porque hay fraude en el corazón. Primero el mal es concebido en el
corazón, después nace como un monstruo. Es del corazón de donde proceden
los malos designios. Es de esa fuente contaminada que sale cualquier cantidad
de suciedad. Si los que planean el mal tienen fraude en el corazón, los que
aconsejan la paz tienen gran alegría. ¡Qué bueno es ser un instrumento de
Dios en la vida de alguien! Qué bueno ser un consejero sabio, un pacificador,
un amigo del bien, un sembrador de la paz, un portavoz de las buenas nuevas. Cuando su corazón es transformado, sus manos se vuelven maestras de
la bondad, y sus labios agentes de la paz. Ser un consejero de la paz produce
alegría para usted y bendición para los demás. ¡En vez de que su corazón sea
una fuente venenosa, transfórmelo en un manantial de vida!

23

de marzo

Ser justo,
una gran recompensa

Ninguna adversidad acontecerá al justo; mas los impíos serán colmados de males.

PROVERBIOS 12:21

La justicia es escudo protector contra el mal. Los que fueron justificados por Dios, por causa de la redención en Cristo, están guardados bajo las alas del omnipotente. Ninguna plaga llega a su tienda. Las flechas que vuelan de día y la peste que barre la noche no destruyen a aquellos que están bajo el abrigo de la sangre del Cordero de Dios. La tempestad furiosa que inunda el mundo entero no puede destruir a los que están dentro del arca de la salvación. Ningún agravio le sobrevendrá al justo, pues Dios es su protector y su escudo. Ningún vengador de sangre puede atacar al justo, pues él está escondido con Cristo, en Dios, en la ciudad de refugio. Si el justo es guardado, los perversos son entregados al mal que ellos mismos planean. El mal que ellos planean para los demás los cogerá de lleno. El mal caerá sobre su propia cabeza. Los perversos cavan un abismo para los propios pies. Como Amán, construyen la horca donde ellos mismos serán ejecutados. El que deseen a los demás no solo les salpicará, sino que los alcanzará plenamente. La injusticia no compensa, pero ser una persona justa trae recompensa.

24

de marzo

La mentira,
abominación para Dios

Los labios mentirosos son abominación a Jehová; pero los que
son sinceros alcanzan su favor.

PROVERBIOS 12:22

L a mentira está presente en los tribunales y en los templos religiosos. Muestra su cara en el comercio y en los parlamentos. Se entromete en las familias y se anida en el corazón. Pero ¿qué es la mentira? La mentira es la negación
de la verdad. También puede significar la distorsión intencional o inclusive la
ocultación dolosa de la verdad. Los labios mentirosos son abominables para
Dios, porque el padre de la mentira es el diablo, y quien miente no solo revela su carácter maligno, sino que también ejecuta sus planes perversos. La
mentira es una insensatez, ya que tiene piernas cortas; no puede ir muy lejos
ni mantenerse de pie. Los labios mentirosos caen en descrédito delante de
los hombres y son despreciables para Dios, pues los mentirosos no heredarán
el reino de Dios. De otra parte, aquellos que obran fielmente son el placer
de Dios. Aquellos que hablan la verdad, juran con el daño propio y no se
arrepienten son verdaderos ciudadanos de los cielos. ¡La mentira que hoy se
disfraza y se viste con belleza será desnudada y se cubrirá de trapos, pero los
fieles andarán de blanco en la presencia de Dios y jamás serán avergonzados!

25
de marzo

Fanfarronear, pura insensatez

El hombre cuerdo encubre su saber; mas el insensato publica
su necedad.

PROVERBIOS 12:23

E l sabio es aquel que sabe que nada sabe. El hombre prudente no vive to-
cando trompetas sobre su conocimiento ni haciendo propaganda de sus
virtudes. Ser fanfarrón es pura insensatez. No deben ser nuestros labios que
nos alaben. La soberbia es la puerta de entrada del fracaso, la sala de espera de
la vergüenza, el palco de la caída. Los que se exaltan serán humillados. Los que
quieren ocupar los primeros lugares serán colocados al final de la fila. El hombre prudente oculta conocimiento; no se enaltece a sí mismo como un fariseo
soberbio, ni se compara a los demás tan solo para sobresalir. La humildad es
el camino de la honra, mientras que la altivez es la autopista de la vergüenza.
El insensato no solo proclama la necedad, sino que también anuncia virtudes
que no posee. Se presenta como héroe pero su verdadero papel es el de villano.
Se exhibe en público como bienhechor, pero en verdad no pasa de un ladrón.
El insensato es un falso intelectual y un falso filántropo. Apenas vive de las
apariencias. Solamente es un actor que representa un papel en el palco de la
vida. No vale la pena vivir como un hipócrita, intentando engañar a los demás
y engañándose a sí mismo.

26
de marzo

El éxito, fruto del trabajo

La mano de los diligentes obtendrá el mando; mas la negligencia
será tributaria.

PROVERBIOS 12:24

Thomas Alva Edison, uno de los científicos más grandes de todos los tiempos, dijo que nuestras victorias son el resultado del diez por ciento de inspiración y el noventa por ciento de transpiración. El éxito es el resultado del esfuerzo diligente y del trabajo abnegado. Aquellos que se dedican a los estudios, se esmeran en su labor, trabajan con diligencia y hacen todo con excelencia son conducidos a las posiciones de liderazgo en todas las áreas de la vida. El éxito no es una cuestión de suerte, sino de diligencia. El perezoso, que es flojo, que no se esfuerza en los estudios ni trabaja con dedicación, empobrecerá. La verdad, aquellos cuyas manos son lentas y remisas acaban siendo destinados a los trabajos más rudos y de baja remuneración. En la vida, nosotros cosechamos lo que sembramos. Aquellos que siembran poco tienen una cosecha mediocre, pero aquellos que siembran con abundancia, con abundancia cosecharán. Aquellos que cubren la frente de sudor y trabajan con esfuerzo esmerado tendrán su recompensa. Honra y riquezas están destinadas a los diligentes, pero la pobreza y el desprecio son la porción de los perezosos. El trabajo no es maldición, sino una bendición; no es carga, sino deleite. ¡El trabajo no mata; al contrario, nos motiva a vivir de manera exponencial!

27
de marzo

La ansiedad,
el abatimiento del corazón

La congoja en el corazón del hombre lo abate; mas la buena palabra lo alegra.

PROVERBIOS 12:25

La ansiedad es el mal del siglo, la enfermedad más democrática de nuestra generación. Alcanza a niños y viejos, doctores y analfabetos, religiosos y ateos. En el griego, la palabra ansiedad significa 'estrangulamiento'; la ansiedad sofoca y quita el oxígeno. Ella no nos ayuda a resolver los problemas hoy, apenas nos debilita para enfrentarlos mañana. Ansiedad es ocuparse de un problema que aún no existe, y setenta por ciento de los asuntos que nos dejan ansiosos nunca sucederán. La ansiedad es inútil, ya que, por más ansiosos que estemos no podemos añadir un único día a nuestra vida. La ansiedad es perjudicial porque drena nuestras energías, roba nuestras fuerzas y sobredimensiona nuestras crisis. Es una señal evidente de incredulidad, porque solamente aquellos que no confían en la providencia de Dios viven ansiosos con respecto a su futuro. La ansiedad abate el espíritu del hombre, pero la palabra buena lo alegra. Debemos alimentar nuestra alma con palabras que emanan de la boca de Dios, en vez de abastecer nuestro corazón con el grito de la ansiedad. Debemos mirar, pero para aquel que está en el control de la tempestad para traernos bonanza.

28
de marzo

La vida del justo,
un guía confiable

El justo sirve de guía a su prójimo; mas el camino de los impíos les hace errar.

PROVERBIOS 12:26

El justo es aquel que a pesar de no tener justicia propia, fue justificado por la imputación de la justicia del Señor Jesucristo, el justo. Dios es justo y el justificador de aquel que cree. El justo es aquel que fue cubierto con el manto de la justicia de Cristo, recibido en la familia de Dios, está en paz y a salvo con la ley de Dios y con las demandas de su justicia. El justo fue transferido del reino de las tinieblas para el reino de la luz, de la potestad de Satanás para el señorío de Cristo. La vida del justo es como la "luz de la aurora, que va brillando más y más hasta ser día perfecto". El justo sirve de guía para su compañero. Él es confiable. Pero el camino de los perversos está lleno de encrucijadas y bifurcaciones. A lo largo de ese camino muchos avisos prometen placeres, aventuras y éxito, pero todo eso no pasa de engaño y farsa consumada. El camino perverso, a pesar de parecer muy iluminado, es cubierto de densa oscuridad. Los impíos no saben en qué tropiezan. El camino de los perversos hace que los hombres yerren, ya que aleja a las personas de Cristo, ¡que él mismo es el camino!

29
de marzo

La pereza,
causa de muchas pérdidas

El indolente ni aun asará lo que ha cazado; pero la diligencia es
un tesoro para el hombre.

PROVERBIOS 12:27

El perezoso da algunos pasos importantes en la vida, pero termina su trabajo antes de concluir su propósito. Él sale al campo para cazar, pero
cuando consigue su caza, no tiene disposición para asarla. Aguanta hambre y
pierde el resultado de su trabajo porque la pereza no lo deja terminar aquello
que empezó. ¡Cuántas perdidas en la vida por causa de la pereza! ¡Cuántos matrimonios que se acaban por causa de la pereza! ¡Cuánto dinero perdido por
causa de la pereza! El perezoso no disfruta de los frutos de su trabajo. No tiene
perseverancia. Es sosegado. Prefiere la indolencia, el confort, el sueño, la cama
y la pobreza al trabajo. Sin embargo, el bien precioso del hombre es ser diligente. El hombre diligente encuentra un tesoro en el trabajo, y no solamente
en sus frutos. Para el diligente, la propia siembra es una tarea encantadora,
pues el trabajo en sí es una de las más preciosas recompensas del trabajo. No
tener nada que hacer o no hacer nada es una maldición, pero ocuparse con el
trabajo es una recompensa que desemboca en muchas otras ganancias. Quien
no trabaja da trabajo. Pero quien trabaja economiza riquezas y disfruta de
grandes alegrías.

30
de marzo

La justicia, un camino de vida

En el camino de la justicia está la vida; mas la senda del error
conduce a la muerte.

PROVERBIOS 12:28

L os hombres son curiosos por encontrar el sentido de la vida. Buscan ese
sentido en las aventuras, en las riquezas, en los placeres y en el éxito. Sor-
ben todas las copas de los placeres y prueban todos los manjares del banquete
del mundo. A pesar de entrar por las anchas avenidas y amplios caminos en la
búsqueda de la felicidad, muchos caminan para la perdición. Ese camino parece recto, pero es camino de muerte. Ofrece libertad, pero esclaviza; promete
alegría, pero paga con tristeza; proclama la vida, pero lo que se ve a lo largo
de ese camino es la figura de la muerte. Pero en el camino de la justicia, está
la vida, y en el camino de su carrera no hay muerte. Jesús es el camino y también la vida. Cuando andamos en él saboreamos la verdadera vida. Cuando
permanecemos en él, la muerte no tiene más la última palabra sobre nosotros.
La justicia es el camino de la vida. Ese camino es estrecho, pero seguro. Es
apretado, pero su destino es la gloria. En ese camino pasamos por el valle de
la sombra de la muerte, pero no tenemos que temer ningún mal. No estamos
solos. El buen pastor camina con nosotros, ofreciéndonos seguridad, refrigerio y victoria. Y cuando nuestra jornada termine aquí, habitaremos en la casa
del Padre, y eso por toda la eternidad.

31

de marzo

Hijo, escuche a su padre

El hijo sabio recibe el consejo del padre; mas el burlador no escucha las represiones.

PROVERBIOS 13:1

La obediencia a los padres es el camino más seguro para la felicidad y la ruta más cierta para la prosperidad. Es una orden de Dios: "Honra a tu padre y a tu madre, para que tus días se alarguen en la tierra que Jehová tu Dios te da" (Éxodo 20:12). El apóstol Pablo dijo que este es el primer mandamiento con promesa. La obediencia a los padres es una actitud justa, un principio universal. Su ausencia es señal de decadencia de la sociedad. El hijo sabio oye la instrucción del padre, pero el burlador no atiende la represión. Pero aquellos que no escuchan los consejos sufrirán el castigo. Aquellos que cierran los oídos a la represión, esos ofrecerán la espalda para los latigazos. Muchas tragedias suceden, aun hoy, porque los hijos se tapan los oídos de los consejos de los padres. Muchos matrimonios equivocados suceden porque los hijos no escuchan a los padres. Muchos accidentes suceden porque los hijos son rebeldes a las enseñanzas de los padres. Las cárceles y los hospitales están llenos de hijos hechos víctimas por causa de la rebeldía, y los cementerios están salpicados de jóvenes que fueron muertos precozmente porque, rebeldes, no quisieron oír el consejo de sus padres. Permanece la advertencia: ¡Hijos, escuchen a sus padres! ¡Ese es el camino delicioso de la vida!

1

de abril

La ganancia cierta de las buenas palabras

> Del fruto de su boca, el hombre justo comerá el bien; mas el alma de los prevaricadores hallará el mal.
>
> PROVERBIOS 13:2

Nuestras palabras nunca son neutras. Son bendición o maldición. Producen frutos dulces o amargos. Son canales de vida o instrumentos de muerte. Son bálsamo o hieren. Curan o matan. Aquellos que cultivan una comunicación saludable dentro de la casa siembran amistad, fortalecen el compañerismo y cosechan los abundantes frutos del amor. Sin embargo, aquellos que siembran contiendas, sueltan la boca para esparcir chismes y se entregan a la maledicencia cultivan espinas que herirán sus pies y le harán amarga el alma. Las palabras buenas tienen ganancia cierta. Producen dividendos benditos, promueven causas nobles, estimulan a los débiles, levantan a los abatidos y curan a los enfermos. No obstante, el apetito de los infieles, se alimenta de la violencia. Los pérfidos cultivan el mal en el corazón y lo destilan con la boca. El hombre malo corre por las calles, recorre los campos y destruye vidas por donde pasa. Pero los labios de aquellos cuyo corazón fue transformado por la gracia de Dios destilan miel, miel que alimenta y deleita. ¿Qué tipo de fruto ha cosechado con la siembra de sus palabras? ¿Del fruto de sus palabras ha comido bien?

2
de abril

La lengua puede ser una soga

El que guarda su boca, guarda su alma; mas el que mucho abre
sus labios tendrá calamidad.

PROVERBIOS 13:3

Existen personas que tropiezan en la propia lengua. Caen en la trampa de
las propias palabras. La lengua suelta es una prisión amenazadora. Quien
habla sin pensar es azotado por su propia lengua. Quien habla sin reflexionar
acaba prisionero de su propia necedad. El que controla la boca conserva su
vida, pero quien habla demasiado trae sobre sí gran ruina. La Biblia menciona
a Doeg, el hombre que delató a David al insano rey Saúl. Como resultado de
su maledicencia sin medir las consecuencias hubo una matanza en la ciudad
de Doeg, donde 85 sacerdotes fueron muertos, y también hombres, mujeres y
niños. El propio Doeg, el chismoso, tuvo que accionar la espada asesina contra inocentes. Doeg arruinó no solamente su propia vida, sino que se volvió
un instrumento de muerte para decenas de personas. La discreción es una
virtud fundamental. "Hasta el necio cuando se calla es tenido como sabio".
Quien mucho habla mucho yerra. Las palabras son como el viento: una vez
proferidas, no se pueden administrar más. Es como soltar una bolsa llena de
plumas en lo alto de una montaña. No se pueden recoger más. ¡Cuidado con
su lengua!

3
de abril

El trabajo produce riqueza

> El alma del perezoso desea mucho, y nada alcanza; mas el alma
> de los diligentes será prosperada.
>
> PROVERBIOS 13:4

La pereza es la mamá de la pobreza y la hermana gemela del hambre. El perezoso alimenta el corazón con devaneos y el estómago, con escasez de pan. Habla de grandes proyectos, pero no realiza ni siquiera pequeñas cosas. Anuncia a los cuatro vientos que está construyendo un rascacielos, pero apenas hace los cimientos de un gallinero. El perezoso desea muchas cosas, pero no tiene nada. Desea los frutos del trabajo, pero no ama el trabajo. Prefiere el sueño y el descanso a la fatiga de la lucha. El trabajo es una bendición. Fue Dios quien lo instituyó, y eso aun antes de que el pecado entrase en el mundo. El trabajo continuará en la eternidad, aun después de que el pecado sea exterminado de la creación. El trabajo no solo tonifica los músculos de nuestro cuerpo, sino que también fortalece la musculatura de nuestra alma. El trabajo llena el alma de los diligentes, produce riquezas, promueve el progreso, multiplica los recursos naturales. Hace la vida más deliciosa, la familia más segura y la sociedad más justa. El trabajo engrandece la nación y trae gloria al nombre de Dios. Fuimos creados por Dios para el trabajo. Aquel que nos creó es nuestro ejemplo más grande, pues Él trabaja hasta ahora. ¡No se rinda a la pereza; trabaje con diligencia!

4

de abril

La mentira tiene que ser odiada

El justo aborrece la palabra de mentira; mas el impío se hace odioso e infame.

PROVERBIOS 13:5

L a palabra mentirosa tiene que ser odiada. Tenemos que aborrecerla con todas las fuerzas de nuestra alma. La mentira es un cáncer en las relaciones. Quiebra la confianza, deshace lazos, promueve conflictos y protagoniza grandes tragedias. La mentira es maligna. Ella procede del diablo, está al servicio del diablo y los mentirosos serán lanzados en el lago de fuego junto con el maligno. No podemos sostener ni promover la mentira. No podemos aplaudir a los mentirosos ni callarnos ante su acción perversa. El justo odia la palabra mentirosa. El justo odia lo que es falso. Los impíos que promueven la mentira son motivo de vergüenza y traen sobre sí gran deshonra. La mentira puede desfilar en la pasarela del tiempo, puede subir al palco y presentarse con esfuerzo para el delirio de los insensatos, pero al fin se le quitará la máscara. Quedará desnuda y mostrará sus vergüenzas. Todos verán su horrible cara. Y los mentirosos, llenos de deshonra, serán expuestos a la vergüenza pública y a la condenación eterna. Aún es tiempo de cambio. La Palabra de Dios nos exhorta: "Por lo cual, desechando la mentira, hablad verdad cada uno con su prójimo" (Efesios 4:25).

5
de abril

Vale la pena ser íntegro

La justicia guarda al de perfecto camino; mas la impiedad trastornará al pecador.

PROVERBIOS 13:6

El mejor seguro que podemos hacer contra las tragedias de la vida es vivir de manera íntegra. La honestidad nos protege más que carros blindados y chalecos a prueba de balas. La justicia guarda a quien es correcto en su camino. La rectitud protege al hombre íntegro. Aunque los íntegros sufran injusticias en los tribunales y sean lanzados a las cárceles, ellos tienen la protección de la conciencia y la protección divina. Es mejor sufrir como el justo que ser promovido como el culpado. José de Egipto prefirió ir a la cárcel como inocente que vivir en libertad, pero prisionero del pecado. Juan el Bautista prefirió la cárcel y la muerte a ser alcahueta con el pecado del rey Herodes. Daniel prefirió ir a la cueva de los leones a pecar contra su Dios. Aunque Dios no nos libre de la muerte por causa de nuestra integridad, él nos librará en la muerte. Es mejor morir como justo que vivir como impío. Cuando el justo muere, entra inmediatamente en el gozo eterno; pero la perversidad trastorna al pecador y su condenación es eterna. La integridad en sí misma ya es una gran recompensa. Los íntegros tienen paz de conciencia aquí y bienaventuranza por toda la eternidad.

6
de abril

Ricos pobres y pobres ricos

Hay quienes pretenden ser ricos, y no tienen nada; y hay
quienes pretenden ser pobres, y tienen muchas riquezas.

PROVERBIOS 13:7

El problema no es poseer dinero sino ser poseído por él. No es cargar dinero en los bolsillos, sino en el corazón. El dinero en sí mismo es bueno, ya
que nos permite disfrutar de las cosas buenas y promover el bien. El problema
es amar el dinero. El amor al dinero es la raíz de todos los males. Individuos
se casan y se divorcian por causa del dinero. Las personas se vuelven corruptas
y son corrompidas por causa del dinero. Hay quienes matan y mueren por
el dinero. Pero el dinero no ofrece felicidad ni seguridad. Así, hay ricos que
son pobres. Pero hay pobres que son ricos, pues aprenden a vivir contentos
en toda y cualquier situación. El contentamiento es una actitud de plena satisfacción en Dios. La vida de un hombre no consiste en la abundancia de
bienes que él posee. Podemos ser pobres y al mismo tiempo, ricos. Podemos
decir como el apóstol Pablo: "como entristecidos, mas siempre gozosos; como
menesterosos, mas enriqueciendo a muchos; como no teniendo nada, mas
poseyéndolo todo" (2 Corintios 6:10).

7
de abril

La seguridad de la pobreza

El rescate de la vida del hombre está en sus riquezas; pero el
pobre no oye amenazas.

Proverbios 13:8

El hombre rico vive inseguro a pesar de su riqueza. Anda con guardaespal-
das, viaja en carros blindados y vive en palacios con cercas eléctricas y un
sofisticado sistema de alarmas. Aun así vive con miedo de atracos y secuestros.
Su riqueza, a pesar de darle comodidad, no le ofrece paz. En el caso de un
rapto, los bandidos exigen recompensa, y su riqueza sirve para el rescate de
una vida. No obstante, el pobre nunca recibe amenazas. No necesita andar
blindado por fuertes esquemas de seguridad. Anda tranquilamente y con libertad sin restricciones. Su pobreza, en lugar de colocarlo en el camino de
la inseguridad, es su escudo protector. Él camina sin preocupaciones de casa
para el trabajo y del trabajo para casa. Sus hijos van y vuelven del colegio con
seguridad. Su pobreza no le permite lujos y comodidades, pero le ofrece seguridad. Al pobre no le suceden amenazas. El pobre duerme tranquilo después
de un arduo y largo día de trabajo. Sus músculos laten de cansancio y el sueño
le repone las fuerzas para un nuevo día de jornada. El rico, con sus muchas
preocupaciones, se acuesta en sábanas de seda, pero el sueño no viene, porque
siendo rico, quiere más; aun blindado, se siente inseguro; aun lleno de bienes,
se siente vacío.

8

de abril

El justo brilla espléndidamente

La luz de los justos es alegre; mas la lámpara de los impíos
se apagará.

PROVERBIOS 13:9

L os perversos tienen una lámpara, y una lámpara brilla, pero ese brillo
se apagará, pues en el momento de la crisis a los perversos les faltará el
combustible necesario. Entonces, la vida de ellos será como la oscuridad. Caminarán a ciegas para un abismo tenebroso. La vida de los justos es totalmente
diferente: ellos siguen a Jesús, la luz del mundo. Él es la verdadera luz que,
venida al mundo, ilumina a todos los hombres. Quien sigue a Jesús no anda
en tinieblas; al contrario, verá la luz de la vida. La luz de los justos es como la
luz de la aurora, que va brillando más y más hasta ser un día perfecto. El justo
anda en la luz, pues no hay engaño en su corazón ni falsedad en sus labios. El
justo vive en la luz porque se aparta de sus pecados, confesándolos a Dios y
recibiendo purificación de la sangre de Jesús. El justo se deleita en la luz porque ama la santidad, tiene placer en la misericordia y ejercita el amor. El justo,
además de hijo de la luz, de ser luz del mundo y de vivir en la luz de Cristo,
también camina para la ciudad santa, la nueva Jerusalén, donde no necesitará
más de la luz del sol ni de la luna, pues el cordero de Dios será su lámpara.

9
de abril

El orgullo no compensa

Ciertamente la soberbia concebirá contienda; mas con los que
admiten consejos está la sabiduría.

PROVERBIOS 13:10

El orgullo solamente genera discusiones; la arrogancia solo produce conflictos. De la soberbia solamente resulta la contienda. El orgullo es una
actitud execrable. Es la tendencia de querer ser más grande y mejor que los
demás. El orgulloso es aquel que se coloca en el pedestal y mira a todos de
arriba abajo, desde lo alto de su tonta prepotencia. Se siente superior, más sabio y más fuerte que los demás. Y no solo eso: el orgulloso es aquel que busca
ocasiones para humillar a otros y despreciarlos. Siempre hace comparaciones
para exaltar sus pretendidas virtudes y disminuir el valor de los demás. Pero la
soberbia precede la ruina, pavimenta la calle del fracaso y conduce a la caída.
Donde la soberbia entra, con ella llega la contienda. Donde el orgullo desfila,
provoca discusiones. Donde la arrogancia muestra su cara, produce conflictos.
La postura de los humildes es totalmente diferente. Ellos no se juzgan dueños
de la verdad. Tienen la mente abierta para aprender y el corazón receptivo a
la instrucción. Los humildes buscan consejos y saben que en la multitud de
consejeros está la sabiduría. El humilde es aquel que abre la mano de sus ideas
para abrazar la idea del otro, convencido de que encontró el mejor entendimiento. El soberbio, aun equivocado, se mantiene irreductible, prefiriendo la
vergüenza del fracaso a abrir la mano de sus posiciones inflexibles.

10
de abril

El peligro de la riqueza fácil

Las riquezas mal adquiridas vendrán a menos; pero el que recoge con mano laboriosa, las aumenta.

PROVERBIOS 13:11

Una estadística reciente afirmó que la mayoría de los artistas y deportistas que ganan mucho dinero siendo muy jóvenes gastan sus bienes sin criterio y terminan sus días en la pobreza. De la misma manera, el dinero adquirido con deshonestidad disminuirá, ya sea por los gastos irresponsables, ya sea por las exigencias de la ley para que devuelva públicamente a los verdaderos dueños los bienes que fueron robados furtivamente. Los bienes que fueron mal adquiridos se vuelven una maldición y no una bendición para aquellos que los acumulan. Las casas destruidas con sangre jamás pueden ser refugios de paz. El dinero retenido con fraude levanta la voz al cielo y clama por justicia. Los bienes robados se vuelven combustible para la destrucción de los que los robaron. Pero las riquezas adquiridas con el trabajo honesto son expresión de la bendición de Dios. Esas riquezas generan progreso y bienestar. Se vuelven instrumentos de bendición para todos los que de ellas disfrutan. Muchas veces el trabajo puede ser penoso, pero su fruto delicioso. El trabajo puede ser arduo, pero su resultado puede traer descanso a su alma.

11

de abril

La esperanza pospuesta enferma el corazón

La esperanza que se prolonga es tormento del corazón; pero árbol de vida es el deseo cumplido.

PROVERBIOS 13:12

L a esperanza es el oxígeno de la vida. Si llega a faltar, perecemos. Si es pospuesta, el corazón enferma. Pero el deseo no satisfecho es árbol de vida. La vida es hecha de decisiones. No somos aquello que hablamos, pero sí lo que hacemos. No es sabio dejar para después aquello que podemos hacer hoy. No es sensato posponer decisiones que tienen que ser tomadas rápidamente. No es prudente colocar debajo del tapete lo que tenemos que resolver con agilidad. La esperanza pospuesta entristece el corazón. Quizá usted haya dejado para después la conversación que necesita tener con su cónyuge, con sus hijos o con sus padres. Quizá esté huyendo de la responsabilidad de tomar algunas decisiones en su vida. Es mejor la incomodidad de la confrontación que la posición cómoda de la omisión. No espere más para hablar, actuar y posicionarse. Levántese y sea fuerte. Nadie puede asumir su lugar y tomar decisiones que son de su exclusiva responsabilidad. Rompa el ciclo vicioso. Sacúdase el polvo. Ponga el pie en el camino. Mantenga la visión de farol en lo alto. Súbase en los hombros de los gigantes y empiece la marcha victoriosa en la vida. ¡No deje para mañana lo que tiene que hacer hoy!

12
de abril

El que no escucha los consejos no llega a viejo

El que menosprecia el precepto perecerá por ello; mas el que
teme el mandamiento será recompensado.

Proverbios 13:13

Existe un dicho que dice: "El que no escucha los consejos no llega a viejo".
El que se burla de la instrucción pagará caro. Quien desprecia los consejos
trae sobre sí destrucción, pues es en la multitud de los consejos que está la
sabiduría. Quien no aprende con amor en casa quizá aprenda con dolor en la
calle. Quien no escucha la voz de la sabiduría recibirá el látigo de la disciplina.
Quien no abre los oídos para escuchar los consejos ofrece la espalda para el
látigo del juicio. La obediencia es el camino de la bienaventuranza. Trae dulce
para el alma, descanso para el corazón y éxito para la vida. Somos libres cuando seguimos, y no cuando transgredimos los mandamientos. Somos libres
para manejar nuestro carro cuando obedecemos las leyes de tránsito. Somos
libres como ciudadanos cuando cumplimos los preceptos de la ley. Un tren
es libre para transportar en seguridad los pasajeros cuando anda bien sobre
los rieles. De esta manera, también somos libres para vivir una vida feliz y
victoriosa cuando cumplimos los mandamientos. Los que guardan los mandamientos son galardonados.

13
de abril

La enseñanza sabia
nos libra de la muerte

La instrucción del sabio es manantial de vida para apartarse de
los lazos de la muerte.

PROVERBIOS 13:14

Las cárceles están llenas de hombres y mujeres que se taparon los oídos
a las sabias enseñanzas de sus padres. Los cementerios están repletos de
víctimas de la desobediencia. La enseñanza del sabio es fuente de vida, ya que
libra sus pies de los lazos de la muerte. Quien la sigue camina con seguridad
y disfruta lo mejor de la vida. Hay muchas trampas peligrosas y mortales
esparcidas a lo largo de nuestro camino. Son lazos de muerte los que nos
cercan. Son atractivos que apelan a nuestro corazón. Son placeres que gritan
a los impulsos de nuestra carne. Son ventajas inmediatas que encienden los
faroles y nos incentivan a buscarlas. El pecado, sin embargo, es un embuste.
A pesar de venir empacado de manera tan elegante y atractiva, es un veneno
mortal. No obstante parezca agradable a los ojos y deseable al paladar, es muy
maligno. Quien coloca el pie en ese lazo cae en el hoyo de la muerte. El pecado es engañador. Promete mundos y riquezas, pero no tiene nada para ofrecer
a no ser dolor, sufrimiento y muerte. Pero la enseñanza del sabio, es árbol de
la vida. Alimenta y hace disfrutar, fortalece y alegra, enriquece y bendice. Los
sabios huyen de los caminos resbalosos, se alejan del camino de los pecadores
y andan por las sendas de la justicia.

14
de abril

El valor inestimable
del buen sentido

El buen sentido se gana el favor; mas el camino de los transgresores es difícil de recorrer.

PROVERBIOS 13:15

E l buen sentido cabe en todo lugar. El buen sentido abre puertas, desbloquea caminos, remueve obstáculos y alcanza favores. El buen sentido o la buena inteligencia no caminan por el camino de la arrogancia. No estira el cuello con la tonta intención de sobresalirse sobre los demás. El buen sentido no proclama sus propios hechos, no hace propaganda de sus propias obras ni se levanta soberbiamente contra los demás apenas para denunciar sus debilidades. La buena inteligencia consigue el favor porque sigue los pasos de la humildad, y la humildad es el portal de la honra. El camino del pérfido es completamente diferente, soberbio e infiel. Su camino es áspero e intransitable, su compañía es indeseable, sus palabras son insensatas, sus acciones son injustas, su vida es lazo mortal. La Palabra de Dios nos muestra que el secreto de la felicidad es alejarnos del camino de los perversos. El salmista dice: "Bienaventurado el varón que no anduvo en consejo de malos, ni estuvo en camino de pecadores, ni en silla de escarnecedores se ha sentado; sino que en la ley de Jehová está su delicia, Y en su ley medita de día y de noche" (Salmos 1:1-2).

15
de abril

El conocimiento vale más que el oro

Todo hombre prudente procede con sabiduría; mas el necio manifiesta su necedad.

PROVERBIOS 13:16

El conocimiento es un bien inalienable. Invertir en conocimiento es acumular un tesoro que nadie le puede robar. El conocimiento vale más que el oro, es una joya que brilla siempre y nunca pierde el valor. El prudente procede con conocimiento. Su conocimiento lo promueve, lo destaca y le hace sentarse entre príncipes. Los bienes materiales pueden ser robados y saqueados, pero ninguna fuerza de la tierra puede violar el cofre donde usted atesora el conocimiento. Pero el prudente no es solamente quien tiene conocimiento, sino aquel que procede con conocimiento. Sabiduría es el conocimiento aplicado correctamente. No basta saber; es necesario colocar en práctica lo que se sabe. Tanto el saber sin actuar como el actuar sin saber son actitudes insensatas. El tonto es aquel que rechaza el conocimiento y al mismo tiempo esparce su locura. Habla de lo que no entiende y actúa inconsecuentemente. Esparce su tontería, provoca falta de comodidad con sus ideas insensatas y con sus actitudes agresivas maltrata a las personas a su alrededor. Invierta en el conocimiento; ¡vale más que oro!

16
de abril

El gran valor del mensajero fiel

El mal mensajero acarrea desgracia; mas el mensajero fiel
acarrea salud.

PROVERBIOS 13:17

Un mensajero es aquel que lleva el mensaje de una persona para otra. Un
mensajero fiel es el que lleva ese mensaje con fidelidad y agilidad. Él no
retrasa el tiempo ni cambia el mensaje. El mensajero malo es infiel a aquel que
le dio esa tarea. Es negligente con el contenido del mensaje y descuidado para
con la urgencia del mensaje. El mal mensajero no solo se precipita en el mal
y cae en dificultades, sino que también hace que otros caigan en el mal. Aun
el mal mensajero es aquel que transporta mensajes de muerte y no de vida, de
esclavitud y no de libertad, de perdición y no de salvación. Es agente de las
tinieblas y no de la luz. Es portador de malas noticias, y no un proclamador de
las buenas nuevas. El embajador fiel es completamente diferente. Él es íntegro
en su carácter, fiel a su misión y cuidadoso en su proclamación. El embajador
fiel es medicina. Tiene pies hermosos y labios que emanan la verdad. Es mensajero de salvación. Es embajador de los cielos, ministro de la reconciliación y
profeta del altísimo. Su vocación es sacrosanta, su misión es bendita, su mensaje es restaurador. El embajador fiel lleva esperanza por donde pasa, esparce
el perfume de Cristo por donde anda y esparce la luz del evangelio por todos
los recintos.

17

de abril

La pobreza es hija
de la ignorancia

Pobreza y vergüenza tendrá el que menosprecia el consejo; mas
el que guarda la corrección recibirá honra.

PROVERBIOS 13:18

Rechazar la instrucción es locura consumada. Despreciar la disciplina es insensatez. No hacer caso a la corrección es caer en la red de la afronta. La ignorancia es la madre de la pobreza. Los tontos desprecian el conocimiento, abandonan la instrucción y huyen de la ardua lid de los estudios, no pueden huir de la pobreza. Esta es hija de la ignorancia. Pero el que guarda la repensión, recibe tratamiento honroso. Aquel que tiene humildad para aprender y un corazón quebrantado para ser reprendido es colocado en lugar de honra. Dios da gracia a los humildes, pero rechaza a los soberbios. Exalta a los humildes y humilla a los arrogantes. Solamente los ignorantes rechazan la repensión. Solamente los tontos abandonan la instrucción. Solamente los insensatos hacen burla de la disciplina. Caminan por el camino curvo de la pobreza y de la deshonra. Mas aquellos cuya cerviz se dobla ante la corrección y cuyo corazón es humilde para recibir la instrucción, esos ganan honra y riqueza. Caminan por la calle recta de la bienaventuranza, alcanzan los horizontes asoleados de la prosperidad y llegan al destino correcto de la felicidad.

18
de abril

No desista de sus sueños

El deseo cumplido regocija el alma; pero apartarse del mal es
abominación a los necios.

PROVERBIOS 13:19

Sueños realizados, anhelos satisfechos y deseos cumplidos agradan el alma.
Todos nosotros tenemos sueños y anhelamos verlos cumplidos. Quien no
sueña no vive; quien desistió de soñar, desistió de vivir. Muchos ven sus sueños transformándose en pesadillas. Otros desisten de sus sueños y los sepul-
tan, colocando sobre la tumba una frase que dice: "Aquí yacen mis sueños".
Enterrar los sueños es sepultarnos vivos en la misma tumba. Nos roba la alegría y hace que nuestra alma se seque. Pero el deseo que se cumple agrada a
Dios. Eso nos recuerda a la mujer de Elcaná, Ana, que tenía el sueño de ser
mamá. Su sueño estaba siendo pospuesto, pues era estéril y por donde pasaba
las personas intentaban matar su sueño. Su rival la provocaba; el sacerdote Elí
un día la trató de borracha, pero la verdad era que ella estaba derramando su
alma ante Dios en oración; su marido intentó convencerla para que abando-
nara el sueño de ser mamá. Pero Ana perseveró. Ella continuó creyendo en el
milagro y dio a luz a Samuel, el profeta más grande, el sacerdote más grande
y el juez más grande de su generación. Sus sueños también pueden volverse
realidad. ¡No desista nunca!

19
de abril

Cuidado con sus amistades

El que anda con sabios, sabio será; mas el que se junta con
necios se echa a perder.

Existe un dicho popular que dice: "Dime con quién andas y te diré quién
eres". Ese adagio es verdadero. Nuestras amistades dicen mucho sobre
nosotros. Nos aproximan de aquellos que se parecen a nosotros y reflejamos
su comportamiento. Si andamos con personas íntegras, honestas y piadosas,
reflejaremos el carácter de ellas en nuestra vida y seremos bienaventurados.
Pero si nos unimos a personas insensatas, perversas y malas, acabaremos comprometidos con esas mismas actitudes y trastornaremos nuestra vida. Por eso
la Palabra de Dios exhorta: "Hijo mío, si los perversos intentan seducirte, no
lo consientas. Si te dicen: 'Ven con nosotros, pongamos asechanzas para derramar sangre, acechemos sin motivo al inocente; devorémoslos vivos como el
Seol; enteros, como los que caen en la fosa, hallaremos riquezas de toda clase,
llenaremos nuestras casas de botín; echa tu suerte entre nosotros; tengamos
todos una bolsa'. Hijo mío, no vayas de camino con ellos. Aparta tu pie de
sus veredas, porque sus pies corren hacia la maldad, y van presurosos a derramar sangre" (Proverbios 1:10-16). Es mejor vivir solo que mal acompañado.
Busque amigos verdaderos, amigos que lo inspiren a vivir más cerca de Dios.

20

de abril

Lo que usted siembra,
eso cosechará

El mal perseguirá a los pecadores, mas los justos serán premiados con el bien.

PROVERBIOS 13:21

L a ley de la siembra y de la cosecha es un principio universal. Cosechamos lo que plantamos y cosechamos más de lo que plantamos. Quien siembra con abundancia con abundancia segará. La naturaleza de la semilla que plantamos determina la naturaleza de nuestra cosecha. No podemos plantar el mal y cosechar el bien. No podemos obtener higos de árboles de espinas. El árbol malo no produce frutos buenos. La Palabra de Dios dice que aquel que siembra vientos cosecha tempestades, y quien siembre en la carne de la carne cosechará corrupción. La desventura, el infortunio y el mal persiguen a los pecadores. Pero los justos serán galardonados con el bien. La prosperidad es la recompensa del justo. La práctica del bien, aunque permanezca sin la recompensa de los hombres, jamás quedará sin la recompensa divina. José de Egipto sufrió injusticia de sus hermanos, pero Dios transformó esa injusticia en bendición. El apóstol Pablo invirtió su vida en la fundación de iglesias en las provincias de Galicia, Macedonia, Acaya y Asia menor. Sufrió azotes y prisiones. Fue apedreado y atacado con varas. Cargó en el cuerpo las marcas de Cristo. Al final de su vida, fue abandonado en un calabozo romano, pero Dios lo asistió y lo revistió de fuerzas. Aun no recibiendo su herencia en esta tierra, recibió su galardón en el cielo.

21
de abril

¿Para quién dejará la herencia?

El bueno dejará herederos a los hijos de sus hijos; pero la riqueza del pecador está reservada para el justo.

PROVERBIOS 13:22

L a Biblia dice que los padres atesoran para los hijos. Este es un principio
que rige todas las culturas. El texto bíblico va más allá y dice que el
hombre de bien deja herencia no solamente para los hijos, sino también
para los nietos. Sin embargo, es diferente el destino de la riqueza del pecador. Él junta sus bienes con gran sufrimiento, y no pocas veces de manera
deshonesta, pero esas ganancias serán depositadas para el justo. El pecador
no solo dejará de disfrutar plenamente esos valores, sino que también nos
los dejará como herencia para sus hijos y nietos. Aquellos que con ganancia
juntan campo a campo y casa a casa, acumulando bienes mal adquiridos,
jamás se calientan y jamás se satisfacen. Tienen todo, pero no sienten satisfacción con nada. Acumulan bienes, pero esas riquezas no les proporcionan
felicidad. Viven en lujosos condominios exclusivos, pero no se sienten seguros. Aquello que atesoran con tantos deseos se escapa de sus manos por entre
los dedos. Por buscar en primer lugar la riqueza y por amar el dinero más
que a Dios, atormentarán su alma con muchos flagelos y aun no dejarán su
herencia para su futura generación.

22
de abril

Cuando la justicia falla

En el barbecho de los pobres hay mucho pan; mas hay quien lo
pierde por falta de juicio.

PROVERBIOS 13:23

Hay pobreza que no es resultado de la indolencia, sino de la injusticia. Hay personas honradas que luchan con gran esfuerzo, pero no disfrutan del resultado de su trabajo en virtud del perverso e injusto sistema que asalta su derecho. El pueblo de Israel fue muchas veces oprimido por enemigos políticos. Los israelitas plantaban sus campos y cogían frutos abundantes, pero tenían que entregar lo mejor de sus cosechas para pagar pesados tributos a los reinos extranjeros. En otras ocasiones eran explotados por sus propios hermanos, que en tiempos de premura les prestaban dinero con intereses altísimos y acababan tomando sus tierras, sus plantíos, sus casas e inclusive hasta sus hijos. Esa realidad dolorosa sucede aún hoy. En nuestra nación tenemos una de las más pesadas cargas tributarias del mundo. Nuestra tierra produce mantenimientos con abundancia, pero el injusto sistema tributario hace desaparecer el fruto de nuestro trabajo. Aquellos que, por deber de conciencia, no evitan pagar impuestos gimen para pagarlos. Y lo que es peor: ven estupefactos como esas riquezas caen por la alcantarilla de la corrupción, desviadas para llenar cuentas lujosas de individuos sin escrúpulos.

23

de abril

La disciplina, un acto de amor

El que escatima el castigo, a su hijo aborrece; mas el que lo ama, desde temprano lo corrige.

PROVERBIOS 13:24

Disciplina no es punición, ni castigo, sino un acto responsable de amor. Los hijos tienen que tener límites. Tienen que saber lo que es cierto y lo que es errado. Necesitan de guías claras y principios firmes. Los padres no pueden premiar la desobediencia ni ser alcahuetas con el pecado de los hijos. Los padres no pueden ser omisos ante la rebeldía de los hijos. Quien se niega a disciplinar su hijo no lo ama. El padre que ama al hijo con responsabilidad no duda en disciplinarlo. La disciplina también tiene que ser aplicada en el momento cierto. Una planta tierna fácilmente puede ser doblada, pero después de crecer, ser grueso el tronco y volverse árbol frondoso, es imposible doblarla. Tenemos que corregir a nuestros hijos desde temprana edad. Tenemos que inculcarles la verdad de Dios desde la infancia. Tenemos que enseñarles no el camino que ellos quieren andar sino el camino que ellos tienen que andar. La orden de Dios es enseñarlos mientras caminamos juntos, sirviéndoles de ejemplo. La ausencia de disciplina desemboca en insumisión, pero la disciplina aplicada con amor e integridad produce los frutos pacíficos de justicia.

24
de abril

Hambre insaciable

El justo come hasta saciar su alma; mas el vientre de los impíos
tendrá necesidad.

PROVERBIOS 13:25

El hambre del cuerpo puede ser mitigada con un plato de comida, pero el
hambre del alma no se satisface con el pan de la tierra. Los placeres de
esta vida y las riquezas de este mundo no satisfacen nuestra alma. Tenemos un
vacío en el corazón que es de la forma de Dios y nada ni nadie puede llenarlo,
sino solamente Dios. Los dones de Dios no reemplazan a Dios. Las dádivas
no reemplazan al donador. La bendición no es sustituta de bendecidor. Solamente Dios nos puede satisfacer. El justo tiene pan con abundancia y disfruta
de todas las delicias de la mesa del Padre. Él tiene lo suficiente para satisfacer
su apetito, pues se alimenta del Pan vivo que vino del cielo. Pero el estómago
del perverso siente hambre, y su alma se debilita de inanición espiritual. El
impío se alimenta del polvo. Aunque lance dentro de su alma las más diversas
aventuras, no encuentra en ellas ningún placer. El impío construye casas, pero
no se deleita con el vino. Se sienta alrededor de grandes banquetes, pero su
estómago no se llena con ninguna delicia. La verdad, el hambre del perverso
es insaciable, pues él no conoce a Dios, el único que puede satisfacer su alma.

25
de abril

El valor de la mujer sabia

La sabiduría edifica su casa; mas la necedad con sus manos la derriba.

PROVERBIOS 14:1

Las mujeres siempre estuvieron a la vanguardia de los valores morales que sostienen la vida familiar. Cuando las mujeres abandonan esos principios, es porque la sociedad está llegando a su más bajo nivel de degradación. El sabio nos habla de dos tipos de mujeres. No habla de mujeres ricas y pobres, jóvenes y viejas, bellas y las que no tienen refinados predicados físicos, sino de las mujeres sabias e insensatas. "La mujer sabia edifica su casa", pues es la arquitecta de los valores morales que adornan la vida familiar. ¡Si la construcción con piedras y ladrillos exige inversión y práctica, cuánto más la construcción del hogar y de las relaciones interpersonales! La mujer sabia es aquella que invierte su tiempo, su vida, sus sentimientos, sus recursos y su alma en personas, más que en las cosas. Valoriza más las relaciones interpersonales que los objetos. Le da más importancia a la belleza interna que al refinamiento externo. No obstante, la mujer insensata es demoledora. Sus palabras y acciones provocan un verdadero terremoto en la familia. Ella desagrega, divide y separa. Sus manos no trabajan para el bien, sino para el mal. Ella no es una escultora del eterno, sino una costurera de lo efímero.

26
de abril

No ande por caminos tortuosos

El que camina en rectitud, teme a Jehová; mas el de caminos tortuosos, lo menosprecia.

PROVERBIOS 14:2

Solamente hay dos caminos: el camino ancho y el camino estrecho; el camino de la vida y el de la muerte; el camino de la rectitud y el camino tortuoso. Solamente hay dos puertas: la puerta de la salvación y la de la perdición. Solamente hay dos destinos: la bienaventuranza eterna y el sufrimiento eterno. Aquellos que andan por los caminos de la rectitud temen al Señor y en él se deleitan. Sin embargo, aquellos que andan por los caminos tortuosos, por los caminos atractivos del pecado, desprecian el temor del Señor. Si el temor del Señor es el principio de la sabiduría, solamente los insensatos lo desprecian. La Biblia afirma que "hay caminos que al hombre parecen rectos pero que al fin son caminos de muerte". Existen caminos que nos llevan a ventajas inmediatas y a los placeres más arrebatadores, pero después nos cobran un precio altísimo. El pecado no compensa. El pecado es embuste. Promete ríos de dinero, pero nos lo quita todo: la comunión con Dios, la paz y el sentido de la vida. El pecado es muy maligno. Esconde detrás de sus atractivos un señuelo mortal. No acompañe a aquellos que siguen rápido por los caminos sinuosos, despreciando el temor del Señor. Esos marchan para el abismo, para la muerte irremediable.

27
de abril

La lengua, látigo del alma

En la boca del necio está la raíz de su soberbia; mas los labios
de los sabios los protegerán.

PROVERBIOS 14:3

El necio es aquel que habla demasiado, no comunica nada y complica todo.
El necio tropieza en su propia lengua. La lengua del tonto es el látigo que
azota su propia vida llena de soberbia. El soberbio es aquel que cree que es
mejor que los demás, y el necio es aquel que además de creer en eso, aun lo
manifiesta públicamente. Como no tolera el soberbio y declara guerra a los
altivos de corazón, Dios permite que la lengua de los insensatos les castigue
como se lo merecen. Diferente del necio es el prudente, cuyos labios lo preservan de situaciones peligrosas y de vergüenzas no necesarias. El sabio no
ostenta el poder, conocimiento o grandeza. El sabio no humilla al prójimo,
antes lo trata con respeto y dignidad, considerando el otro superior a sí mismo. Mientras que la lengua del necio es un látigo que lo castiga, la lengua del
prudente desarma las trampas tramadas contra él. De la boca del sabio fluyen
palabras de vida, y no semillas de muerte. De la boca del sabio salen palabras
de consuelo para el corazón, y no de tormento para el alma. El prudente es
alguien cuya vida es una bendición para los demás; el necio es alguien que no
consigue ni salvarse de sus propias locuras.

28
de abril

Manía de limpieza, un peligro real

Sin bueyes, el granero está vacío; mas por la fuerza del buey hay abundancia de pan.

PROVERBIOS 14:4

Hay personas que tienen manía de limpieza. Prefieren la falta de actividad al desorden emprendedor. Prefieren ver la casa limpia a cualquier movimiento de trabajo. Prefieren ver el granero limpio, aun cuando no haya ganado. El trabajo genera movimiento, y el movimiento produce falta de comodidad, ruido, desinstalación. Un granero lleno de ganado jamás queda impecablemente limpio. No obstante, la limpieza sin trabajo no es señal de progreso, sino de estancamiento. La limpieza sin trabajo desemboca en pobreza, y no en prosperidad. Cuando hay ganado en el granero, cuando hay ganado en el corral, aunque eso genere la falta de comodidad y suciedad, también trae la recompensa del trabajo y la abundancia de sus cosechas. Hay muchas casas en las cuales los hijos no pueden quitar una silla del lugar. Los muebles siempre están impecablemente limpios, los tapetes siempre están bien cepillados, pero en esas casas no hay agitación de estudiantes con libros abiertos, ni trabajadores que se lanzan en la faena del progreso. Ese tipo de limpieza cuyo resultado es mente desocupada, manos ociosas y falta de cosechas abundantes no es un bien a ser deseado, sino un peligro real que debe ser evitado.

29
de abril

El testigo verdadero
y el testigo falso

El testigo verdadero no mentirá; mas el testigo falso hablará
mentiras.

PROVERBIOS 14:5

Un testigo es alguien que vio alguna cosa y comparte eso con fidelidad.
Un testigo no reparte sus impresiones subjetivas, pero sí sus experiencias
objetivas. No habla lo que siente, sino lo que vio. El papel del testigo no es dar
su versión de los hechos, sino narrarlos con integridad. El testigo verdadero
no miente, no adultera los hechos ni se deja sobornar por ventajas inconfesables. Jesús fue condenado por el sanedrín judío porque los propios jueces
contrataron testigos falsos para acusarlo. El mismo destino lo sufrió Esteban,
el primer mártir del cristianismo. Nuestras palabras deben ser sí, sí; no, no. Lo
que pasa de eso es inspirado por el maligno. La mentira procede del maligno y
promueve sus intereses. Por eso, el testigo falso se desboca en mentiras, cons-
pirando contra la verdad. Ya que la mentira tiene piernas cortas y el tiempo es
señor de la razón, la mentira puede quedar encubierta por algún tiempo, pero
no para siempre. La mentira puede engañar a algunos, pero no a todos. La
mentira puede tener recompensas inmediatas, pero sufrirá las consecuencias
de una vergüenza eterna.

30
de abril

La sabiduría no habita donde hay insensatez

Busca el escarnecedor la sabiduría y no la halla; mas al hombre entendido la sabiduría le es fácil.

PROVERBIOS 14:6

Sabiduría es más que conocimiento. Sabiduría es el uso correcto de conocimiento. Sabiduría es mirar para la vida con los ojos de Dios. Hay muchas personas cultas que son necias, pero hay individuos que son sabios aun cuando no han estado sentados en las sillas de una universidad. Sabiduría se aprende a los pies del Señor. El temor del Señor es el principio de la sabiduría. Es por eso que el escarnecedor busca la sabiduría y no la encuentra, porque el escarnecedor jamás busca a Dios. Él no conoce la Palabra de Dios ni se deleita en la ley de Dios. Su placer está en el pecado, y no en la santidad. La sabiduría no habita en la casa de la insensatez. Ya el prudente busca el conocimiento y con él encuentra la sabiduría. La sabiduría es más que una percepción ante las realidades y los desafíos de la vida. La sabiduría es una persona. Jesús es nuestra sabiduría. Aquellos que conocen a Jesús y viven en su presencia y para alabanza de su gloria alcanzan el verdadero sentido de la vida.

1

de mayo

El peligro de las malas compañías

Deja la compañía del hombre necio, porque en él no hallarás
labios de ciencia.

PROVERBIOS 14:7

Quien anda con el necio, se vuelve necio, pero quien anda con los sabios,
aprende la sabiduría y encuentra la felicidad. De la misma manera como
no podemos coger higos de los espinos ni buenos frutos de un árbol malo,
tampoco podemos encontrar conocimiento en la presencia del hombre insensato. La orientación de Dios no es para fiarnos en aquello que el necio dice
en busca de algo bueno, sino para huir de su presencia. La única manera de
librarnos de la influencia maléfica de las palabras del necio es permanecien-
do lejos de él. El primer escalón de la felicidad es alejarnos del consejo de
los impíos, del camino de los pecadores y de la rueda de los escarnecedores.
Solamente así encontraremos deleite en la meditación de la Palabra de Dios.
No podemos permanecer en malas compañías y al mismo tiempo deleitarnos
en la presencia de Dios. No podemos vivir en el pecado y al mismo tiempo
tener placer en la lectura de la Biblia. Dwight Moody dijo a sus oyentes en
cierta ocasión: "La Biblia alejará a ustedes del pecado, o el pecado los alejará
de la Biblia".

2

de mayo

Conócete a ti mismo

La ciencia del prudente está en discernir su camino; mas la indiscreción de los necios es engaño.

PROVERBIOS 14:8

El gran reformador Juan Calvino afirma en la introducción de *Institución de la religión cristiana* que solamente podemos conocer a Dios porque él se reveló a nosotros. Eso está por encima de cualquier cuestionamiento. También es una verdad incontestable que solamente nos podemos conocer a nosotros mismos por la lente de la sabiduría. El pecado nos volvió seres ambiguos, contradictorios y paradoxales. Somos seres en conflicto. En conflicto con Dios, con el prójimo, con nosotros mismos y con la naturaleza. Hay una esquizofrenia instalada en nuestro pecho. El bien que queremos hacer, no lo hacemos, pero el mal que no queremos, ese practicamos. Por lo tanto, el prudente es aquel que busca entender su propio camino a la luz de la Palabra de Dios, por la iluminación del Espíritu Santo. El necio, con su estulticia, además de vivir engañado sobre su identidad y su destino, hace de la vida una carrera sin gloria con el propósito de engañar a los demás. El necio no sabe lo que hace. Su vida es un espejismo. Sus consejos son perversos. Sus labios son llenos de engaño. Su camino desemboca en la ruina. Tenemos que orar como el salmista: "Escudríñame, oh Dios, y conoce mi corazón; pruébame y conoce mis pensamientos" (Proverbios 139:23).

3

de mayo

El que se burla del pecado es loco

Los necios se mofan del pecado; mas los rectos disfrutan del
favor de Dios.

PROVERBIOS 14:9

El pecado es un embuste. Es una carnada apetitosa, pero esconde la daga de
la muerte. Promete placeres enormes y paga con la desventura más grande. Es el más grande de todos los males. Es peor que la pobreza, la soledad, la
enfermedad y la propia muerte. Todos esos males, a pesar de graves, no pueden alejar a una persona de Dios, pero el pecado nos aleja de Dios ahora y por
toda la eternidad. El pecado es muy maligno. Su salario es la muerte. Por eso,
solamente una persona loca se burla del pecado. Solamente los necios pecan y
no les importa nada. Solamente los insensatos se burlan de la idea de reparar
el pecado cometido. Sin embargo, entre los rectos, hay corazón quebrantado,
arrepentimiento y buena voluntad. Los rectos son aquellos que reconocen,
confiesan y abandonan sus pecados. Sienten tristeza por el pecado, y no solo
por las consecuencias. Los rectos son aquellos que encuentran el favor de
Dios, reciben su perdón y quedan libres de culpa. Los rectos abominan de las
cosas que Dios abomina, se alejan de aquello que Dios repudia y buscan lo
que Dios ama. Los rectos huyen del pecado para Dios, mientras que los necios
huyen de Dios para el pecado.

4
de mayo

La vida no es un mar de rosas

El corazón conoce la amargura de su propia alma; y ningún extraño se entremeterá en su alegría.

PROVERBIOS 14:10

L a vida no es un parque de diversiones ni un mar de rosas. La vida no es un invernadero espiritual ni una redoma de vidrio. No podemos blindarnos contra los reveses de la vida. La vida no es sin dolor. Nuestro corazón es un campo donde se traban muchas batallas. Muchas veces en esta pelea reñida, nuestro corazón conoce profundas amarguras. Luchamos contra miedos y debilidades. Trabamos una batalla sin tregua contra el diablo y el pecado. Peleamos contra los otros y aun contra nosotros mismos. Muchas veces, entramos en el palco de la vida como un ser ambiguo y contradictorio. Decepcionamos a las personas, y ellas nos decepcionan. Lloramos por nosotros mismos y por los miembros de nuestra familia. En ese cuadro lleno de gemidos, la ciudad de nuestro corazón es un país distante y una tierra desconocida, donde no repartimos nuestras amarguras más profundas con las personas más íntimas ni las alegrías con los extraños. Muchas veces, la soledad es nuestra compañera de caminada. Conversamos con nuestra propia alma. Abrimos con nuestro propio corazón un soliloquio en el cual rasgamos lo más íntimo para conocer nuestras amarguras y alegrías.

5

de mayo

No construya su casa en la arena

La casa de los impíos será asolada; pero florecerá la tienda de
los rectos.

PROVERBIOS 14:11

Una casa puede ser muy bonita y atrayente, pero si no es construida sobre
un fundamento sólido, acabará destruida cuando la tempestad llegue. Es
como construir una casa sobre la arena. Cuando la lluvia cae, el viento sopla y
los ríos golpean los cimientos, la casa se va al piso. Es así que sucede con la casa
del perverso. A la vida de aquellos que no conocen a Dios le falta fundamento.
La Biblia dice que si el Señor no edifica la casa, en vano trabajan aquellos que
la edifican. Construir una familia sin la presencia de Dios es construir para
el desastre. Dinero y éxito no pueden mantener una familia firme frente a las
tempestades de la vida. La necesidad más grande de la familia no es de cosas,
sino de Dios. Es por eso que la tienda de los rectos florecerá. No porque su
casa esté fuera del alcance de la tempestad, sino porque, a pesar de que la lluvia cae sobre el tejado, los vientos soplen contra la pared y los ríos golpeen los
cimientos, la casa permanece de pie, ya que no fue construida sobre la arena,
sino sobre la roca. Esa tienda florece porque Dios habita allí. Florece porque
la bendición de Dios está sobre ella. Florece porque aquellos que habitan en
esa tienda son como árboles plantados junto a corrientes de aguas, que jamás
se marchitan y jamás dejan de dar su fruto.

6

de mayo

Cuidado con los caminos de muerte

Hay camino que al hombre le parece derecho; pero al final es un camino de muerte.

PROVERBIOS 14:12

L as apariencias engañan. Las cosas no siempre son lo que aparentan ser. Hay caminos que parecen rectos a nuestros ojos, pero desembocan en la muerte. Hay caminos que parecen conducir nuestros pasos a un destino de felicidad, pero traicioneramente nos empujan para el abismo de la infelicidad. Así son los placeres de la vida. ¡Cuántas personas se entregan a las aventuras con la ilusión de encontrar felicidad! ¡Cuántas personas piensan que una noche de pasión puede saciarles los deseos del corazón! ¡Cuántos individuos se entregan a la bebida creyendo que la felicidad está en el fondo de la botella! ¡Cuántos ceden a la seducción de las drogas, con la ilusión de tener experiencias arrebatadoras! El diablo, con su astucia, muestra los atractivos del pecado, pero esconde las consecuencias inevitables. Por detrás del señuelo de la seducción está el anzuelo de la muerte. Por detrás del sexo ilícito está la culpa. Por detrás del amor al dinero está el tormento. Por detrás del vaso que brilla de la bebida alcohólica está la esclavitud. Por detrás de las drogas está la muerte. El pecado es un embuste. Es un engaño fatal. Quien sigue por ese camino ancho, en el tranvía de los placeres, se bajará en el infierno.

7

de mayo

Cuando la sonrisa es sazonada con el dolor

Aun en la risa tendrá dolor el corazón; y el término de la alegría es congoja.

PROVERBIOS 14:13

En cierta ocasión estaba predicando en un congreso de médicos, y una enfermera sonriente que nos recibía en la recepción del encuentro me preguntó después de una conferencia: "¿Está viendo mi bella sonrisa?". Le respondí: "Es imposible dejar de verla". Entonces, ella continuó: "Es una mentira, por detrás de esa sonrisa cargo un corazón sufrido y enfermo". Muchos individuos abren los labios para cantar, pero el corazón está destruido por el dolor. El dolor es un compañero inseparable, que late en nuestra alma y en nuestro corazón inclusive cuando abrimos una sonrisa en nuestro rostro. El patriarca Job dijo una vez: "Pero aunque hable, mi dolor no cesa; y si dejo de hablar, no se aparta de mí" (Job 16:6). La sonrisa puede esconder la tristeza; pues cuando la felicidad se va, la tristeza llega. Nuestra jornada en la tierra es marcada por el dolor y el sufrimiento. Aquí lloramos y sangramos. Entramos en el mundo llorando y no pocas veces salimos de él con dolor en el corazón. Entre la entrada y nuestra salida, la alegría muchas veces es interrumpida por las pérdidas, por la enfermedad y por el luto. Pero habrá un día en el que Dios secará de nuestros ojos toda lágrima. Entonces no habrá más llanto, ni dolor ni luto.

8
de mayo

La ley de la siembra
y de la cosecha

De sus caminos recibirá hartura el necio de corazón; pero el
hombre de bien estará contento del suyo.

PROVERBIOS 14:14

La ley de la siembra y de la cosecha es universal. El hombre cosecha lo que
planta. Los malos tendrán lo que merecen, pero el hombre de bien será
recompensado por lo que hace. Los infieles recibirán la retribución de su conducta, pero el hombre bueno recibirá galardón hasta de un vaso de agua fría
que le dé a alguien en el nombre de Jesús. En otras palabras, lo que el hombre
siembra, eso también cosechará. Quien esparce semillas de bondad cosechará
bondad. Quien siembra maldad cosechará maldad. El infiel de corazón no
solo cosechará el mal que sembró, sino que realizará una cosecha tan abundante que estará a punto de hastiarse. Él apenas siembra viento, pero su cosecha es tempestad. El mal que intentó en el corazón acorrala su vida por todos
los lados. Aquello que ambicionó en secreto transborda públicamente para
todas las direcciones. El mal que él deseó para los demás recae sobre su propia
cabeza. El hombre de bien es totalmente diferente, pues es recompensado por
su proceder. Su corazón es generoso, sus manos laboriosas, y su vida es una
inspiración. Aunque las personas le hagan mal, él paga con el bien. Aunque
sufra injusticias, perdona. Aunque le hieran el rostro, coloca la otra parte. El
hombre de bien es un bendecidor. Su recompensa no viene de la tierra, sino
del cielo; no viene de los hombres, sino de Dios.

9

de mayo

La cautela no le hace mal a nadie

El simple todo se lo cree; mas el avisado mira bien sus pasos.

PROVERBIOS 14:15

La persona simple es crédula. La persona con falta de experiencia no examina donde pisa, por eso cree en cualquier cosa. Quien no tiene cautela se vuelve presa fácil de los bandidos y cae en la trampa de los explotadores. La explotación está presente en todas las áreas de la vida y en todos los sectores de la sociedad. Se vende gato por liebre. Se maquilla la mentira con un barniz tenue de verdad, y los incautos caen por falta de conocimiento y prudencia. En el campo religioso se multiplican los explotadores que suben a los púlpitos con la Biblia en las manos y hacen promesas milagrosas al pueblo, solamente para robarles hasta el último centavo que tienen en los bolsillos. Por falta de conocimiento, el pueblo se rinde a esos llamados y acaba prisionero de bandidos que hacen de la religión una fuente de ganancia, y de la fe, un comercio sagrado. Tenemos que tener cautela. Debemos examinar todas las cosas por el filtro de la verdad. La Biblia dice que se juzga el árbol por sus frutos. Un árbol malo no puede producir buenos frutos. Una persona inescrupulosa y habladora no merece crédito. No podemos darle guarida a todo lo que oímos. Un poco de cautela no le hace mal a nadie.

10

No se meta en líos

El sabio teme y se aparta del mal; mas el insensato se muestra insolente y confiado.

PROVERBIOS 14:16

Hay personas que atraen problemas, se envuelven fácilmente en discusiones tontas y pierden la calma, la compostura y la razón. El insensato se llena de cólera y se tiene por seguro. El necio es impetuoso e irresponsable; es descuidado y actúa sin pensar; es arrogante y confía en sí mismo. Con frecuencia se involucra en problemas que le cuestan la honra, la paz e inclusive la propia vida. Pero la actitud del sabio es muy diferente. Él desvía sus pies del mal. Quien tiene juicio toma cuidado para no meterse en dificultades. Los periódicos destacan todos los días los crímenes que suceden en el campo y en la ciudad. Cuando se hace un diagnóstico de esos desatinos, se nota que la mayoría tiene el mismo trasfondo: embriaguez, drogas y promiscuidad. Debemos tener cautela para alejarnos de las malas compañías. Debemos tener sabiduría para ausentarnos de lugares y ambientes que son un lazo para nuestra alma. Debemos tener valor para huir de las pasiones de la carne. El camino de la felicidad no es la aventura pecaminosa, sino la santidad. La bienaventuranza no está en las copas de los placeres mundanos sino en la intimidad del Señor.

11
de mayo

Cuidado con la ira

El que fácilmente se enoja hará locuras; y el hombre perverso
será aborrecido.

PROVERBIOS 14:17

La ira es un fuego crepitante, rápido y peligroso. Una persona iracunda es
una bomba mortífera lista a explotar. Y cuando explota, lanza esquirlas
para todos los lados e hiere a las personas a su alrededor. Quien se enoja fácilmente habla mucho, piensa poco y provoca grandes trastornos a sí y a los demás. El hombre de malos designios es odiado. Se vuelve persona non grata. El
trastorno emocional provoca tensiones y conflictos en el hogar, en el trabajo,
en los demás sectores de la vida comunitaria. Es mejor vivir en el desierto que
vivir con una persona rabiosa. Es mejor vivir solo que estar acompañado de
una persona que se irrita con facilidad. Hay dos maneras de lidiar con la ira.
La primera es la explosión de la ira. Un individuo temperamental y explosivo
maltrata a las personas con sus palabras y actitudes, se vuelve duro en el trato
y maligno en sus acciones. La segunda es el congelamiento de la ira. Algunos
no explotan, pero almacenan la ira. No lanzan su agresividad para fuera, pero
la acumulan en el corazón. Se vuelven amargos, mal humorados, se cierran
como un repollo y acaban amargando el alma. La solución no es la explosión
ni el congelamiento de la ira, sino el ejercicio del perdón. El perdón cura y
restaura. El perdón es la asepsia del alma, la limpieza de la mente y la cura de
las emociones.

12
de mayo

Valore el conocimiento

Los simples heredarán necedad; mas los prudentes se coronarán de sabiduría.

PROVERBIOS 14:18

E l conocimiento es el mejor tesoro que podemos acumular. Los bienes se disipan, pero el conocimiento permanece. El dinero puede ser robado, pero nadie puede asaltar lo que allí depositamos. Los tesoros que negociamos aquí pueden ser disminuidos por el óxido, carcomidos por las polillas y saqueados por los ladrones, pero el conocimiento que adquirimos es un bien inalienable que nadie puede quitarnos. Aquellos que desprecian el conocimiento y se enaltecen de cosas son necios y heredan la estulticia, pero los prudentes se coronan de conocimiento. Los sabios invierten tiempo en la búsqueda del conocimiento. Se privan de comodidades inmediatas para adquirir conocimiento, pero esto es un inmenso placer. El conocimiento distingue al prudente, lo corona de honra y lo eleva a una posición de destaque. La Biblia nos enseña a emplear lo mejor de nuestros recursos para adquirir la sabiduría. Los necios hacen poco caso de la sabiduría y se acomodan con su tontería, pero al fin serán avergonzados y tendrán como herencia aquello que no posee ningún valor. Pero los prudentes buscarán el conocimiento y heredarán honra y felicidad.

13
de mayo

La recompensa de la bondad

Los malos se inclinarán delante de los buenos, y los impíos a las puertas del justo.

PROVERBIOS 14:19

L os hombres malos temporalmente parecen ser más fuertes, más inteligentes y más exitosos que los hombres buenos. Prevalecen por la fuerza. Hacen escándalo en los tribunales y amedrantan por sus iras. Sin embargo, esa ventaja de los malos es solamente temporal. La maldad no compensa. Las conquistas alcanzadas por el uso de la maldad terminan en derrotas amargas y fatídicas. El prevalecer por la fuerza se vuelve una debilidad consumada. Las victorias adquiridas por la injusticia se convierten en un fracaso vergonzoso. Los justos, aun sufriendo afrontas y amenazas, aun cosechando pérdidas y perjuicios, triunfarán, al paso que los malos tendrán que inclinarse delante del rostro de los buenos, y los perversos tendrán que doblarse a la puerta de los justos. La maldad no compensa; puede parecer robusta e imbatible, pero carga dentro de sí el potencial para el desastre. Pero la bondad tiene recompensa garantizada. Los buenos hasta pueden ir a la sepultura siendo víctimas de la más clamorosa injusticia, pero recibirán del juez recto la bienaventurada recompensa. Los justos hasta pueden sufrir temporalmente escarnios y persecuciones, pero al final disfrutarán de una gloriosa recompensa, sino es en la tierra, con seguridad en el cielo.

14
de mayo

Los dramas de la pobreza

El pobre es odioso aun a sus parientes; pero el rico tiene muchos amigos.

PROVERBIOS 14:20

L as relaciones se están volviendo utilitaristas. Las personas se aproximan las unas a las otras no para servir, sino para recibir alguna cosa a cambio. El salmo 73 retrata bien esa realidad. El impío que ve sus riquezas aumentando, aun sentado en la silla de la soberbia, tiene su casa llena de amigos. Sin embargo, esos amigos no son verdaderos. Son explotadores. Son aprovechadores. Buscan una oportunidad para alcanzar algún favor. La verdad, esos amigos no pasan de aduladores, personas sin escrúpulos, cuyo carácter es gobernado por la codicia. Por otra parte, el pobre, en su penuria, vive en la soledad. Su pobreza no le da prestigio. Los aduladores no encuentran en el pobre un puerto seguro para sus avaros intereses. Lo abandonan a su desdicha. Inclusive los vecinos más cercanos desprecian al pobre y pasan a odiarlo porque no reciben ninguna recompensa inmediata de esa relación. Es bueno destacar que es mejor vivir solo con integridad que rodeado de amigos falsos. Es mejor ser pobre, pero colocando la cabeza en la almohada de la integridad, que vivir cercado de bienes mal adquiridos, y sufriendo al intentar dormir sobre un colchón lleno de espinas.

15
de mayo

La felicidad de la misericordia

Peca el que menosprecia a su prójimo; mas el que tiene misericordia de los pobres es dichoso.

PROVERBIOS 14:21

E l desprecio al prójimo, especialmente al vecino, es una actitud reprochable en cualquier código moral creado por los hombres y también afronta a la ley de Dios. Debemos amar y bendecir a nuestro vecino en vez de despreciarlo. Debemos buscar oportunidades para servirlo en vez de ignorarlo. El desprecio al vecino es una actitud insensata, pues quien siembra con desprecio cosecha soledad. Quien deja de invertir en la vida de las personas más cercanas acabará sus días en el más doloroso ostracismo. La felicidad no está en que vivamos de manera egoísta, sino en ser misericordiosos y generosos, especialmente con aquellos que yacen a nuestra puerta. El que tiene misericordia de los pobres es feliz. Quien tiene el corazón abierto para amar y el bolsillo para socorrer a los necesitados disfruta de alegría verdadera. La generosidad es una fuente de placer. El amor al prójimo es el elixir de la vida, el tónico de la longevidad y la esencia de la propia felicidad. Quien da al pobre le presta a Dios. El alma generosa prospera. Quien siembra en la vida del pobre las semillas de la bondad siembra en campo fértil y tendrá cosecha abundante. El sembrador encuentra en la propia acción de sembrar una alegría inimaginable y al final aun tendrá una recompensa que no necesariamente viene de la tierra, sino con seguridad vendrá del cielo.

16
de mayo

El planeamiento, las semillas del futuro

¿No yerran los que planean el mal? Misericordia y verdad alcanzarán los que piensan el bien.

PROVERBIOS 14:22

No podemos construir una casa sin una planta. No podemos hacer un viaje sin decidir antes el recorrido. No podemos iniciar un emprendimiento sin primero examinar los costos. Es insensatez actuar sin planeamiento. Quien actúa sin planear planea fracasar. El planeamiento son las semillas del futuro. Hay personas que piensan el mal y gastan su tiempo, sus energías y su vida pensando formas y medios de estafar al prójimo para adquirir riquezas ilícitas. Esos pecan contra Dios, contra el prójimo y contra sí mismos. En la búsqueda por la felicidad egoísta, cosechan amarga infelicidad. Pero aquellos que planean el bien y emplean su potencialidad para buscar medios de bendecir a las personas encuentran en ese planeamiento amor y fidelidad. Es imposible planear el bien sin ser gobernado por el vector de la fidelidad personal y del amor al prójimo. El bien no cohabita con la falta de integridad. Donde la integridad está deteriorada, de ese nido la fidelidad ya salió volando. Donde el amor al prójimo no puede ser practicado, lo que resta es maldad, y no el bien. ¿Qué tipo de planeamiento ocupa su mente y corazón? ¿Qué cosecha hará en el futuro?

17

de mayo

El trabajo siempre es provechoso

En toda labor hay fruto; mas las vanas palabras de los labios
empobrecen.

PROVERBIOS 14:23

Vivimos la cultura del enriquecimiento rápido. Las ventas de lotería y los
casinos alimentan la esperanza de un enriquecimiento inmediato y sin
esfuerzo. Los casinos prometen una vía alterna cuyo destino es la riqueza sin
el sudor de la frente. Pero la riqueza no es hija de la aventura, y sí del trabajo.
Los necios pasan todo el tiempo corriendo detrás del viento, contando sus
tonterías y proclamando sus planes exagerados, pero los prudentes ponen la
mano en el arado y trabajan con dedicación. El trabajo ennoblece al hombre;
trae dignidad a la vida y robustez al carácter. El trabajo engrandece la sociedad
y genera riquezas para la nación. El trabajo promueve el progreso y ofrece
seguridad y honra a la familia. Hay un dicho popular que dice: "Cabeza desocupada, taller del diablo". Las manos que no se ocupan con el trabajo acaban
ocupándose con el crimen. Los ociosos planean el mal. Los vagabundos rendidos a la pereza son un peso para el estado, una vergüenza para la familia y
una amenaza a la paz social. Inclusive aquellos que cumplen pena en la cárcel,
privados de la libertad, deberían ser matriculados en la escuela del trabajo.
Solamente así tendrán la oportunidad de ser reintegrados al convite de la
sociedad como proveedores de la familia, y no como parásitos de la nación.

18
de mayo

La sabiduría produce riqueza

Las riquezas de los sabios son su corona; pero la insensatez de los necios es infatuación.

PROVERBIOS 14:24

L a riqueza no produce sabiduría, pero la sabiduría produce riqueza. No todo rico es sabio, pero todo sabio es rico, pues la riqueza no es lo que poseemos, sino quienes somos. La riqueza no tiene que ver apenas con lo que cargamos en los bolsillos, pero por encima de todo con lo que llevamos en el corazón. Riqueza no es solamente una fina camada de barniz de oro, sino nobleza de carácter. Hay unos que se dicen ricos siendo muy pobres, pero hay otros que aun siendo pobres son muy ricos. El apóstol Pablo habla de aquellos que son pobres, pero enriquecen a muchos; de aquellos que no poseen nada, pero tienen todo. La felicidad no habita en la casa de la riqueza, pero sí en la casa de la sabiduría. La felicidad no está en el tener, pero sí en el ser. El dinero no nos puede dar la felicidad, pero el contentamiento con la piedad es gran fuente de ganancias, pues nos ofrece tanto felicidad como seguridad interior. Cuando nuestro contentamiento está en Dios, podemos vivir contentos en toda y cualquier situación, sea viviendo en un palacio o en una choza, pues nuestra felicidad no viene de las circunstancias sino de Dios.

19

de mayo

El valor del testigo verdadero

El testigo verdadero libra las almas; mas el engañoso hablará mentiras.

PROVERBIOS 14:25

Testificar es contar exactamente lo que vio y oyó. No es dar la opinión propia. A lo largo de la historia muchos tribunales profirieron sentencias injustas porque testigos infieles dieron falso testimonio, escondiendo y escamoteando la verdad. José de Egipto fue a parar a la cárcel cuando la verdadera culpable del crimen era su propia acusadora. El sanedrín judío contrató falsos testigos para acusar a Jesús y así lo sentenció a muerte. El mismo destino lo sufrió Esteban, que terminó apedreado por un grupo enloquecido. El que abre la boca para promover la mentira es un engañador. Aquel que vende su conciencia y altera la realidad de los hechos para obtener ventaja personal, acusando inocentes y haciendo inocentes a culpables, trabaja en error y se vuelve un gran agente del mal. Pero el testigo que dice la verdad salva vidas y libra a personas de la muerte. La verdad es luz. La verdad es pura. La verdad promueve la justicia. Nuestros labios deben estar al servicio de la verdad y no de la mentira, del bien y no del mal, de la justicia y no de la iniquidad. El verdadero ciudadano del cielo es aquel que jura con daño propio y no vuelve atrás.

20

Un castillo seguro para la familia

En el temor de Jehová está la fuerte confianza; y esperanza
tendrán sus hijos.

PROVERBIOS 14:26

E l temor del Señor no es fobia de Dios, sino santa reverencia. El temor del
Señor no nos lleva a huir de Dios, sino a correr para Dios. El temor del
Señor es el principio de la sabiduría; es por medio de este que nos alejamos
del mal y nos apegamos al bien. Cuando tememos a Dios, nuestras palabras
y acciones son gobernadas por la santidad. Cuando tememos a Dios, mante-
nemos integridad en nuestras relaciones, aun estando lejos de los cañones de
luz. En el temor del Señor encontramos un fuerte amparo, un apoyo firme,
una fortaleza segura, una confianza estable. Ese castillo seguro no solo es para
nosotros, sino también y sobre todo para nuestra familia. Cuando un hombre
teme a Dios, con eso está protegiendo a sus propios hijos. El temor del Señor
aleja a nuestros hijos de personas nocivas, de consejos perversos, de ambientes
peligrosos, de circunstancias tentadoras y de caminos sinuosos. El temor del
Señor no es solo refugio para nosotros, sino también para nuestros hijos. La
mejor protección que podemos darle a nuestra familia es andar en el temor del
Señor. La mejor seguridad que nuestros hijos pueden tener es vivir en el temor
del Señor. Las aventuras del pecado pueden propiciar un placer momentáneo,
pero el temor del Señor ofrece una seguridad permanente.

21
de mayo

El temor del Señor es fuente de vida

> El temor de Jehová es manantial de vida para apartarse de los lazos de la muerte.
>
> PROVERBIOS 14:27

Un lazo es una trampa invisible, imperceptible, pero real y mortal. Un lazo es una especie de ardid que permite atraer a la víctima con ventajas inmediatas. Existen muchas luces multicolores que apuntan para el camino del placer, pero conducen al corredor de la muerte. Por ejemplo, es así con las aventuras sexuales. El rey David jamás podría imaginar que una aventura sexual con Betsabé le traería tantos trastornos. El pecado es un embuste. Promete copas de placeres y paga con disgusto. Promete libertad sin límites y esclaviza. Promete vida abundante y mata. El pecado lo llevará más lejos de lo que le gustaría ir, lo retendrá por más tiempo del que le gustaría quedarse y le costará más caro de lo que le gustaría pagar. El temor del Señor es el que nos da discernimiento para que no coloquemos nuestro pie en ese lazo. El temor del Señor nos protege de esas trampas de muerte. El temor del Señor no da placer para el alma y descanso para el corazón. El camino del pecado puede parecer emocionante y lleno de aventuras, pero es repleto de espinas y conduce irremediablemente a la esclavitud y a la muerte.

22
de mayo

Sin el apoyo popular es imposible gobernar

> En la multitud del pueblo está la gloria del rey; y en la falta del pueblo la debilidad del príncipe.
>
> PROVERBIOS 14:28

Existen diferentes regímenes de gobierno, como la monarquía, el presidencialismo y el parlamentarismo. Pero ninguno de ellos funciona sin el apoyo popular. La democracia se define como el gobierno del pueblo, por el pueblo y para el pueblo. Sin el pueblo, el rey puede tener una corona, pero no tiene el comando. Es del pueblo que emana la legitimidad de un gobierno. Entendemos, a la luz de la Palabra de Dios, que el poder no viene del pueblo, sino de Dios. Es Dios quien constituye y depone reyes. Pero Dios hace eso por intermedio del pueblo. Este no es la fuente de poder del gobierno, sino el instrumento usado por Dios para legitimar el poder del gobierno. Por eso, Salomón dice: "Y en la falta del pueblo la debilidad del príncipe" (Proverbios 14:28). La grandeza de un rey depende del número de personas que él gobierna; sin ellas, el rey no es nada. El gobernante sabio es aquel que gobierna para el pueblo, y no para sí mismo. Es un siervo, y no un explotador del pueblo. Trabaja para el bien del pueblo, y no para acumular glorias y riquezas para sí mismo. Ese mensaje es absolutamente oportuno y relevante en nuestros días, pues hay una crisis de integridad galopante en el mundo político. Los robos sin vergüenzas en la vida pública suceden a plena luz del día. Vemos todos los días, para nuestra vergüenza y tristeza, políticos avaros saqueando sin escrúpulos la caja fuerte pública y robando de esta manera tanto al pueblo como a Dios.

23
de mayo

La paciencia, prueba de sabiduría

> El que tarda en airarse es grande de entendimiento; mas el de
> genio pronto, está lleno de necedad.
>
> PROVERBIOS 14:29

Una persona con estopín corto es más explosiva que una bomba. Un individuo sin control emocional no solamente comete locuras, sino que exalta la locura. Por donde pasa deja un rastro de destrucción. Siempre que habla, agrede y maltrata a las personas. La insensatez está en sus labios, y la agresión acompaña sus actos. Es muy diferente el longánimo. Este piensa antes de hablar; sus palabras son medicina para el alma, bálsamo para el corazón y deleite para la vida. Un hombre paciente siempre está dispuesto a oír, pero piensa mucho antes de abrir la boca. Sus palabras son pocas y comedidas. Aun cuando es ultrajado, no se venga con ultraje. Prefiere pagar el mal con el bien. En vez de retribuir odio con rencor, toma la decisión de perdonar. En vez de maldecir a aquellos que lo cubren de críticas injustas, toma la decisión de bendecir. Si la precipitación es la sala de espera de la locura, la paciencia es el pórtico de la sabiduría. La persona iracunda intenta controlar a los otros con sus amenazas, pero el individuo paciente se controla a sí mismo con sabiduría. El hombre que tiene dominio propio es más fuerte que aquel que gana una pelea y conquista una ciudad.

24
de mayo

La paz de espíritu, el elixir de la vida

El corazón apacible es vida para el cuerpo; mas la envidia es carcoma de los huesos.

PROVERBIOS 14:30

Una persona envidiosa es la que se perturba con el éxito de los otros. No se alegra con lo que tiene, sino que se entristece con lo que el otro tiene. Un envidioso nunca es feliz porque siempre está buscando aquello que no le pertenece. Un envidioso nunca es grato, pues siempre está queriendo lo que es del otro. Un envidioso nunca tiene paz porque su mezquindad es como un cáncer que destruye los huesos. La Organización Mundial de la Salud (OMS) afirma que más del cincuenta por ciento de las personas que pasan por los hospitales son víctimas de enfermedades de fondo emocional. Cuando el alma está inquieta, el cuerpo padece; cuando la mente no descansa, el cuerpo se agita. La paz de espíritu es un bien precioso. Esa paz no está en las cosas ni se compra en la droguería. La paz de espíritu da salud al cuerpo. Un corazón tranquilo es la vida del cuerpo. Pero ¿cómo alcanzar esa codiciada paz de Espíritu? ¿Por la meditación trascendental? ¿Huyendo peligrosamente por el camino de las drogas? ¿Entrando por los laberintos del misticismo? No, mil veces no. La paz de espíritu es el resultado de la gracia de Dios en nuestra vida. Solamente los que fueron reconciliados con Dios por medio de Cristo tienen paz con Dios y disfrutan de la paz de Dios.

25
de mayo

Quien cuida del pobre
honra a Dios

El que oprime al pobre, afrenta a su Hacedor; mas el que tiene
misericordia del pobre, lo honra.

PROVERBIOS 14:31

Uno de los atributos de Dios es la justicia. Él es justo en todas sus obras.
Dios abomina de toda forma de injusticia. Él juzga la causa de los pobres
y oprimidos. Quien oprime al pobre por ser débil, sin vez y sin voz, insulta
a Dios. Quien tuerce la ley para tener ventajas sobre el pobre conspira contra el creador. Quien corrompe los tribunales, sobornando jueces y testigos
para prevalecer sobre el pobre en juicio, entra en una batalla contra el propio
Dios omnipotente. Pero insultar a Dios es una locura consumada, pues nadie
puede luchar contra el Señor y prevalecer. Por otra parte, quien socorre al
necesitado agrada el corazón de Dios. Aquello que hacemos para los pobres,
se lo hacemos al propio Señor. Quien da a los pobres le presta a Dios. El alma
generosa prosperará. Dios multiplica las semillas de los que siembran la bondad en la vida del prójimo. Tanto el pobre como el rico fueron creados por
Dios. Él los ama a los dos. Los ricos deben manifestar la generosidad de Dios
a los pobres, y estos deben dar las gracias a Dios por la bondad de los ricos.
Aquellos que oprimen al pobre, aunque acumulen riquezas, no disfrutarán de
sus tesoros. Sin embargo, aquellos que socorren al necesitado, aunque sin la
provisión de los tesoros de la tierra, poseerán las riquezas del cielo.

26
de mayo

La esperanza del justo no muere

Por su maldad será derribado el impío; mas el justo aun en su
muerte tiene esperanza.

PROVERBIOS 14:32

El perverso es el hombre que profesa el nombre de Dios en los labios y lo
niega con la vida. Dice conocer a Dios, pero vive como si Dios no existiera. Es un ateo práctico, que profesa una cosa y vive otra. Hay un abismo
entre su creencia y su conducta. El perverso es aquel que empuja a Dios para
la lateral de la vida y se rinde a la maldad. Pero la maldad, lleva a los malos a la
desgracia. Cuando la calamidad llega, esos impíos son derrumbados. Aquello
que desearon e hicieron contra los otros les cae en las propias cabezas. La lanza
venenosa que tiran contra los demás se vuelve contra su vida. Ellos reciben el
salario con sus propias obras perversas. El justo no es así. Su ancla está firme
en la roca que no se agita. Su esperanza no es un devaneo incierto. Aun atravesando todos los desiertos ardientes, aun cruzando los valles más oscuros,
aun gimiendo bajo el látigo del dolor, aun bajando a la tumba, aun castigado
por la enfermedad más brava, el justo no pierde la esperanza, pues ella no está
apenas en esta vida. Su esperanza está en Dios. El justo tiene una esperanza
viva. Él sabe que su redentor vive. Camina para una eternidad de gloria, en
la cual recibirá un cuerpo de gloria y será coronado con una corona de gloria.
¡La esperanza del justo jamás muere!

27
de mayo

El corazón, la moldura del carácter

En el corazón del prudente reposa la sabiduría; pero no es conocida en el interior de los necios.

PROVERBIOS 14:33

Del corazón proceden las fuentes de la vida. James Hunter, el autor del libro *El monje y el ejecutivo*, tiene razón cuando dice que no somos lo que hablamos, sino lo que hacemos. La verdad, no somos lo que proclamamos en público sino lo que abrigamos en secreto en nuestro corazón. Lo que guardamos en el corazón, aunque en los archivos más secretos, trancados por los candados del sigilo, acaba viniendo a la luz y volviéndose público, pues la boca habla de lo que el corazón está lleno. El corazón es la moldura del carácter. De este transbordan ríos que se esparcen por nuestros poros. Es del corazón de donde proceden los malos designios. Es de ese pozo profundo que brotan tanto el bien como el mal. La maldad escondida y maquillada por los insensatos acaba viniendo a la luz. Pero en el corazón del prudente reposa la sabiduría. La sabiduría es mirar para la vida con los ojos de Dios. Es ser regido no por la cartilla de la mayoría, sino por los valores morales que proceden de la ley de Dios. Sabiduría es amar lo que Dios ama y repudiar lo que Dios odia. Sabiduría es buscar las cosas de lo alto más que los tesoros de la tierra. Sabiduría es adorar a Dios, amar a las personas y usar las cosas, en vez de amar las cosas, usar a las personas y olvidarse de Dios. Los prudentes saborean las finas iguarias en el banquete de la sabiduría en esta vida y después alcanzan las bienaventuranzas eternas, cuyas glorias sublimes jamás fueron contadas a los mortales.

28
de mayo

Una nación avergonzada

La justicia engrandece a las naciones; mas el pecado es la vergüenza de los pueblos.

PROVERBIOS 14:34

L os historiadores afirman que el Imperio romano cayó en manos de los bárbaros porque ya estaba podrido por dentro. Los grandes imperios cayeron en manos de sus enemigos porque primero tropezaron en sus propios pecados. El profeta Oseas dice a Israel: "porque es tu pecado el que te ha hecho tropezar" (Oseas 14:1). El pecado es la vergüenza de los pueblos, el oprobio de las naciones. Una nación es más grande que sus valores morales. Si una nación promueve el pecado, hace apología del vicio, levanta la bandera de la inmoralidad e invierte los valores morales, llamando a la luz tinieblas y a las tinieblas luz, su ruina ya está labrada. Una nación no es más grande que sus familias. Si las familias que la componen están debilitadas, tambaleando borrachas por la fascinación del pecado, entonces esa nación está cubierta de vergüenza, y su derrota es irremediable. No obstante, la justicia exalta las naciones. Las naciones cuya cuna estaba en la verdad y que bebieron la leche de la piedad, esas crecieron fuertes, ricas, bienaventuradas y se volvieron protagonistas de grandes transformaciones sociales. Esas naciones siempre estuvieron a la vanguardia y lideraron el mundo en la carrera rumbo al progreso. La justicia no puede ser apenas un artículo en los diccionarios; debe ser una práctica presente en los palacios, en las cortes, en las casas legislativas, en las universidades, en la industria, en el comercio, en la familia y en la iglesia.

29
de mayo

La prudencia tiene recompensa

La benevolencia del rey es para con el servidor prudente; mas
su enojo, contra el que le avergüenza.

PROVERBIOS 14:35

E l éxito o fracaso de nuestras relaciones depende mucho de quienes somos.
Favor o furia serán cosechas de nuestra siembra. Si somos prudentes, cosecharemos favor; si somos indignos, cosecharemos furia. Sembraremos una
acción y cosecharemos una reacción. Aquellos que siembran viento cosechan
una tempestad. Quien siembra en la carne cosecha corrupción. Quien planta
las malditas semillas del odio cosechará desprecio. Sin embargo, aquellos que
siembran amor harán una abundante siega de amistad. El empleado prudente
que vive de forma irreprensible, habla de forma irrefutable y realiza obras
innegables goza del respeto y del favor de sus superiores. Pero aquellos cuyo
proceder es irresponsable e indigno acaban provocando el furor de sus superiores y el desprecio de sus pares. La Biblia nos enseña a respetar a aquellos
que ejercen autoridad. Debemos entender que instituyeron el orden y, por
eso, toda autoridad es constituida por ellos. Debemos dar honra a quien tiene
honra. No hacemos las cosas para que seamos reconocidos. No practicamos
el bien para ser aplaudidos ni hablamos palabras bonitas para ser lisonjeados.
Nuestro compromiso es con Dios y con nosotros mismos. Pero cuando res-
petamos a las personas y honramos a nuestros superiores, recibimos favor en
vez de repudio.

30
de mayo

Colocando agua para hervir

La blanda respuesta calma la ira; mas la palabra áspera hace subir el furor.

PROVERBIOS 15:1

Nuestro problema más grande no es con nuestras acciones, sino con nuestras reacciones. Podemos convivir en paz con una persona toda la vida, siempre que ella nos respete. No obstante, cuando esa persona nos provoca con una pregunta insolente, perdemos el control y la compostura y tendemos a dar una respuesta a la altura. Es por eso que el sabio nos muestra que no es la palabra blanda que calma la ira, sino la respuesta blanda. Eso es más que una acción, es reacción. Aun ante una acción provocante, la persona tiene una reacción blanda. Es como colocar agua para hervir y calmar los ánimos. O sea, es tener una reacción trascendental. Lo opuesto de eso es la palabra dura y sin elegancia. Esa palabra en vez colocar agua para hervir, coloca más leña en el fuego. En vez de ablandar el corazón, provoca la ira. El escoger es nuestra decisión: podemos ser pacificadores o provocadores de contiendas; podemos dominar nuestras acciones y reacciones, o podemos herir a las personas con nuestra lengua y con nuestras actitudes. En ese mundo en ebullición, el camino más sensato es colocar el agua para hervir. Por causa de las tensiones de la vida y ante la complejidad de las relaciones, el mejor camino es tener palabras dulces y respuestas blandas.

31
de mayo

La lengua es el pincel de los labios

La lengua de los sabios adornará la sabiduría; mas la boca de los necios hablará sandeces.

PROVERBIOS 15:2

L a lengua de los sabios no solamente revela conocimiento, sino que también adorna el conocimiento. El conocimiento no solamente es útil, sino que también es bello. No solo es necesario sino que es atrayente. Una persona sabia vuelve el conocimiento apetitoso. El aprendizaje deja de ser un proceso doloroso para volverse algo que da placer. El conocimiento en la lengua de los sabios recibe contornos de belleza sin igual. La lengua de los sabios es como un pincel en las manos de un artista. Transforma las cosas comunes de la vida en obras de arte raras. Lo opuesto de eso es la boca de los insensatos. Cuando una persona necia abre la boca, deja salir un raudal de estulticia. La boca del insensato es una pala que abre su propia tumba. El hombre necio destraba la boca apenas para hablar lo que no le conviene y que corrompe las buenas costumbres. Se vanagloria de sus palabras vulgares y se burla a carcajadas ruidosas para contar bromas indecentes. La boca del hombre insensato es como romper un dique. Provoca una inundación y mucha destrucción. De la boca del insensato salen raudales pestilentes que arrastran para el hueco de la podredumbre la reputación de las personas. Que Dios nos libre de la boca de los insensatos. Que Dios nos ayude a adornar el conocimiento con nuestra lengua.

1

de junio

Dios lo está mirando

Los ojos de Jehová están en todo lugar, mirando a los malos y a los buenos.

PROVERBIOS 15:3

Los ateos dicen que Dios no existe. Los agnósticos dicen que no podemos conocerlo. Los panteístas afirman que Dios no es personal. Y los deístas dicen que Dios está muy distante de nosotros. Pero la Biblia enseña que los ojos del Señor están en todo lugar. Dios es omnipresente. No hay un único centímetro en el universo en el que Dios no esté presente. Dios no solo está presente, sino que también conoce y sonda a todos los seres humanos. Sus ojos contemplan a los malos y a los buenos. Dios no es un ser con barbas blancas como Papá Noel. Dios no es un ser sin forma y sin moral que trata de la misma manera el bien y el mal. Él es santo en su carácter y justo en todas sus obras. Él distingue entre el bien y el mal. Él contempla los malos y los buenos. Dios se deleita en aquellos que siguen la bondad, pero abomina de aquellos que maquinan el mal. Dios tiene placer cuando andamos por el camino de la santidad, pero se disgusta cuando capitulamos ante el pecado. Dios está mirándole. ¿Qué está viendo? ¿Su corazón es íntegro ante Dios? ¿Su alma anhela por Dios? ¿Usted anda en la luz? ¿Habla la verdad? ¿Practica la justicia? ¿Tiene placer en la misericordia?

2

de junio

La terapia de la comunicación

La lengua apacible es árbol de vida; mas la perversidad de ella
es quebrantamiento del espíritu.

PROVERBIOS 15:4

L a lengua es un órgano pequeño del cuerpo que, como el timón de un
barco, domina todo su cuerpo. La lengua puede ser como bálsamo que
alivia o como vinagre en la herida. La lengua puede ser remedio que cura o
veneno que mata. Puede ser una fuente de refrigerio o un fuego que se esparce. Puede ser árbol de vida o tormento de muerte. La lengua serena es árbol
de vida: alimenta, instruye y conduce por los caminos de la vida abundante.
La lengua serena es terapia del alma, un refrigerio para el corazón. Siempre
que una persona herida se aproximaba a Jesús con el corazón quebrantado,
salía con la esperanza para vivir la vida con entusiasmo. Las palabras de Jesús
aún curan, restauran y rehacen la vida. Sus palabras son espíritu y vida. Son
palabras de vida eterna. Sus ovejas oyen su voz y lo siguen camino de la gloria
celestial. No obstante, la palabra perversa, que adoctrina para el mal, que
desvía las personas de la senda de la justicia, que atormenta y maltrata, lleva a
la esclavitud y la muerte. Muchos hijos cargan un alma herida porque desde
la infancia fueron insultados con palabras insensatas por parte de los padres.
Muchos individuos nunca superaron su pasado de dolor porque fueron quebrantados por la lengua perversa.

3
de junio

Hijos, obedezcan a sus padres

El necio menosprecia el consejo de su padre; mas el que guarda
la corrección vendrá a ser prudente.

PROVERBIOS 15:5

El conflicto de generaciones es cada vez más grande. Muchos padres perdieron el control sobre sus hijos, y estos ya no los respetan más. El hogar se volvió un ring de disputas y peleas, o un escenario de silencio e indiferencia. Hoy muchos padres abandonan la trinchera de la educación de los hijos y colocan en manos de terceros esa noble tarea, a la televisión o al colegio. Cada vez más los valores absolutos que deben regir la familia y la sociedad están siendo escarnecidos. Se promueve la inmoralidad. Se hace apología al vicio. En ese escenario gris de relativismo y degradación, muchos hijos desprecian la instrucción del padre y se sacuden de encima todo yugo de la disciplina. Eso es una insensatez consumada, es colocar el pie en la calle resbalosa del fracaso, es labrar su propia sentencia de muerte. El hijo sabio es aquel que escucha y obedece a sus padres. Es aquel que atiende a la reprensión y acepta humildemente la disciplina. Ese consigue la prudencia y vive de manera feliz. En estos días en que la familia está siendo tan impiedosamente atacada, es necesario levantar la voz para decir que el camino de la vida no es la rebeldía, sino la obediencia.

4

de junio

Cuidado con las ganancias ilícitas

En la casa del justo hay gran provisión; pero turbación en las
ganancias del impío.

PROVERBIOS 15:6

Está de moda la llamada teología de la prosperidad. Miden la bendición de
Dios por la cantidad de dinero que usted tiene. Piensan que una persona
fiel a Dios debe ser rica, pues la pobreza es vista como maldición. Pero existen
cosas mejores que el dinero, como la paz de espíritu, un cónyuge fiel y una
familia unida. "En la casa del justo hay gran provisión". Y esa provisión puede
ser material, fruto del trabajo honesto, o puede ser moral, resultado de la permanente bendición celestial que inunda la casa de alegría, comunión y paz.
Sacrificar esos valores en la búsqueda por las riquezas terrestres es insensatez.
Construir el éxito financiero sobre los escombros de la familia es necedad.
Acumular riquezas mal adquiridas es juntar tesoros para su propia destrucción. En la renta de los perversos hay inquietud. No se disfruta plenamente
lo que fue acumulado con deshonestidad. Esas personas comen, pero no se
llenan. Beben, pero no quedan satisfechas. Se acuestan en camas suaves, pero
la mente no descansa. Se cercan de ricas provisiones, pero el alma no se deleita. Es mejor ser un pobre rico que un rico pobre. Es mejor no tener provisión
de riquezas, pero tener paz en la familia, que vivir cercado de oro y vivir un
infierno existencial. No corra detrás de la ganancia ilícita; busque en primer
lugar el reino de Dios, y las demás cosas le serán añadidas.

5

de junio

El canal del conocimiento

La boca de los sabios esparce sabiduría; no así el corazón de los necios.

PROVERBIOS 15:7

El conocimiento no es como un tesoro que se descubre en la superficie, sino una conquista que se alcanza por medio de un esfuerzo intenso. El conocimiento no es un bien que adquirimos rápidamente, sino un proceso que toma toda la vida. El conocimiento nos viene del estudio y de la experiencia, del examen y de la observación. Pero el conocimiento de las cosas más profundas no resulta apenas de la investigación, sino sobre todo de la revelación. Solamente podemos conocer a Dios porque él se reveló a nosotros. No lo conocemos por la elucubración, sino por la revelación. Dios se reveló a nosotros en la creación, en su Palabra y en su hijo Jesucristo. La lengua de los sabios derrama ese conocimiento, pero el corazón de los insensatos no procede así. El corazón del necio no se aplica al conocimiento de las cosas ni valoriza la meditación de la Palabra. Apenas piensa en las cosas de los hombres. Su corazón no busca las cosas de lo alto, donde Cristo vive. El insensato es terreno que solamente busca las cosas que sus ojos ven, las cosas que perecen. Los sabios adquieren el conocimiento, y su lengua derrama ese conocimiento. Ellos no solo se abastecen en esa fuente de la vida, sino que también se vuelven canales que distribuyen esa bendición para los demás.

6
de junio

El culto sin vida no tiene valor

El sacrificio de los impíos es abominación a Jehová; mas la
oración de los rectos es su delicia.

PROVERBIOS 15:8

Es un tremendo engaño pensar que podemos adorar a Dios de cualquier
manera. Es una tontería pensar que podemos aproximarnos de aquel que
es santo con un corazón lleno de mugre. Dios no se satisface con ritos sagra-
dos y liturgias pomposas. Él ve el corazón y busca la verdad en la intimidad
de nuestro ser. Los perversos también ofrecen culto. Ellos también hacen sus
sacrificios, también tienen una expresión religiosa. Pero el servicio religioso
de aquellos que con su vida deshonran a Dios es abominable al Señor. Dios
no se satisface con adoración; él busca adoradores que lo adoren en espíritu
y en verdad. Si el culto de los perversos es abominable para Dios, la oración
de los rectos es su contentamiento. Antes de aceptar nuestras oraciones, Dios
necesita aceptar nuestras vidas. Antes de recibir ofrendas, Dios recibe al que
hace la ofrenda. Caín y Abel ofrecieron sacrificios a Dios, pero el Señor se
agradó de Abel y de su ofrenda, al paso que rechazó a Caín y su ofrenda.
No es posible separar la adoración del adorador. No es posible distinguir la
ofrenda del ofertante. Si nuestra vida es reprobada por Dios, nuestro culto no
será aceptado por él. La mejor oración que podemos llevarle a Dios es nuestra
propia vida al altar.

7
de junio

Caminos que agradan a Dios

Abominación es a Jehová el camino del impío; mas él ama al
que sigue la justicia.

PROVERBIOS 15:9

L a Biblia habla de caminos que al hombre le parecen rectos, pero su fin
son caminos de muerte. El camino del perverso es ancho y lleno de luces.
Es el camino de las facilidades, de los atractivos del mundo, de los placeres
de la carne, de las aventuras y de las pasiones infames. En ese camino todo
es permitido, nada es prohibido. En ese camino no hay tabúes ni leyes. Cada
uno vive a su manera y sigue los dictados de su corazón. En ese camino el sentimiento de culpa es eliminado, la idea de correcto y errado es deshecha, y los
valores morales son colocados de cabeza. Ese camino es popular. Por él pasa
una multitud que escarnece de aquellos que entran por el camino estrecho de
la santidad. Pero el camino del perverso, a pesar de ser aplaudido por los hombres, es abominación para Dios. El fin de ese camino ancho es la muerte y la
condenación eterna. Por otra parte, Dios ama el que sigue la justicia. Aunque
sigan por un camino estrecho, empinado y lleno de peligros, Dios ama a aquellos que siguen por ese camino. Este es estrecho, pero seguro. Exige renuncias,
pero ofrece salvación. Requiere arrepentimiento, pero conduce a la bienaventuranza eterna. Es rechazado por los hombres, pero aprobado por Dios.

8
de junio

La disciplina es amarga, pero su fruto es dulce

La reconvención es molesta al que deja el camino; y el que
aborrece la corrección, morirá.

PROVERBIOS 15:10

Nuestra naturaleza se inclina para el mal. Fuimos concebidos en pecado y
nacemos en pecado. El pecado no se encuentra solamente en las estructuras sociales y en las ideologías políticas, sino que está instalado en nuestro
corazón. Todos nosotros necesitamos ser corregidos y disciplinados para no
desviarnos por los caminos de la muerte. Pero aquellos que dejan el camino
de la justicia y tapan los oídos a la corrección sufrirán disciplina rigurosa.
Quien no oye la voz de la exhortación recibirá el látigo del castigo. Aun siendo
amarga la disciplina rigurosa, es una expresión de la gracia, pues aquellos que
endurecen la cerviz en el camino de la desobediencia y odian la represión
caminarán rápidamente e irremediablemente para la muerte. ¡Cuántos jóvenes fueron muertos porque tempranamente rechazaron la disciplina! ¡Cuántos matrimonios fueron destruidos porque los cónyuges no aceptaron ningún
tipo de consejo! ¡Cuántas familias fueron deshechas porque no buscaron ningún tipo de ayuda! La represión puede ser amarga, pero su fruto es dulce. La
disciplina puede ser dolorosa, pero su resultado trae descanso para el alma. Es
mejor ser herido por la disciplina que morir en la perversidad.

9

No podemos escondernos de Dios

El Seol y el Abadón están delante de Jehová; ¡cuánto más los corazones de los hombres!

PROVERBIOS 15:11

Dios es omnisciente. Él conoce todas las cosas, de todos los tiempos, en todos los lugares, de todas las personas, inclusive aquellas que son ocultas. Nadie puede huir de su rostro ni esconder alguna cosa de sus ojos. Él sonda el corazón de los hombres. Sus ojos penetran más allá del velo. Él ve los secretos guardados a siete llaves. Penetra en las motivaciones más secretas e inconfesables de aquellos que intentan esconder sus pecados. Si el Señor sabe lo que sucede inclusive en el mundo de los muertos, ¿cómo alguien podrá esconder de él sus pensamientos? Si hasta las sepulturas están abiertas ante él, ¡cuánto más el corazón de los hijos de los hombres! No se puede escapar de Dios. Si intentamos huir de su presencia colocando nuestro nido entre las estrellas, él estará allá. Si bajamos al abismo y llegamos a lo más profundo del mar, allí también está él. Para él, la luz y tinieblas son la misma cosa. No es sensato continuar huyendo de Dios, buscando escondite para ocultar nuestros pecados. Al contrario, debemos volvernos a él, rogando: "Escudríñame, oh Dios [...] conoce mis pensamientos" (Salmos 139:23). Lo que tenemos que hacer no es huir de Dios por causa del pecado, sino huir del pecado por causa de Dios.

10
de junio

La necedad del escarnecedor

El escarnecedor no ama al que le reprende, ni se junta con los sabios.

PROVERBIOS 15:12

La necedad más grande de todas es ser necio y creerse sabio. Es no saber y creerse conocedor. Es ser necesitado de conocimiento y estar dispuesto a aprender. Cuando una persona cierra la puerta del aprendizaje, pasa a vivir en la mazmorra de la ignorancia. Cuando un individuo considera a la persona que lo reprende como adversario, cava su propia ruina. Al escarnecedor, el hombre vanidoso, no le gusta ser corregido. Al contrario, odia cualquier persona que busca interferir en su vida. Una persona soberbia se siente autosuficiente. Está tan llena de vanidad que no tiene más espacio para aprender alguna cosa. El altivo de corazón arrogante y, aun como una sobra, donde solamente hay restos y paja, se mantiene altivo. Es como la cizaña que, a pesar de externamente parecerse con el trigo, jamás se dobla ante el viento. La Biblia dice que "Dios resiste a los soberbios, pero le da gracia a los humildes". Aquellos que se alejan de los sabios y pasan a odiar a los que los exhortan, esos acaban cosechando los frutos de su insensatez. Por no oír la voz de la exhortación, ofrecen la espalda al látigo de la disciplina. Por no oír consejos, verán caer su escarnio sobre su propia cabeza.

11
de junio

Corazón alegre, rostro feliz

El corazón alegre hermosea el rostro; mas por el dolor del corazón el espíritu se abate.

PROVERBIOS 15:13

La Organización Mundial de la Salud afirma que la mayoría de las enfermedades tiene un contexto emocional. Las emociones se reflejan en la salud física. Muchas enfermedades provienen de la ansiedad. Muchos males que florecen en el cuerpo proceden de un corazón triste. Un corazón angustiado resulta en un espíritu abatido, pues la tristeza deja a la persona oprimida. Ningún cosmético puede dar más hermosura al rostro que un corazón alegre. Ninguna cirugía plástica puede corregir de mejor manera el rostro que la paz interior. Esa paz de espíritu no se alcanza con meditación trascendental. Esa alegría de corazón no se compra en comprimidos en las farmacias. Podremos vestir ropas de marca, andar en carros importados y vivir en verdaderos palacios y aun así tener un corazón triste, una cara abatida y un espíritu oprimido. Esa alegría del corazón no está en cosas sino en Dios. Él es la fuente de la verdadera alegría. Es en la presencia de Dios que hay plenitud de alegría y delicias perpetuamente. Jesús vino para darnos la vida y vida en abundancia. Solamente viviendo en Cristo podremos tener un corazón alegre y un rostro feliz.

12
de junio

Búsqueda del tesoro

El corazón inteligente busca la sabiduría; mas la boca de los
necios se alimenta de necedades.

PROVERBIOS 15:14

El conocimiento es un tesoro más precioso que mucho oro. Muchas personas buscan riquezas, placeres y aventuras, pero por falta de conocimiento atormentan su alma en esa búsqueda. Cuando Salomón empezó su gobierno en Jerusalén, no le pidió a Dios riquezas y poder, sino sabiduría y conocimiento. Con el conocimiento y la sabiduría, recibió riquezas, glorias y poder. Quien es sabio busca aprender. Quien es regido por la sed del aprendizaje busca el conocimiento, pero los necios están satisfechos con la propia ignorancia. El necio no invierte en educación, no se prepara para el futuro. Es inmediatista y no labra su campo, no hace la siembra en el campo del aprendizaje. El resultado de esa necedad es la pobreza y el oprobio. Mientras el corazón del sabio busca el conocimiento, la boca de los insensatos se apacienta con la estulticia. El necio habla del vacío de su mente y del engaño de su corazón. Su lengua es maestra de nulidades e instrumento de la estulticia. El insensato no solo es una fuente contaminada que contamina a los demás, sino que también se apacienta a sí mismo con estulticia. En vez de ser una fuente de bendición, es un pozo de vergüenza y maldición para sí y para los demás. ¿Qué tipo de inversión está haciendo usted para crecer en el conocimiento y en la gracia de Cristo?

13
de junio

Es una fiesta
que no se acaba nunca

Todos los días del afligido son difíciles; mas el de corazón
contento tiene un banquete continuo.

PROVERBIOS 15:15

No hay mejor banquete que la alegría del corazón. No hay fiesta más animada que la paz de espíritu. No hay placer más grande que vivir en paz con Dios, con el prójimo y consigo mismo. El sabio dice que el corazón contento vive un banquete continuo. El corazón alegre siempre está en fiesta. La vida siempre es agradable para las personas que saborean las delicias del banquete de la alegría. Esa alegría no solamente es en la presencia de cosas buenas y en la ausencia de cosas malas. No es una circunstancia ni aun un sentimiento. Esa alegría es una persona. Esa alegría es Jesús. Él es nuestra alegría. Con Jesús, nuestra alma tiene un banquete continuo. Por otra parte, todos los días del afligido son difíciles, malos e infelices. Una persona puede tener la casa llena de bienes, tener salud y estar rodeada de amigos, pero si no hay paz de espíritu, si el corazón está triste y oprimido, el alma se marchita, la sonrisa se apaga en la cara, y la infelicidad predomina. El sol puede estar brillando, las circunstancias pueden ser favorables, pero si la persona está afligida, nada de eso la satisface. Todo se desvanece. La vida pierde el sabor. El banquete se cubre de cenizas, y las lágrimas pasan a ser su alimento. La vida con Dios, aun llena de lágrimas y dolor, es una fiesta que nunca se acaba. Habrá un día en que Dios secará de nuestros ojos todas las lágrimas. ¡Entonces, nuestra alegría será completa!

14

de junio

Cuando la pobreza
es mejor que la riqueza

Mejor es lo poco con el temor de Jehová, que el gran tesoro
donde hay turbación.

PROVERBIOS 15:16

La riqueza es preciosa cuando viene como fruto de la bendición de Dios
y del trabajo honesto. La bendición de Dios enriquece y con ella no hay
sinsabor. Es Dios quien fortalece nuestras manos para adquirir riquezas, pues
las riquezas y las glorias vienen de Dios. Pero de nada vale ser muy rico y vivir
inquieto. No hay ningún provecho en dormir en una cama de marfil, y no
tener paz de espíritu. De nada sirve poner la cabeza en una almohada suave
si la mente está arrasada por la inquietud. Es mejor ser pobre y andar en el
temor del Señor, que adquirir muchos bienes, vivir en la suntuosidad y el lujo,
pero con el alma perturbada. Es mejor ser pobre y temer a Dios que ser rico e
infeliz. Es mejor tener poco con el temor del Señor que tener mucho dinero,
pero vivir en paz. La riqueza mal adquirida le puede dar comodidad, pero no
la paz para el corazón. Le puede dar una casa bonita, pero no un hogar feliz.
Le puede garantizar un funeral pomposo, pero no la vida eterna. Temer a Dios
es mejor que granjear fortunas. Temer a Dios es un tesoro más precioso que
mucho oro depurado. Quien teme a Dios tiene paz de espíritu y aunque su
riqueza aumente, no pone en ella el corazón.

15
de junio

El amor supera la pobreza

Mejor es la comida de legumbres donde hay amor, que de buey engordado donde hay odio.

PROVERBIOS 15:17

L o que hace a una persona feliz no es un lujoso menú sobre la mesa, sino el sentimiento de amor en el corazón de aquellos que se sientan alrededor de esa mesa. Hay familias que pueden tener sobre la mesa las mejores carnes, las más refinadas iguarias y los dulces más apetitosos, pero esos platos sabrosos se vuelven intragables porque las personas que se reúnen alrededor de la mesa no se aman. El odio quita la paz y también el paladar. El odio roba la alegría y también el apetito. Donde hay odio, no hay comunión; y donde no hay comunión, la carne de la mejor calidad no tiene ningún sabor. Nuestra familia no necesita de más comodidad tanto cuanto necesita de más amor. No necesitamos casas más bellas, ropas más sofisticadas o carros más lujosos. Necesitamos más amistad, más compañerismo y más amor en el hogar. Es mejor comer verduras en la compañía de aquellos que amamos que comer la mejor carne donde hay odio e indiferencia. El amor supera la pobreza. Las personas más felices no son aquellas que tienen más cosas, sino las que tienen más amor. El amor transforma la choza en un palacio. El amor transforma un plato de hortalizas en menú sofisticado. El amor hace florecer el desierto de la pobreza, volviéndolo un rico jardín de lindas flores.

16
de junio

No coloque leña en la hoguera

El hombre iracundo promueve contiendas; mas el que tarda en airarse apacigua la rencilla.

PROVERBIOS 15:18

Un individuo rabioso, emocionalmente descontrolado, deja que su ira se extravase por los poros del alma, es un incendiario. Siempre está colocando leña en la hoguera, atizando las brasas de la contienda y provocando el fuego de los desentendimientos. Una mente perturbada y un corazón iracundo producen una lengua suelta. Y una persona que habla sin pensar suscita contiendas, siembra intrigas y planta la enemistad en el corazón de las personas. No hay pecado que Dios abomine más que ese espíritu contencioso de colocar una persona contra la otra. El propósito de Dios para nosotros es lo opuesto a ese camino de guerra. Podemos ser pacificadores en vez de provocadores de contiendas. Podemos apaciguar los ánimos en vez de atizarlos. Podemos colocar agua para hervir en vez de colocar leña en la hoguera. Podemos ser ministros de la reconciliación en vez de agentes de la guerra. No fuimos llamados por Dios para cavar abismos en las relaciones interpersonales, sino para construir puentes de contacto. Nuestra lengua puede ser remedio que cura en vez de ser espada que hiere. Nuestros gestos deben caminar en dirección de reconciliar a las personas en vez de colocarlas las unas contra las otras. Somos agentes de paz y no promotores de la guerra; protagonistas del bien y no hacedores del mal; vehículos del amor y no canales del odio.

17
de junio

El perezoso solamente ve dificultades

El camino del perezoso es como seto de espinos; mas la vereda de los rectos, como una calzada.

PROVERBIOS 15:19

Un individuo perezoso vive fuera de la realidad, es dominado por fantasías. El perezoso ve las cosas sin foco; ve lo que no existe y aumenta lo que existe. El camino del perezoso no es cercado de espinas, pero es como si lo fuera. El problema no existe, pero por causa de su pereza él actúa como si existiera. El perezoso ve dificultades en todo. No busca trabajo porque parte de la presuposición de que todas las puertas de la oportunidad le estarán cerradas. No se dedica a los estudios porque está convencido de que no vale la pena estudiar tanto para después no tener recompensa. Solamente ve espinas en el camino de la vida mientras duerme el sueño de la indolencia. Es diferente el camino de los rectos. Aunque haya espinas, el hombre recto las enfrenta. Aunque el camino sea sinuoso, él lo endereza. Aunque haya valles, él los allana. Aunque haya montañas, él los nivela. El hombre recto es aquel que transforma dificultades en oportunidades, obstáculos en trampolines, desiertos en pomares y valles en manantiales. No enfoca su atención a problemas, sino que invierte toda su energía en la búsqueda de soluciones.

18
de junio

Los hijos son la alegría de los padres

El hijo sabio alegra al padre; mas el hombre necio menosprecia a su madre.

PROVERBIOS 15:20

El hogar es el palco de las grandes alegrías o tristezas de la vida. Es en ese ring que tenemos nuestras batallas más grandes. Es en ese campo que hacemos nuestras siembras más importantes y nuestras cosechas más abundantes. Los hijos son la plantación de los padres. Hay hijos que producen buenos frutos y son alegría de los padres. Pero hay hijos que crecen y después, cuando son hombres hechos y derechos, desprecian a los padres, abandonándolos a su desdicha. De esta manera se vuelven en la tristeza de la familia. Un hijo sabio alegra a su padre, pues refleja en la vida los valores aprendidos en el hogar. Un hijo sabio honra a su padre, pues le transmite a las generaciones posteriores la herencia que recibió de sus antepasados. Un hijo sabio es fuente de alegría para su padre, porque su carácter irreprensible y su testimonio sin mancha son la mejor recompensa de su inversión. No obstante, es muy doloroso que un hijo llegue a la madurez y cuando su madre está anciana, cansada y sin fuerzas para el trabajo, que la desprecie, la desampare y la deje sin sustento digno, sin protección y sin apoyo emocional. No hay falta de humanidad que grite más que despreciar a padre y madre. No hay agresión más violenta que colocar a los padres ya ancianos en la esquina de la vida, sin cuidado y sin amor. Los hijos deben ser la alegría de los padres, y no su pesadilla.

19
de junio

Ni toda alegría debe ser celebrada

La necedad es alegría al falto de entendimiento; mas el hombre
entendido endereza sus pasos.

PROVERBIOS 15:21

L os necios son atrevidos y se recuestan alrededor de una mesa, contando
bromas picantes y hablando tonterías. Encuentran gracia en las desgracias
de la vida y se carcajean de lo que los debería llevar a las lágrimas. La alegría de
los insensatos está embarazada de la estulticia y cuando da a luz, nace el hijo
bastardo de la vergüenza. No hay ningún provecho en la alegría de los que les
falta entendimiento. Estos se ríen cuando deberían llorar, celebran cuando
deberían gemir, cantan cuando deberían cubrirse de trapos y cenizas. El igno
rante no es solo aquel que no sabe, sino sobre todo aquel que rechaza el conocimiento y que, aun teniendo la oportunidad de subir los escalones del saber,
baja al fondo del hueco de la ceguera intelectual y moral. La vida del justo
es lo opuesto de eso. Él anda en la luz y busca el conocimiento. Busca la
sabiduría y se empeña por alcanzarla. El hombre sabio no tiene solamente
conocimiento, sino que aplica el conocimiento que recibe en su diario vivir.
Él anda rectamente. Su doctrina gobierna su ética, su conocimiento amolda
su carácter, su soberanía revela sus valores. La alegría de los necios no merece
ser celebrada, sino que la vida del sabio que anda rectamente debe ser procla-
mada como ejemplo digno de ser imitado.

20
de junio

El valor inestimable
de un buen consejero

Los planes son frustrados donde no hay consejo; mas con multitud de consejeros se realizan.

PROVERBIOS 15:22

Todos nosotros conocemos los efectos devastadores de un mal consejo. Amnón, el hijo de David, violó a su hermana Tamar y fue asesinado por su hermano Absalón porque siguió al pie de la letra el perverso consejo de su primo Jonadab. El rey Roboam vio a su reino dividirse porque recibió el consejo insensato de los jóvenes de su nación. Caín mató a su hermano Abel porque recusó a oír el consejo de Dios. Un consejo sabio vale más que muchos tesoros. Donde no hay consejo fracasan los proyectos. Por otro lado, con los muchos consejeros hay gran posibilidad de éxito. En la multitud de consejos hay sabiduría. No siempre conseguimos ver con claridad todos los ángulos de la vida. No siempre conseguimos discernir todos los detalles. El consejero es aquel que lanza luz en nuestra oscuridad, que muestra una salida donde solo veíamos murallas, que nos hace notar que una crisis en la caminada de la vida puede ser transformada en una gran oportunidad. Nosotros necesitamos los unos de los otros. No somos autosuficientes. Tenemos que rodearnos de buenos consejeros, de gente madura en la fe, que tiene el carácter aprobado y el corazón generoso. ¿Usted tiene amigos con los que comparte su vida? ¿Ellos son consejeros que le apuntan el camino de la vida?

21
de junio

La terapia de la palabra

El hombre halla alegría en la respuesta de su boca; y la palabra
a su tiempo, ¡cuán buena es!

PROVERBIOS 15:23

Responder antes de oír es falta de sabiduría; solamente los necios hacen
eso. Por otra parte, dar una respuesta respaldada, consistente y adecuada
trae beneficio a quien oye y alegría a quien habla. Alguien ya dijo, y con razón, que no existe pregunta insensata, sino respuesta inadecuada. Aquel que
es interrogado no puede caer en la trampa del interrogador. Cuando alguien
se aproximaba a Jesús para probarlo, haciéndole una pregunta rebuscada con
el propósito velado de tenderle una trampa, Jesús devolvía la pregunta, y el
interlocutor caía en su propia trampa. Sin embargo, siempre que alguien afligido o sin rumbo se aproximaba de él, con inquietudes en el alma, haciéndole
preguntas o rogándole ayuda, Jesús llevaba a ese corazón herido una palabra
de esperanza y una acción de misericordia. La palabra buena es remedio que
cura. Es bálsamo que consuela. Es alimento que fortalece. Tenemos que tener
respuestas sabias para las grandes tensiones de la vida y usar la terapia de la
palabra para bendecir nuestra casa, nuestros amigos y aquellos que nos cercan.
Tenemos que ser la boca de Dios, embajadores de las buenas nuevas, proclamadores de la verdad, mensajeros de la paz, terapeutas del alma.

22
de junio

Evite el camino del infierno

El camino de la vida es hacia arriba al entendido, para apartarse del Seol abajo.

PROVERBIOS 15:24

Solamente hay dos caminos: el estrecho y el ancho. Uno nos lleva para la cumbre; el otro nos arrastra para abajo. El primero es el camino de la vida; el segundo es el camino de la muerte. El camino estrecho nos lleva para el cielo; el camino ancho desemboca en el infierno. El necio prefiere el camino ancho, en el cual hay muchas aventuras y ninguna exigencia. Todo es permitido, y nada prohibido. Es el camino de la permisividad y de ninguna responsabilidad. Vive congestionado por una inmensa multitud. No obstante, el sabio escoge el camino de la vida. Este es estrecho, y en él hay muchos peligros. Es el camino de la renuncia y del arrepentimiento, del nuevo nacimiento y de la santidad. Ese camino no es popular, pero es seguro, pues conduce a la salvación. Quien sube por él evita el infierno abajo. Ese camino no es un concepto filosófico ni aun un dogma religioso. Es una persona divina, es Jesús. Él dijo: "Yo soy el camino, la verdad y la vida; nadie viene al padre a no ser por mí" (Juan 14:6). ¡La única manera de que usted no vaya al infierno es andar por el camino de la vida, que es Jesús!

La casa del soberbio caerá

Jehová asolará la casa de los soberbios; pero afirmará la heredad de la viuda.

PROVERBIOS 15:25

L a soberbia es la sala de espera del fracaso; la puerta de entrada de la ruina. Dios no tolera al soberbio. Él le declara la guerra al orgulloso, derrumba la casa de los soberbios y humilla el corazón altivo. La Biblia habla de Nabucodonosor, el megalómano rey de Babilonia. Ese hombre se llenó de orgullo. Se aplaudía a sí mismo antes el espejo. Quería ser adorado como Dios. Construyó y adornó la magnífica Babilonia, con sus monumentos de mármol y sus jardines colgantes, para su propia gloria. Pero Dios, quebró el orgullo de ese rey soberbio y lo mandó para los campos, con la finalidad de que comiera con los animales. El Señor derrumba la casa de los soberbios, derrumba sobre su cabeza aquello que parecía ser su protección más segura. No obstante, la viuda pobre y necesitada es sostenida por Dios. El Señor mantiene su heredad. Dios le da gracia a los humildes. Exalta a aquellos que se humillan. Abate a los fuertes y fortalece a los débiles. Derrumba de los tronos a los poderosos, al paso que levanta al pobre y necesitado y lo hace sentarse entre los príncipes. Dios derrumba de lo alto de la pirámide a los soberbios y coloca a los humildes en la cumbre de la montaña. La casa del soberbio sufrirá un terremoto, pero la casa del justo permanecerá firme para siempre.

24

de junio

Palabras que alegran el corazón de Dios

Abominación son a Jehová los pensamientos del malo; mas las expresiones de los limpios son limpias.

PROVERBIOS 15:26

Dios ve lo que pasa en el corazón humano. Sonda pensamientos, deseos y motivaciones que se instalan en nuestra mente. Él conoce no solo nuestras mentes, palabras y acciones, sino también nuestro fuero íntimo. El Señor abomina no solamente de las acciones perversas, sino también de los designios que las anteceden y las alimentan. Dios repudia no solo el asesinato que quita la vida del prójimo, sino también el odio que genera ese asesinato. El Señor condena no solo el adulterio, sino además el deseo lascivo que lo precede. Si los designios del malo son abominables para Dios, las palabras bondadosas son su placer. Las palabras bondadosas proceden de un corazón transformado por Dios. La boca habla de aquello que el corazón está lleno. Palabras bondadosas son aquellas que confrontan aquellos que viven en pecado, consuelan a los afligidos, estimulan a los débiles y orientan a los que están confusos. La bondad es la capacidad de invertir lo mejor de usted en la vida del otro. Bernabé era un buen hombre. Toda la dinámica de su vida fue invertir en personas a su alrededor. Él invirtió en Pablo y en Juan Marcos. Demostró esa bondad a los pobres de Jerusalén y a los creyentes de Antioquia. Fue bendición en casa y fuera de los portones.

25

Las ganancias deshonestas son una desgracia

Alborota su casa el codicioso; mas el que aborrece el soborno vivirá.

PROVERBIOS 15:27

L a codicia es una bolsa sin fondo. Cuánto más se tiene, más se desea tener. La codicia genera en el corazón del hombre una sed insaciable, una búsqueda desenfrenada por las ganancias deshonestas y una insatisfacción sin medida. Hay personas que mienten, corrompen, matan y mueren por causa de la ganancia deshonesta. Hay individuos que venden el alma para el diablo con la finalidad de conquistar riquezas. Pasan por encima de las personas, oprimen a los débiles y tuercen el derecho del justo para acumular más tesoros en su casa. Pero esa riqueza ilícita no les da seguridad ni paz. Tienen lujos, pero no descanso. Duermen en camas suaves, pero son asaltados por pesadillas. Participan de banquetes, pero no se llenan. Ingieren los licores más dulces de la vida, pero no se sacian. No es el rico deshonesto que vive abundantemente, sino aquel que, a pesar de pobre, odia el soborno. Es mejor vivir una vida modesta, pero con dignidad, que juntar riquezas y tener el nombre en entredicho en la ciudad. Es mejor ser pobre e íntegro, que ser rico y no tener paz de espíritu. La riqueza más grande que un hombre puede tener es el corazón transformado por el evangelio, una vida ejemplar y un carácter irreprensible.

26

de junio

En boca cerrada no entra mosca

El corazón del justo piensa para responder, mas la boca de los
impíos derrama malas cosas.

PROVERBIOS 15:28

Hay un dicho popular que dice: "En boca cerrada no entran moscas".
Hablar sin pensar es una necedad consumada. Responder antes de oír
es estulticia. Decir palabras torpes y abrir la boca para decir improperios y
maldades es perversidad sin tamaño. Ese no puede ser el camino de un justo.
Una persona que teme a Dios piensa antes de hablar, sabe qué hablar y cómo
hablar. Su lengua no es fuente de maldades, sino canal de bendición para las
personas. Sus palabras no son espadas que hieren, sino bálsamo que consuela
y restaura. Una persona íntegra gasta tiempo pensando en qué hablar y cómo
hablar. Sus palabras son verdaderas, buenas y oportunas. Transmiten gracia a
los que oyen. Traen edificación. Jesús nos dio su ejemplo. Sus palabras eran
espíritu y vida. Siempre que Jesús abría la boca, las personas eran edificadas,
consoladas y restauradas. Las palabras tienen un enorme poder, tanto para
edificar como para destruir, tanto para levantar como para derrumbar. Por eso
tenemos que ser mayordomos responsables de nuestras palabras. Nuestra lengua necesita ser remedio para los enfermos, tónico para los débiles, refrigerio
para los cansados y alivio para los oprimidos.

27
de junio

Dios oye nuestras oraciones

Jehová está lejos de los impíos; pero él oye la oración de
los justos.

PROVERBIOS 15:29

Una de las verdades más extraordinarias de la vida cristiana es que Dios oye
nuestras oraciones. Orar es hablar con aquel que está sentado en la sala
de comando del universo. Orar es unirse a aquel que tiene poder para cambiar
las circunstancias. Nunca somos tan fuertes como cuando nos colocamos de
rodillas ante el Padre. Un cristiano piadoso de rodillas ve más lejos que un
filósofo con la punta de los pies. Un cristiano de rodillas es más fuerte que un
ejército. La reina María Estuardo de Escocia decía que temía más las oraciones de John Knox que los ejércitos de Inglaterra. Cuando el rey Ezequías fue
afrontado por Senaquerib, rey de Asiria, él clamó al Señor, y Dios envió un
ángel que mató a 185.000 soldados asirios en un solo día. La victoria sobre el
enemigo no resultó de un combate por medio de armas, sino que fue fruto de
oración. El soberano Dios escogió actuar en la historia en respuesta a las oraciones de su pueblo. El altar está conectado al trono. Las oraciones que suben
del altar para el trono bajan a la tierra en forma de intervenciones soberanas
de Dios. Pero el mismo Dios que atiende la oración de los justos está lejos de
los perversos. Dios se aleja de aquellos que se alejan de él. Los que desprecian
a Dios son desmerecidos.

28
de junio

El poder curador
de las buenas noticias

La luz de los ojos alegra el corazón, y la buena nueva conforta
los huesos.

PROVERBIOS 15:30

La compañía de un amigo sincero y verdadero es tónico para nuestras emociones. Su mirar lleno de bondad y comprensión alegra el corazón. Los ojos son la lámpara del cuerpo. Comunican más que las palabras. Podemos censurar a una persona con la mirada. Podemos rechazarla con desprecio por la manera como la miramos. No obstante, si la mirada del enemigo, del crítico y del envidioso perturba el alma, la mirada del amigo alegra el corazón. La mirada que censura envía un mensaje negativo. Ese mensaje trastorna las emociones y enferma el cuerpo. Pero las buenas nuevas fortalecen hasta los huesos. Una palabra buena y animadora tiene fuerte poder de levantar y motivar a una persona abatida. Las buenas palabras son como remedio, actúan como una terapia para las emociones, tonifican la mente y fortalecen los huesos. No podemos subestimar el poder de las palabras. Enferman el espíritu o estimulan el corazón. Derrumban o edifican. Arrastran para el abismo o conducen a las alturas. Generan sentimiento de fracaso o conducen a la victoria. Ser un embajador de las buenas nuevas es un ministerio extraordinario. Dios nos llamó para que seamos proclamadores de la verdad, defensores del bien, agentes de la misericordia, portadores de las buenas nuevas y terapeutas del alma.

29
de junio

Habitando entre los sabios

El oído que escucha las amonestaciones de la vida, entre los
sabios morará.

PROVERBIOS 15:31

Hay reprensiones que nos llegan a los oídos como un ruido fuerte. Hacen
apenas ruido, pero no traen ningún mensaje claro ni relevante. Otras
reprensiones parten de personas insensatas, basadas en motivaciones malin-
tencionadas, cuyo propósito es solamente humillar y herir. A esas reprensiones
no debemos darle oídos. Escuchar esos críticos de planta es perder la paz, el
sueño y el apetito. Aun más: es perder el foco. Sin embargo, hay reprensión
que procede de gente sabia, con motivación santa, cuyo resultado es benéfi-
co y saludable. Aquellos que atienden a esa reprensión constructiva alcanzan
sabiduría y tienen su habitación permanente entre los sabios. Solamente los
necios, que son arrogantes, rechazan la reprensión. Solamente aquellos que se
juzgan arriba del bien y del mal tapan los oídos a los consejos. Una persona
sabia siempre está dispuesta a aprender. Una persona humilde siempre está
dispuesta a ser corregida, si esa corrección está calzada con la verdad y procede de alguien regido por una motivación santa. Cuando somos reprendidos,
quitamos los pies del camino resbaladizo del pecado y colocamos nuestra habitación en medio de los sabios más que en la más alta torre de la soberbia.
Es mejor habitar donde reina la sabiduría que establecer casa entre los necios.

30
de junio

No menosprecie su alma

El que tiene en poco la disciplina menosprecia su alma; mas el que escucha la corrección tiene entendimiento.

PROVERBIOS 15:32

L a palabra "disciplina" tiene una connotación negativa. Trae la idea de castigo. Sin embargo, su significado original no es ese. Al contrario, disciplina significa tener a alguien a nuestro lado como nuestro estimulador. La disciplina tiene el propósito de corregir nuestras actitudes y nuestra ruta y colocarnos de regreso en el camino de la verdad. La disciplina puede hasta ser motivo de tristeza en el momento que está siendo aplicada. No siempre queremos cambiar de actitud o dirección. Pero quien rechaza la disciplina menosprecia su alma y se cuida muy poco. Quien no escucha el consejo sufre las consecuencias de escoger de manera apresurada. Pero el fruto de la disciplina trae paz y madurez espiritual. Quien atiende a la represión adquiere entendimiento. Quien escucha la advertencia invierte en su propia alma. Quien acepta la corrección se vuelve más sabio. El propósito de la disciplina no es destruirnos, sino purificarnos. La disciplina no nos debilita, sino que tonifica nuestra musculatura espiritual. Ella nos hace más fuertes, más santos, más sabios, más listos para vivir la vida para la gloria de Dios.

1
de julio

Humildad, la puerta de la honra

El temor de Jehová es escuela de sabiduría; y a la honra precede la humildad.

PROVERBIOS 15:33

El temor del Señor no es apenas el principio de la sabiduría, sino que también es la instrucción de la sabiduría. Quien teme a Dios huye de los caminos seductores del pecado. Quien teme a Dios no hace crecer las filas de los pecadores que se jactan de su insensatez, ni se sienta en la silla de los escarnecedores que se burlan de las cosas santas. Quien teme a Dios busca la instrucción y coloca en práctica lo que aprende a los pies del Señor. La evidencia de una persona que teme al Señor es la humildad. Es imposible temer a Dios y ser al mismo tiempo soberbio. La arrogancia no combina con el temor del Señor, de la misma manera que la humildad no habita en la casa del altivo de corazón. Si la soberbia es la sala de espera de la ruina, la humildad es la puerta de la honra. "Dios resiste al soberbio, pero da gracia a los humildes". Los que se exaltan son humillados, pero los humildes son exaltados. Los que se aplauden a sí mismos y cantan el himno "Cuán grande es él" al frente del espejo serán avergonzados y se cubrirán de oprobio y vergüenza, pero aquellos que lloran por sus pecados y se humillan bajo la poderosa mano de Dios son exaltados. El reino de Dios pertenece a los humildes de espíritu, y no a los arrogantes de corazón. Solamente los humildes son seguidores de aquel que se despojó a sí mismo y se volvió siervo.

2

de julio

Dios es el que tiene la última palabra

Del hombre son las disposiciones del corazón; mas de Jehová es
la respuesta de la lengua.

PROVERBIOS 16:1

Antes de construir una casa, hacemos el proyecto. Antes de empezar un
viaje, trazamos la ruta. Antes de empezar un emprendimiento, establecemos planes y metas. No siempre lo que planeamos sucede. Somos limitados,
y no conseguimos discernir todos los acontecimientos que se esconden en las
curvas del futuro. Algunos piensan que nuestra vida sigue un curso inflexible.
Creen en un determinismo ciego y radical. Otros piensan que la historia está
dando vueltas sin avanzar jamás para la consumación. Nosotros, sin embargo,
creemos que Dios está en el control del universo. Él es el Señor de la historia
y sostiene las riendas de los acontecimientos en sus manos. Nuestro corazón
hace muchos planes, pero no es nuestra voluntad la que prevalece, sino el propósito de Dios. No es nuestra palabra que permanece de pie, sino la respuesta
cierta que viene de los labios del Señor. Dios conoce el futuro en su eterno
ahora. Dios ve lo que se esconde en los corredores oscuros del futuro. Para
él, no hay diferencia entre claro y oscuro. Nada escapa a su conocimiento. Él
domina sobre todo y sobre todos. El control remoto del universo está en sus
manos omnipotentes. Dios es el que tiene la última palabra.

3
de julio

Dios juzga nuestras intenciones

Todos los caminos del hombre son limpios en su propia
opinión; pero Jehová pesa los espíritus.

PROVERBIOS 16:2

Nuestro conocimiento es limitado. Juzgamos de acuerdo a las apariencias.
La capa de barniz que cubre la cobardía y resalta la valentía muchas veces
nos impresiona hasta el punto de pensar que los robustos como Eliab son los
escogidos de Dios. Dios no ve las cosas como nosotros las vemos. Nosotros
vemos el exterior, Dios ve el corazón. Nosotros contemplamos la acción, Dios
juzga la motivación. Podemos pensar que todo lo que hacemos es correcto,
pero el Señor juzga nuestras intenciones. Somos la generación que aplaude la
actuación, que premia el desempeño, que enciende las luces del palco para el
glamour de la apariencia. Somos una generación que idolatra el cuerpo y da la
prioridad a la belleza física. La Biblia afirma que "engañosa es la gracia y vana
la hermosura. Pero el que teme a Jehová ese será alabado". Lo que cuenta para
Dios no es lo que aparentamos ser, sino quiénes somos. A veces las personas
aman no quienes somos, sino lo que parecemos ser. Aman no nuestra verdadera identidad, sino nuestra máscara. No somos aquello que somos en público,
sino lo que somos en secreto. Lo que tiene valor a los ojos de Dios no es lo que
juzgamos puro, sino lo que Dios considera puro.

4

de julio

Planes exitosos

Encomienda a Jehová tus obras, y se realizarán tus proyectos.

PROVERBIOS 16:3

Somos personas con limitaciones. No vemos lo que se esconde en los portales del futuro. Ni siquiera sabemos qué es lo mejor para nosotros. No sabemos orar como conviene. Muchas veces pedimos a Dios una piedra pensando que estamos pidiendo un pan. Por esa razón, tenemos que someter a Dios nuestros sueños, planes y designios. No administramos los acontecimientos, ni aun podemos tener la garantía de que estaremos vivos en los próximos cinco minutos. Dependemos totalmente de Dios. No podemos estar de pie apoyados en la falsa creencia de la confianza en nosotros mismos. Tenemos que rogar la dirección divina para todo lo que hacemos, con la finalidad de ser exitosos. Tenemos que confiar en el Señor nuestras obras, para que nuestros deseos sean establecidos. No es nuestra voluntad que debe prevalecer en el cielo, sino la voluntad de Dios que debe realizarse en la tierra. No es sensato hacer por cuenta propia una serie de planes para después pedirle a Dios que los apruebe; tenemos que orar para que los planes de Dios sean nuestros planes. Los caminos de Dios son mejores que nuestros caminos, y los designios de Dios son más elevados que los nuestros. Los planes exitosos son aquellos que bajan del cielo para la tierra, y no los que suben de la tierra al cielo.

5
de julio

Los planes de Dios
no pueden ser frustrados

Todas las cosas las ha hecho Jehová para su destino peculiar, y aun al impío para el día malo.

PROVERBIOS 16:4

Dios creó el universo mediante un plan perfecto, eterno y victorioso. Dios no improvisa. Nada lo coge por sorpresa. Nadie consigue esconderse de su presencia, pues él es omnisciente. Nadie puede escapar de su control y vigilancia, pues él es omnipresente. Nadie consigue desafiar su poder y prevalecer, pues él es omnipotente. El universo no dio origen a sí mismo. La generación espontánea es una teoría falsa. El universo no es producto de una explosión cósmica. El desorden no puede generar orden ni el caos puede dar origen al cosmos. El universo no es fruto de una evolución de millones de años. Dios creó el universo por la Palabra de su poder. Y no solamente hizo todas las cosas, sino que las hizo con un propósito definido. Inclusive los perversos fueron hechos para el día de la calamidad. La rebelión de los perversos no deja a Dios en crisis y confuso. A pesar de que ellos son totalmente responsables por su rebelión, esa misma rebelión cumple el propósito de Dios. El apóstol Pablo dice en el día de pentecostés sobre Jesús: "a este, entregado por el determinado designio y previo conocimiento de Dios, lo prendisteis y matasteis por manos de inicuos, crucificándole" (Hechos 2:23). La soberanía de Dios no anula la responsabilidad del hombre.

6

de julio

Los arrogantes no se quedan sin castigo

Abominación es a Jehová todo altivo de corazón; ciertamente no quedará impune.

PROVERBIOS 16:5

L a arrogancia es algo repulsivo a los ojos de Dios. Él la abomina aun cuando está incubada en el corazón. El Señor identifica la arrogancia en la raíz. Diagnostica la malignidad de esa semilla antes aún de que ella germine, crezca y dé sus frutos amargos. Dios resiste a los soberbios. Declara la guerra a los altivos de corazón. Humilla a aquellos que se exaltan. No deja de castigar a los arrogantes. El Señor detesta a los orgullosos de corazón. De ninguna manera ellos se quedarán sin castigo. La Biblia dice que el hombre que muchas veces reprendido endurece la cerviz será quebrantado de un momento a otro sin que haya cura. Así fue con el soberbio rey Nabucodonosor. Él quería ser adorado como Dios. Levantó monumentos para sí mismo. Colocó su nido en lo alto, junto a las estrellas. Pero de allá de lo alto, Dios lo derrumbó. Lo quitó del trono y lo envió a los campos para comer pasto con el ganado. Su cuerpo fue cubierto por el orvallo de la noche, y sus uñas crecieron como cascos. Dios en su mucha misericordia quebró la altivez de su corazón para salvarle el alma. Dios lo humilló hasta el polvo para arrancarlo de la garganta del infierno. Dios lo castigó con rigor para no dejarlo caer en condenación eterna.

7
de julio

La confesión del pecado
es la puerta del perdón

Con misericordia y verdad se corrige el pecado, y con el temor
de Jehová los hombres se apartan del mal.

PROVERBIOS 16:6

Son dos los factores que llevan a una persona a recibir perdón. El primero es
la misericordia de aquel que juzga; el segundo es la sinceridad de aquel que
es juzgado. Cuando el individuo admite su error, humildemente lo confiesa y
lo abandona, recibe perdón y la remisión de la culpa. La Biblia dice: "El que
encubre sus pecados no prosperará; mas el que los confiesa y se enmienda
alcanzará misericordia" (Proverbios 28:13). Mientras escondemos nuestros
pecados, sobre nosotros pesa la culpa; pero cuando buscamos la verdad en lo
íntimo y confesamos nuestras transgresiones, recibimos el perdón. La Palabra
de Dios dice: "Si confesamos nuestros pecados, él es fiel y justo para perdonarnos y purificarnos de toda injusticia" (1 Juan 1:9). De la misma manera que
por la misericordia y por la verdad se perdona la culpa, por el temor del Señor
los hombres evitan el mal. Es el temor del Señor que nos libra de la caída.
Es el temor del Señor que aleja nuestros pies de la trampa y los coloca en un
camino recto. Sin el temor del Señor, andaremos por el camino ancho de las
libertades sin límites, de los placeres sin santidad, de las alegrías sin pureza, de
la culpa sin perdón.

8
de julio

Cómo reconciliarse con los enemigos

Cuando los caminos del hombre son agradables a Jehová, aun a sus enemigos hace estar en paz con él.

PROVERBIOS 16:7

Abraham Lincoln, decimosexto presidente norteamericano, decía que la única manera sensata de lidiar con un enemigo es hacerlo un amigo. Pero ¿cómo podría suceder esa hazaña? Salomón responde: "Si nuestra manera de vivir le agrada a Dios, él trasforma nuestros enemigos en amigos". Así fue con el patriarca Isaac, cuando él habitó en la tierra de Gerar, allí sembró y recogió al ciento por uno. Se volvió muy rico y prosperó abundantemente. Abrió nuevamente pozos antiguos y cavó nuevos pozos. Por envidia, los filisteos, taparon sus pozos. Pero Isaac, en vez de pelear con los enemigos, continuó cavando pozos nuevos pozos. Los pastores de Gerar contendieron con él por causa de esos pozos, pero Isaac no se agarró a esas contiendas. Camino para adelante y, por donde iba, cavaba más pozos. Lo expulsaron de la tierra de Gerar, pero no dejó que la amargura dominara su corazón. Al contrario, continuó buscando nuevas fuentes. Dios se apareció a Isaac y prometió bendecirlo y multiplicar su descendencia. Sabiendo que Isaac era bendecido por Dios, sus enemigos lo buscaron y se reconciliaron con él. Dios hace de la misma manera hoy en día. Cuando nuestros caminos agradan al Señor, él nos reconcilia con nuestros enemigos.

9
de julio

La ganancia deshonesta
no vale la pena

Mejor es lo poco con justicia que la muchedumbre de frutos sin derecho.

PROVERBIOS 16:8

L a riqueza es una bendición de Dios que se consigue con honestidad. Es Dios quien fortalece nuestras manos para adquirir riquezas. La prosperidad proporcionada por Dios no carga en su equipaje el disgusto. Pero el negociar principios y vender la conciencia para acumular bienes es una equivocación terrible. El dinero adquirido con la injusticia no trae comodidad ni descanso para el alma. Mentir y corromper para obtener ventajas financieras es una necedad. Robar gananciosamente, afanar lo ajeno para acumular riquezas es una locura total. Torcer las leyes y atentar contra la vida del prójimo para abastecer su ganancia insaciable es entrar por un camino de muerte. Es mejor ser un pobre íntegro que un rico deshonesto. El buen nombre vale más que las riquezas. De nada sirve vivir en un apartamento *penthouse*, pero vivir inquieto. De nada sirve vivir en una casa de lujo, pero no tener paz en la conciencia. Es totalmente despreciable ostentar una riqueza cuyo origen está escondido en los sótanos de la corrupción. La felicidad no está en las cosas, sino en Dios. La seguridad no está en cuánto dinero usted tiene, sino en la habitación del Espíritu Santo en su corazón.

10
de julio

La dirección de Dios es mejor

El corazón del hombre planea su camino; mas Jehová endereza sus pasos.

PROVERBIOS 16:9

Somos personas limitadas tanto en el conocimiento como en el poder. No sabemos todas las cosas ni podemos encargarnos de todas las cosas. Trazamos planes, pero no siempre podemos ejecutarlos. Establecemos objetivos, pero no siempre los alcanzamos. Anhelamos cosas, pero no siempre las conquistamos. La verdad, la persona hace sus planes, pero quien dirige su vida es Dios. En su corazón el hombre planea su camino, pero es el Señor que determina sus pasos. La actitud más sensata es someter nuestros planes a Dios; o mejor, buscar el conocimiento de la santa, perfecta y agradable voluntad de Dios para nuestra vida. La dirección de Dios siempre es mejor que la nuestra. Él conoce los secretos del futuro y tiene todo el poder para conducirnos en triunfo aun en medio a las dificultades de la vida. Dios siempre está con nosotros. Su bondad y su misericordia nos acompañan todos los días de nuestra vida. Él nos toma por la mano derecha, nos guía con su consejo eterno y después nos recibe en la gloria. Su dirección es sabia y segura. Él jamás nos desvía de la ruta de la santidad, pues sus caminos son caminos de justicia. Cuando Dios camina con nosotros, marchamos con resolución rumbo a la gloria.

11
de julio

Juzgando con justicia

Oráculo hay en los labios del rey; en el juicio no errará su boca.
PROVERBIOS 16:10

Un rey íntegro juzga con justicia, mientras que un rey inicuo trasforma su trono en territorio de opresión y violencia. Reyes piadosos lideraban su pueblo por las veredas de la justicia; reyes perversos y malos llevaban por malos caminos a la nación. Salomón fue constituido rey por determinación divina. Él hablaba por autoridad divina y era justo en su juzgar. Cierto día, dos mamás tuvieron hijos y, en una noche, uno de esos niños murió. La mamá que perdió el hijo se consoló robando el hijo de la otra y afirmando que el niño vivo era suyo. El problema estaba establecido. Salomón, no pudiendo pacificarlas, mandó traer una espada y dio la siguiente orden: "En seguida el rey dijo: 'Partid por medio al niño vivo, y dad la mitad a la una, y la otra mitad a la otra'. Entonces la mujer de quien era el hijo vivo, habló al rey (porque sus entrañas se le conmovieron por su hijo), y dijo: '¡Ah, señor mío!, dad a esta el niño vivo, y no lo matéis'. Mas la otra dijo: 'Ni a mí ni a ti; partidlo'. Entonces el rey respondió y dijo: 'Dad a aquella el hijo vivo, y no lo matéis; ella es su madre'" (1 Reyes 3:25-27). Toda la nación respetó al rey, porque vio que en él había sabiduría de Dios para hacer justicia.

12
de julio

La honestidad procede de Dios

Peso y balanzas justas son de Jehová; obra suya son todas las pesas de la bolsa.

PROVERBIOS 16:11

Hay mucha deshonestidad en las transacciones comerciales. El fermento de la corrupción está presente en todos los sectores del comercio. Hay deshonestidad en las transacciones internacionales. Hay desvío de dinero en las obras públicas. Hay gordas ventajas financieras destinadas a la distribución de favores en las licitaciones de obras públicas. Hay muchos comerciantes inescrupulosos que venden un producto inferior por un peso inferior y por un valor más alto. Esa práctica "ventajosa" de robo instalada en los gobiernos, en las instituciones públicas y en el comercio está en abierta oposición a Dios. El Señor no tolera el mal. Él está contra la injusticia. Dios no se hace el bobo con los esquemas de corrupción. Él no aprueba el peso falso y la báscula engañosa. Aquellos que se enriquecen usando las artimañas dudosas del engaño, de la mentira y de la trampa pueden inclusive escapar de las leyes de los hombres, pero jamás escaparán del recto juicio de Dios. No pocas veces los perversos practican sus delitos y permanecen protegidos. Ellos mismos hacen las leyes y las tuercen para su propio beneficio. Pero un día esas personas tendrán que encarar el recto juez, y entonces quedarán desamparadas y se cubrirán de vergüenza eterna.

13
de julio

La justicia enaltece el trono

Abominación es a los reyes hacer impiedad, porque con justicia
se afianza el trono.

PROVERBIOS 16:12

Una nación no puede ser fuerte si sus ciudadanos están rendidos al pecado.
El pecado es el oprobio y la vergüenza de las naciones. Promover el pecado es la locura más alta, porque el pecado es como un cáncer que destruye
las entrañas de la nación. Jamás un pueblo se mantuvo en pie y nunca un
rey estableció su trono lanzando mano de la impiedad. Lo que hace fuerte
a un gobierno es la justicia, y no la iniquidad. Lo que enaltece el trono es la
santidad, y no la práctica de la impiedad. Lo que fortalece a un pueblo es la
integridad, y no la promoción de la inmoralidad. Belsasar perdió la vida y el
reino porque se entregó a la inmoralidad y condujo su reino por ese camino
lleno de curvas. El Imperio romano cayó en las manos de los bárbaros porque
estaba podrido por dentro. Las naciones que tomaron la leche de la piedad y
crecieron gobernadas por las orientaciones de la honestidad progresaron económica, social, política y espiritualmente. Se volvieron prósperas y ocuparon
una posición de vanguardia y liderazgo en el mundo. Las naciones que se rin-
dieron a los vicios, a la desconstrucción de los valores morales y conspiraron
contra la familia, amargaron pobreza y oprobio, pues un gobierno solamente
se establece con justicia.

14

de julio

La recompensa de la verdad

Los labios sinceros son el contentamiento de los reyes, y estos
aman al que habla lo recto.

PROVERBIOS 16:13

L a verdad anda solitaria en nuestros días, mientras la mentira desfila altanera en la tarima. La mentira cubrió su cara arrugada y cavernosa y usó
los cosméticos de la conveniencia. Hay varias máscaras de mentira en el mercado. Máscaras para todos los gustos, de todas las formas y tamaños. Máscaras
llenas de brillo y máscaras transparentes. La mentira puede parecer inocente,
pero ella procede del maligno. Puede parecer inofensiva, pero los mentirosos
no heredarán el reino de Dios. Pero los labios justos, son la alegría del rey,
pues este ama al que habla cosas que son verdad. La verdad es luz, por eso
prevalece. La verdad es justa y por eso alegra aquellos que juzgan con rectitud.
La verdad bendice, pues, aunque hiera a quien la oye, esas heridas traen cura
para el cuerpo y delicias para el alma. Aquellos que hablan cosas verdaderas,
en vez de esparcir chismes y contiendas, promueven la justicia, edifican la
familia y fortalecen la nación. Aquellos que tienen labios veraces y justos son
promotores del bien, terapeutas del alma y arquitectos del progreso. Aquellos
que de corazón hablan la verdad, juran con daño propio y no se retractan son
ciudadanos del reino de los cielos, los notables en los cuales Dios tiene todo
su placer.

15
de julio

El peligro del descontrol emocional

La ira del rey es mensajero de muerte; mas el hombre sabio la aplacará.

Proverbios 16:14

Si el furor de una persona es la chispa que se arrastra y provoca destrucción por donde pasa, ¡imagínese el furor del rey! El furor del rey es más que una chispa; es un incendio, una llamarada que lleva a la muerte y destrucción en sus alas. Es un gran peligro tener dominio sobre los demás sin tener dominio propio. Es una amenaza estar bajo la autoridad de alguien que no tiene control emocional, pues ese descontrol es como un volcán que escupe sus lavas de fuego y esparce la muerte por todos los lados. La sensatez dice que no debemos colocar leña a la hoguera, sino poner agua para hervir. En vez de provocar la furia del rey, debemos apaciguarlo. No es el hombre con rabia y sin control emocional que prevalece en la vida, sino el pacificador. Este heredará la tierra. La mansedumbre no es falta de fuerza, ni ausencia de poder, sino bajo control. El manso es aquel que a pesar de tener motivos para reaccionar con violencia, reacciona con ternura. En vez de provocar la ira, busca la reconciliación. El hombre sabio no es aquel que vive entrando en confusión, teniendo confusiones tontas y teniendo peleas sin necesidad, sino aquel que se guarda a sí mismo de la amargura y se vuelve agente de paz.

16

de julio

Aprenda a lidiar
con sus superiores

En la alegría del rostro del rey está la vida, y su benevolencia es
como nube de lluvia tardía.

PROVERBIOS 16:15

L a actitud de aquellos que nos lideran y están sobre nosotros nos alcanza diariamente. Si esos líderes están de buen humor, con el semblante
alegre, un clima agradable y ameno se establece. Pero si están furiosos y de
mal humor, el ambiente se trastorna. Cuando el rey está contento, hay vida;
su bondad es como la lluvia de primavera. La alegría del líder se torna en
acciones de bondad, y esas acciones vienen sobre nosotros como la lluvia que
cae en las primeras semanas de la primavera preparando el campo de nuestro
corazón para una gran cosecha. Claro está que los sentimientos, las acciones
y las reacciones de aquellos que nos están gobernando dependen, y mucho,
de la manera como los tratamos. Nuestras acciones de obediencia y fidelidad
provocan reacciones de benevolencia. Nuestra agilidad para servir con alegría
vuelve a nosotros como lluvias de bendición. Cosechamos lo que plantamos y
tomamos el reflujo de nuestro propio flujo. Siervos que no se sujetan producen patrones que esclavizan. Siervos fieles producen líderes generosos. Cuando lidiamos de forma sabia con nuestros superiores, estamos invirtiendo en
nosotros, pues cosechamos los frutos sazonados de nuestra propia siembra.

17
de julio

Un tesoro más precioso que el oro

Mejor es adquirir sabiduría que oro preciado; y adquirir inteligencia vale más que la plata.

PROVERBIOS 16:16

Hay muchas cosas mejores que la riqueza: la paz interior, un buen nombre y un matrimonio feliz. Ahora, Salomón dice que la sabiduría y la prudencia son bienes más durables y más preciosos que el oro y la plata. Invertir en sabiduría tiene rendimiento más garantizado que comprar oro. Alcanzar la prudencia es más ventajoso que acumular plata. Los bienes materiales pueden ser saqueados y robados, pero la sabiduría y la prudencia no pueden ser saqueadas. La sabiduría no es un sustituto de la riqueza, pero sí su principal causa. Salomón no pidió a Dios riquezas, sino sabiduría y en el paquete de la sabiduría vino la riqueza. Es posible que una persona sea rica, pero necia. Es posible que un individuo esté con los bolsillos llenos de dinero, pero con la cabeza desocupada de prudencia. Es posible que alguien consiga mucho dinero, pero esté totalmente sin sabiduría. John Rockefeller, que acostumbro a citarlo como ejemplo, fue el primer billonario del mundo. Él dijo que el hombre más pobre que él conocía era aquel que poseía dinero. Adquirir oro sin poseer sabiduría puede ser un completo fracaso. La sabiduría no es algo innato, con lo cual nacemos. Tiene que ser buscada y adquirida. Ese es un proceso que exige esfuerzo, empeño y perseverancia. Pero el resultado es extremamente compensador. Es mejor ser sabio que ser rico, pues la propia sabiduría es mejor que el oro.

18
de julio

Cuide de su alma

El camino de los rectos se aparta del mal; el que guarda su camino, guarda su propia vida.

PROVERBIOS 16:17

Hay caminos y caminos. Unos llevan a la vida, otros a la muerte. Unos quitan sus pies de la tumba, otros lo empujan para el abismo. Unos son caminos de libertad, otros de esclavitud. El camino de los íntegros consiste en discernir el mal y desviarse de él. Ese es el camino de la renuncia. No es popular y no tiene muchos atractivos y aventuras. El camino ancho de las libertades sin límites es amplio, popular, atrayente y lleno de aventuras, pero su destino es perdición eterna. Ese camino es un tobogán que desemboca en el lago de fuego, donde hay lloro y crujir de dientes. A lo largo de ese camino existen muchos escenarios encantadores. En ese camino ancho las multitudes cantan y celebran como si todo estuviera en el más perfecto orden. Los placeres de esta vida son disfrutados con sufrimiento. Todas las copas de los placeres son absorbidas con voracidad. No obstante, lo que rige a ese mar de gente no es la sabiduría, sino la locura, pues estos no se desvían del mal ni preservan su alma. Al contrario, caminan con más celeridad para el abismo y toman con más sed los licores de los placeres, juzgando encontrar en ellos el llenar el hueco que acaba con su alma. Una equivocación tremenda. Al final de ese camino, una pregunta gritará a sus oídos: ¿De qué le sirve al hombre ganarse el mundo entero y perder su alma?

19

de julio

Soberbia,
la puerta de entrada de la ruina

Delante del quebrantamiento va la soberbia, y delante de la
caída, la altivez de espíritu.

PROVERBIOS 16:18

L a soberbia procede de una evaluación falsa a respecto de nosotros. Agustín
de Hipona dijo que si nosotros entendiéramos que Dios es Dios, com-
prenderíamos que nosotros solamente somos seres humanos. Vinimos del
polvo y volveremos al polvo, por eso somos polvo. No somos lo que somos.
Somos lo que fuimos y habremos de ser, pues solamente Dios es el que es.
Dios se presentó a Moisés en el Sinaí: "Yo soy el que soy". Dios es autoexis-
tente y no depende de nadie. Él es completo en sí mismo. Sin embargo, el
hombre es criatura dependiente, y no tiene razones para sentir orgullo. La soberbia transformó un ángel de luz en demonio. Por causa de la soberbia, Dios
expulsó a Lucifer del cielo. Dios resiste a los soberbios. Él le declara la guerra
a los orgullosos y humilla a los altivos de corazón. La soberbia es la puerta de
entrada del fracaso y la sala de espera de la ruina. El orgullo lleva a la persona
a la destrucción, y la vanidad la hace caer en la desgracia. La verdad, el orgullo
viene antes de la destrucción; el espíritu altivo, antes de la caída. Nabucodonosor fue quitado del trono y colocado en medio de los animales por causa
de su soberbia. El rey Herodes Antipas I murió comido por gusanos porque
ensoberbeció su corazón en vez de darle la gloria a Dios. El reino de Dios
pertenece a los humildes de espíritu, y no a los de corazón orgulloso.

20
de julio

La recompensa de la humildad

Mejor es humillar el espíritu con los humildes que repartir
despojos con los soberbios.

PROVERBIOS 16:19

L a soberbia es la sala de espera de la ruina, pero la humildad es el portón
de la honra. Los soberbios caen de las alturas por su altivez para el hueco
profundo del fracaso, pero los humildes hacen un viaje del valle para la cumbre, de la humillación para la honra. Los soberbios alardean su felicidad, pero
la copa de su alegría está llena de lamento. No obstante, la verdadera fuente de
alegría es la humildad. Los humildes de espíritu son bienaventurados. No son
solamente felices, sino muy felices. Son los humildes de espíritu que saborean
los finos manjares en el banquete de la felicidad. A los humildes de espíritu
pertenece el reino de Dios. Las alegrías de los reinos de este mundo son pa-
sajeras, pues los reinos de este mundo no permanecen para siempre, pero los
humildes de espíritu se sentarán con Jesús en su mesa en el reino celestial. La
alegría de ellos es para siempre. Participarán de una fiesta que no se acabará
nunca. Son herederos de un reino que nunca pasará. Por eso, es mejor ser
humilde de espíritu con los humildes que repartir riquezas a los soberbios.
Hay gran recompensa en la humildad. Los humildes son exaltados por Dios.
A ellos les pertenece la salvación. La humildad es mejor que las riquezas, pues
ser humilde de espíritu con los humildes es mejor que vivir entre los soberbios, repartiendo sus restos.

21
de julio

El secreto de la felicidad

El que mide sus palabras hallará el bien, y el que confía en Jehová es dichoso.

PROVERBIOS 16:20

Muchas personas pasan por la vida con los oídos tapados para el aprendizaje. No invierten tiempo para aprender. Repiten los mismos errores de los ignorantes. Son ciegos guiados por otros ciegos. No les resplandece la luz del conocimiento, pues nunca se preocuparon con la enseñanza. Quien no siembra en el conocimiento no puede cosechar el bien. Es mejor invertir en conocimiento que adquirir oro. Es mejor darles educación a los hijos que dejarles herencia. La riqueza sin enseñanza puede ser causa de tormento, y no fuente de felicidad. La verdadera felicidad no está en las cosas materiales, sino en la confianza en Dios. Los que buscan el sentido de la vida en la bebida, en la riqueza, en las aventuras sexuales y en la fama descubren que todas esas cosas no pasan de una burbuja desocupada. Pero el que confía en Dios es feliz. En las noches oscuras de la vida es la confianza en Dios que nos da fuerzas para esperar el amanecer. En los valles sombríos de la caminada es la confianza en Dios que nos hace marchar con resolución para la cumbre de las montañas. La confianza en Dios quita los ojos de nosotros mismos, de nuestras debilidades o de la enormidad de los problemas, para colocarlos en aquel que es omnipotente y está en el control de todas las circunstancias.

22
de julio

Corazón sabio, palabra dulce

El sabio de corazón es tenido por prudente, y la dulzura de labios aumenta la persuasión.

PROVERBIOS 16:21

El corazón es la fuente, y la lengua es el río que corre a partir de esa fuente. El corazón es el laboratorio, y la lengua, la vitrina que expone lo que se produce en ese laboratorio. Hay una conexión profunda y estrecha entre el corazón y la lengua. La lengua habla que el corazón está lleno. Una persona sabia de corazón es prudente, pues no habla sin pensar. Sus palabras siempre son oportunas y terapéuticas. Ella habla para edificar y bendecir. Su lengua es fuente de conocimiento y terapia para los afligidos. El sabio es conocido no solo por aquello que habla, sino también por el modo que habla. El sabio no solamente dice la verdad, sino que dice la verdad en amor. Hay muchas personas cuya lengua es cargada de veneno. Sus palabras hieren más que la espada, destruyen más que el fuego. La Biblia habla sobre Nabal, marido de Abigail. Él era de duro trato, y nadie le podía hablar. Era un hombre que no se comunicaba. Por otro lado, la Biblia también nos habla sobre Jesús, cuyas palabras son espíritu y vida. Oírlo es matricularse en la escuela superior del Espíritu Santo y aprender las lecciones más importantes de la vida. Tenemos que sentarnos a los pies de Jesús para tener corazón sabio y palabras dulces.

23
de julio

Entendimiento, fuente de vida

Manantial de vida es el entendimiento al que lo posee; mas la erudición de los necios es necedad.

PROVERBIOS 16: 22

E l rey David, después que fue confrontado por el profeta Natan, reconoció la locura que había cometido al adulterar con Betsabé y mandar matar a su marido. Durante mucho tiempo él intentó esconder su pecado y callar la voz de su conciencia. Después que se arrepintió y volvió a la sensatez, David dijo que no debemos ser como el caballo o la mula sin entendimiento. La gente de cabeza dura tiene que sufrir para aprender. Individuos de dura cerviz, que muchas veces reprendidos no se doblegan, serán quebrantados repentinamente sin oportunidad de cura. La estulticia del insensato es como el látigo para su espalda. Sin embargo, el entendimiento es fuente de vida. Una persona que mora para la vida con los ojos de Dios quita el pie de la soga del cazador, huye de terrenos resbalosos y se aleja del mal. El entendimiento abre los ojos de nuestra alma para que no entremos en el corredor oscuro de la muerte. El entendimiento quita la tapa de nuestros oídos para que demos guarida a los consejos que emanan de la Palabra de Dios. El entendimiento inclina nuestro corazón para la verdad y coloca nuestros pies en los caminos de la justicia.

24

de julio

Elocuencia persuasiva

El corazón del sabio hace prudente a su boca, y añade persuasión a sus labios.

PROVERBIOS 16:23

Hay una estrecha conexión entre el corazón y la lengua, entre lo que pensamos en el corazón y lo que expresamos por medio de nuestros labios. Una persona que habla una cosa, pero siente otra en el corazón, pero no la dice, es considerada cobarde. La Biblia dice que la boca habla de lo que el corazón está lleno. El corazón del insensato es el verdugo de su boca, pero el corazón del sabio es maestro de su boca. La boca está al servicio del corazón sabio. Transborda los ricos conceptos que suben del corazón. Un corazón sabio es conocido por la boca que habla con erudición y gracia y revela una elocuencia persuasiva. Habla no solamente según la verdad, sino también con belleza que no necesita arreglo. Expresa no solo la justicia, sino lo hace con pericia natural. Dictaminan no solamente valores absolutos, sino que los proclama con persuasión irrefutable. Los labios no solo serán maestros del bien si están al servicio de un corazón sabio. Este solo puede ser forjado en la bigornia de la experiencia, y la experiencia solamente se alcanza en un caminar al lado del Señor. La sabiduría no es un entendimiento que emana naturalmente de nuestro corazón, sino un aprendizaje que adquirimos a los pies del Señor. Aquellos que conocen a Dios son sabios, y la boca de los sabios florece en adoración y alabanza al creador.

25
de julio

La cura por la Palabra

Panal de miel son los dichos suaves; suavidad al alma y medicina para los huesos.

L as palabras agradables son terapéuticas. Hacen bien para el alma y para el cuerpo. Curan emocional y físicamente. Un panal de miel renueva las fuerzas y da brillo a los ojos. Palabras agradables levantan a los abatidos, curan a los afligidos, consuelan a los tristes y tonifican el alma de aquellos que están angustiados. Una palabra buena, oportuna, que transmite gracia a los que la oyen, es medicina para el cuerpo. Es un tratamiento intensivo para los enfermos que la reciben. Nuestra lengua tiene que estar al servicio de la cura, y no de la enfermedad. Tenemos que ser agentes del bien, y no ejecutores del mal. Nuestras palabras deben transportar esperanza, y no desespero. Tienen que ser vehículos de vida, y no conductores de la muerte. Nuestras palabras deben transportar esperanza y no desespero. Deben ser medicina para el cuerpo, y no veneno que destruye la vida. Jesús usó de manera singular la cura por la palabra. Siempre que alguien herido por la vida se aproximaba a él en busca de socorro, salía con el corazón confortado y con el alma libre. Sus palabras eran bálsamo para los afligidos, tónico para los débiles, gotas de esperanza para los cansados y luz de vida para los sin rumbo. Tenemos que aprender con Jesús. Nuestras palabras pueden dar sabor como la miel y curar como el remedio. Pueden traer deleite y restauración, cura y alegría.

26
de julio

Caminos que engañan

Hay camino que parece derecho al hombre, pero su final es camino de muerte.

PROVERBIOS 16:25

No siempre las cosas son lo que aparentan ser. Existe mucha ilusión de óptica. Existen muchos espejismos, muchos brillos falsos, mucha propaganda que engaña. Las apariencias engañan. No siempre nuestra percepción es confiable. Hay camino que parece recto al hombre. Sus aspectos externos son muy semejantes a los caminos de la vida. Pero su destino final es la muerte. Jesús contó sobre el hombre imprudente que edificó su casa sobre la arena. Todo en esa casa era parecido con la casa edificada sobre la roca. El tejado, las paredes, las puertas y las ventanas. Pero el fundamento estaba plantado en la arena, una base absolutamente frágil. Cuando la lluvia cayó sobre el tejado, el viento sopló contra la pared y los ríos golpearon en los cimientos, esa casa cayó y su ruina fue grande. Es común que las personas afirmen: toda religión es buena. Todo camino lleva a Dios. Lo que importa es ser sincero. Pero esas opiniones están distantes de ser verdaderas. Ninguna religión nos puede dar salvación. Solamente hay un camino que nos lleva a Dios. Jesucristo afirmó: "Yo soy el camino, y la verdad, y la vida; nadie viene al Padre a no ser por mí" (Juan 14:6). Solamente existe un camino seguro para el cielo: es Jesús. Solamente hay una puerta de entrada al cielo: es Jesús. Fuera de él no hay salvación. Los otros caminos pueden parecer rectos, pero son caminos de muerte.

27
de julio

El hambre nos mueve al trabajo

El apetito del que trabaja, trabaja para él, porque su boca
le estimula.

PROVERBIOS 16:26

L a comodidad y la abundancia pueden generar indolencia y pereza. Una
persona que no sabe lo que es necesidad se hace el loco y no alista las
manos para el trabajo. Sin embargo, el hambre del trabajador lo hace trabajar.
Viktor Frankl, padre de la logoterapia, sufrió como judío las amarguras de
un campo de concentración nazista en la Segunda Guerra Mundial y escapó.
En su libro *El hombre en busca de sentido* dice que aquellos que se empeña-
ron en trabajar para salvar a otros se salvaron a sí mismos. Muchas personas
también prestan servicios humillantes, y hasta con extremo sacrificio, apenas
para conseguir al día siguiente una cuchara de sopa aguada y sin lentejas.
El hambre nos lleva a grandes desafíos. En tiempos de escasez y hambre, las
personas pierden la vanidad. Abren mano de sus títulos y se disponen a hacer
los trabajos más simples y más humildes para conseguir pan. Hay una enorme diferencia entre ganas de comer y hambre. Para usted, una cosa es sentir
hambre y tener la nevera llena. Otra cosa es sentir hambre y no tener ningún
dinero y ninguna provisión. En esa circunstancia usted acepta el trabajo más
humilde y come el alimento más sencillo, porque el hambre del trabajador lo
hace trabajar.

28
de julio

El peligro del hombre perverso

El hombre perverso trama el mal, y en sus labios hay como
llama de fuego.

PROVERBIOS 16:27

Un individuo perverso es un peligro. Su vida es una tumba de muerte, su
lengua es una chispa ardiente, su compañía es un peligro constante. El
hombre perverso es un creador de problemas. Por donde pasa, deja un rastro doloroso de traumas, dolores y heridas. Sus pensamientos son malos, sus
palabras son veneno, sus acciones son malignas y avasalladoras. El hombre
perverso no solo practica el mal; él también anda tras el mal. Lo busca hasta
encontrarlo. Cava buscando el mal, como si buscase oro. Cavar es un trabajo
que exige esfuerzo y perseverancia. El hombre perverso, aun sufriendo las
consecuencias de su busca insana y aun sabiendo que su descubierta infeliz
provoca sufrimiento en otras personas, no desiste de esa actividad sin gloria.
Y más: cuando abre la boca, sus labios profieren palabras que maldicen. Su
lengua es más venenosa que el veneno del escorpión. Su lengua es un fuego
devastador, que incendia y mata. No podemos asociarnos al perverso. No debemos andar por sus caminos ni sentarnos a su mesa. Antes, nuestro placer
debe estar en Dios y en su ley. Debemos deleitarnos en las cosas que son de lo
alto, ¡donde Cristo vive!

29
de julio

El peligro de las contiendas y enemistades

El hombre perverso levanta contienda, y el chismoso aparta a los mejores amigos.

PROVERBIOS 16:28

Hay personas que son un pozo de problemas. Cuando se trasbordan, sus perversidades provocan una inundación, cuyas aguas llenas de barro llevan destrucción por donde pasan. Hay individuos generadores de conflictos. Consiguen problemas cuando llegan y provocan disensión cuando salen. Si el hombre perverso es un esparcidor de contiendas, el difamador separa los mejores amigos. Hay personas que tienen el placer mórbido de esparcir chismes. Buscan en la vida ajena informaciones apenas para soltar al viento palabras venenosas. Provocan intrigas, colocan a una persona contra la otra y buscan la ocasión para destruir la reputación de los otros. El perverso es un asesino, que mata con la lengua, atenta contra la reputación de los semejantes y les destruye el buen nombre. Macula la honra de las personas y así, separa los mejores amigos. La Biblia dice que todos los pecados son graves y horrorosos a los ojos de Dios, pero hay un pecado que su alma abomina: es el pecado de la difamación, de sembrar contienda entre los hermanos, esparcir chismes, torcer los hechos y cavar abismos en las relaciones en vez de construir puentes. Los difamadores colocan cuña en las relaciones, en vez de colocarles el cemento de la amistad. Lejos de ser ministros de reconciliación, son promotores de intrigas e idealizadores de enemistad.

30
de julio

Cuidado con el hombre violento

El hombre malo lisonjea a su prójimo, y le hace andar por camino que no es bueno.

PROVERBIOS 16:29

El hombre violento tiene un poder de seducción fuerte y gran capacidad de sobornar a las personas. Vivir en su compañía es un riesgo. Cultivar amistad con gente de ese tipo es colocar los pies en un camino peligroso y navegar por mares agitados. La actitud más sensata es desviarse del camino del hombre violento. No es posible andar con una persona con ese perfil sin recibir las migajas de sus actitudes peligrosas. Ser dirigido por un hombre violento es ser guiado por un mal camino. Es involucrarse en peleas peligrosas. Es coquetear con el peligro y comprometerse con tragedias mortales. La Palabra de Dios es ágil y oportuna cuando alerta: "Hijo mío, si los perversos intentan seducirte, no consientas. Si te dicen: 'Ven con nosotros; pongamos asechanzas para derramar sangre, acechemos sin motivo al inocente; devorémoslos vivos como el Seol, y enteros, como los que caen en la fosa; hallaremos riquezas de toda clase, llenaremos nuestras casas de botín; echa tu suerte entre nosotros; tengamos todos una bolsa'; hijo mío, no vayas de camino con ellos. Aparta tu pie de sus veredas, Porque sus pies corren hacia la maldad, y van presurosos a derramar sangre" (Proverbios 1:10-16).

31
de julio

Cuidado con la trampa
de la seducción

El que guiña sus ojos piensa perversidades; el que frunce sus
labios, ya efectúa el mal.

PROVERBIOS 16:30

Los ojos son las ventanas del alma. Por ellos entra la luz de la bondad o las
sombras espesas de la maldad. Aquellos que sonríen seductoramente y
guiñan los ojos con malicia tienen malas intenciones. Muchas aventuras locas
y pasiones empiezan con ese tipo de sonrisa coqueta, con un guiño de los
ojos del seductor, y terminan con lágrimas amargas y heridas que no pueden
ser curadas. Muchos jóvenes inocentes cayeron en la red de la seducción de
conquistadores irresponsables, arruinando su reputación y destruyendo sus
sueños. Muchas mujeres destruyeron su vida y reputación porque se encanta-
ron con falsos galanteos de aprovechadores sagaces. Muchas mujeres casadas
lanzaron su honra en el barro, traicionaron a su cónyuge y rompieron el pacto
conyugal porque fueron atrapadas en esa red mortal de la seducción. Hay
personas que son sorprendidas por la falta, pero hay otras que planean el mal.
Hay aquellos que resbalan y caen por falta de vigilancia, pero hay otros que
incuban el mal en el corazón y buscan la ocasión para ejecutarlo. Tenemos
que tener los ojos bien abiertos y la mente bien preparada para reconocer las
trampas y huir. El secreto de la victoria contra la seducción no es resistir, sino
huir. Dialogar con el tentador ya es el primer escalón de la caída.

1

de agosto

Envejezca con honra

Corona de honra son las canas, cuando el anciano anda por el
camino de justicia.

PROVERBIOS 16:31

El hombre ya empieza a envejecer cuando nace. El tiempo es un señor implacable. No sale de vacaciones ni desaparece de escena. El tiempo esculpe en nuestro rostro arrugas profundas. Nos deja con las piernas tambaleantes, las rodillas atrofiadas, la visión borrosa y las manos decaídas. Alguien ya dijo que cada cabello blanco que surge en nuestra cabeza es la muerte llamándonos para un duelo. Cuando somos jóvenes, los años se arrastran, pero cuando llegamos a la media edad, los años corren. La gran cuestión de la vida no es envejecer sino cómo envejecer. Hay personas para las cuales la vejez es un peso insoportable; se vuelven amargas, rencorosas. Pero hay personas que disfrutan de una vejez dichosa, saboreando lo mejor de la vida. Una vida larga es la recompensa de una vida íntegra. Los cabellos grises son como coronas de honra para los que recorrieron los caminos de la justicia. La Palabra de Dios habla que los ancianos llenos del Espíritu tienen sueños. Aquellos que andan con Dios aun en la vejez tienen el verdor y producen abundantes frutos. Envejecer con honra es una bendición. Dejar como herencia para la sociedad una descendencia bienaventurada es un privilegio sublime.

2

de agosto

El poder del dominio propio

Mejor es el que tarda en airarse que el fuerte; y el que se enseñorea de su espíritu, que el que toma una ciudad.

PROVERBIOS 16:32

L a persona más difícil de lidiar en la vida es aquella que vemos en el espejo. Es más fácil dominar a los otros que dominarnos a nosotros mismos. Es más fácil ser valiente delante de los hombres que ser manso de corazón. Es más fácil liderar un ejército en la conquista de una ciudad que colocar guardia en la puerta de nuestros labios y mantener bajo control nuestro espíritu. No es fuerte aquel que se pone bravo y saca la espada para herir, sino aquel que teniendo poder para accionarla, prefiere la paz a la guerra. No es fuerte aquel que aplasta al prójimo y prevalece sobre el, sino el que, a pesar de tener la oportunidad de abusar del otro, resuelve socorrerlo. No es fuerte aquel que paga el mal con el mal, sino el que vence el mal con el bien. No es fuerte el que derrama sangre y hace justicia con las propias manos, sino quien perdona a sus enemigos. Nos es fuerte aquel que abre la boca para decir improperios contra quien tiene disgusto, sino el que bendice a aquellos que lo maldicen. El dominio propio no es fruto de una personalidad dócil. No es algo natural. Es fruto del Espíritu Santo. No somos naturalmente mansos; al contrario, nuestra naturaleza es beligerante. No somos naturalmente controlados; al contrario, nuestro autocontrol es fruto del dominio de Dios sobre nosotros.

3

de agosto

No es suerte, es providencia

> Las suertes se echan en el regazo; mas de Jehová es la decisión de ellas.
>
> PROVERBIOS 16:33

Los hombres lanzan suertes, creen en coincidencias y buscan respuestas místicas para descifrar los intrincados secretos de la vida. Algunos piensan que pueden manipular los acontecimientos, y otros entienden que necesitan curvarse al destino establecido por la propia naturaleza. Pero tenemos que entender, que no somos regidos por un destino ciego ni por mecanismos mágicos. No creemos en suerte ni en azar. No creemos en determinismo, ni en misticismo. Nuestra vida no es gobernada por astros ni por fuerzas ocultas. El soberano Dios, que creó el universo, continúa sentado en la sala de comando del universo. Él tiene las riendas de nuestra historia en sus manos omnipotentes. Nada huye de su conocimiento ni escapa de su control. Ni un gorrión puede ser tirado al piso sin que él lo permita. Ni un cabello de nuestra cabeza puede ser tocado sin que Él lo autorice. Es del Señor que procede toda decisión sobre nuestra vida. Él está trabajando a nuestro favor. Fuimos creados para reflejar la belleza del creador. Fuimos salvos para anunciar la gracia del Salvador. Seremos llevados para la gloria para disfrutar plenamente de la intimidad del Señor.

4

de agosto

La paz de espíritu
es la mejor fiesta

Mejor es un bocado seco, y en paz, que la casa de contiendas
llena de provisiones.

PROVERBIOS 17:1

La sociedad valora mucho la riqueza y el refinamiento, pero invierte muy
poco en las relaciones interpersonales. Las personas consiguen aumentar
sus bienes, pero no consiguen mejorar la comunicación en el hogar. Adquieren bienes de consumo, pero no obtienen el placer de disfrutarlos. Hacen
banquetes inmensos, pero no tienen alegría para saborearlos. Es mejor comer
un pedazo de pan seco, teniendo paz de espíritu, que tener un banquete en
una casa llena de peleas. La felicidad no es el resultado de la riqueza, sino
de la paz de espíritu. Las personas más felices no son las que tienen más, ni
aquellas que se sientan alrededor de los banquetes más refinados, sino las que
celebran el amor, la amistad y la afectividad, a pesar de la pobreza. Tenemos
que invertir más en personas que en cosas. Tenemos que dar más valor a las
relaciones interpersonales que a la comodidad. Tenemos que dar más atención
a los sentimientos que nutrimos en el corazón que al alimento que colocamos
en el estómago. La tranquilidad es un banquete más sabroso que la mesa llena
de carnes. La paz de espíritu no es apenas un componente de la fiesta, sino lo
mejor de la fiesta. Es mejor tener paz en el corazón que dinero en los bolsillos.
Es mejor tener tranquilidad en el alma que carnes nobles en el estómago.

5
de agosto

Es mejor ser un siervo sabio que un hijo insensato

El siervo prudente prevalece sobre el hijo que deshonra, y con los hermanos compartirá la herencia.

PROVERBIOS 17:2

Hay muchos hijos que no valoran a los padres, desprecian su enseñanza y acaban la herencia que reciben. Son como el hijo pródigo, que prefirió los bienes del padre al propio padre, cogiendo anticipadamente su herencia para gastarla de manera irresponsable en un país distante. Solamente después de encontrarse pobre, hambriento, abandonado y humillado entre los cerdos se acordó de que los empleados de su padre tenían pan con abundancia, mientras él tenía necesidades. El hijo que causa vergüenza a sus padres será avergonzado y acabará gobernado por los siervos de su casa. Pero el siervo prudente, el empleado aplicado, que trabaja con honestidad, que es íntegro en su conducta y fiel en su proceder y que hace todo con excelencia, ocupará una posición de honra y participará de la herencia con uno de los hermanos. Es mejor ser siervo sabio que un hijo insensato. En una sociedad en la cual escasean los ejemplos de integridad, en que se aplauden aquellos que se enclaustran en el poder para robar los cofres públicos, desviando las riquezas de la nación para la alcantarilla de la corrupción, la Palabra de Dios nos estimula a vivir con integridad, pues la verdadera honra y la verdadera recompensa proceden del trabajo honesto y de la prudencia.

6
de agosto

El *check up* divino

El crisol para la plata, y la hornaza para el oro; pero Jehová
prueba los corazones.

PROVERBIOS 17:3

E l corazón del hombre es un país distante, poblado por muchos, pero com-
prendido por pocos. Alcanzamos las alturas excelsas de las conquistas más
espléndidas. Dominamos el espacio sideral. Llegamos a la luna y hacemos
investigaciones interplanetarias. Vamos a fondo en los secretos de la ciencia y
agilizamos de forma exponencial el proceso de la comunicación. Volteamos
el universo al revés diagnosticando sus entrañas, pero no conseguimos entender nuestro propio corazón. No nos conocemos a nosotros mismos. No nos
sondamos a nosotros mismos. No administramos divagaciones que brotan de
nuestro interior. Nuestro corazón es engañoso y desesperadamente corrupto.
Jesús dijo que es del corazón que proceden los malos designios, como la pros-
titución, los hurtos, los homicidios, los adulterios, la avaricia, las malicias, el
dolor, la lascivia, la envidia, la blasfemia, la soberbia y la locura. Solamente Dios puede examinar nuestro interior y conocernos. Así como la plata es
probada en el fuego y el horno prueba el oro, solamente Dios puede probar
realmente quienes somos. El salmista, después de anunciar la omnisciencia,
la omnipresencia y la omnipotencia de Dios, oró: "Escudríñame, oh Dios, y
conoce mi corazón; pruébame y conoce mis pensamientos; y ve si hay en mí
camino de perversidad, y guíame en el camino eterno" (Salmos 139:23-24).

7

de agosto

Proteja sus oídos

El malo está atento al labio inicuo; y el mentiroso escucha la
lengua detractora.

PROVERBIOS 17:4

L a palabra de Dios dice que las malas conversaciones corrompen las buenas
costumbres. Unirse a la rueda de los escarnecedores y darle oídos para
escuchar palabras necias, bromas inmorales, mentiras con desaire y maledicencia perniciosa es entrar por un camino lleno de espinas. Los malos oyen
con atención las cosas malas y a los mentirosos les gusta oír mentiras. Pero las
personas de bien no se prestan para esas necedades ni gastan su tiempo con
tales locuras. Debemos proteger nuestros oídos de todo aquello que no engrandece el nombre de Dios ni edifica a nuestro prójimo. Debemos pasar todo
lo que oímos por tres filtros: el primero es el filtro de la verdad. ¿Lo que oímos
es verdad? La mentira tiene procedencia maligna, y los mentirosos tienen un
destino asegurado, el lago de fuego. El segundo es el filtro de la bondad. ¿Lo
que estamos oyendo edificará y bendecirá a las personas? Darle guarida a los
chismosos que esparcen contiendas y se vanaglorian en denegrir la imagen del
prójimo es entrar con ellos en un sucio chiquero. El tercero es el filtro de la
gracia. ¿Lo que estamos oyendo es oportuno y necesario? ¿Trasmitirá gracia a
los que lo oyen? ¿Mejorará la situación? ¿La finalidad es santa, y el propósito es
puro? ¡Si lo que estamos oyendo no pasa por esos tres filtros, es mejor taparse
los oídos!

8

No se alegre con la desgracia ajena

El que escarnece al pobre, afrenta a su Hacedor; y el que se alegra de la calamidad no quedará sin castigo.

PROVERBIOS 17:5

No auxiliar al pobre en su necesidad es pecado de omisión, pero escarnecer del pobre por causa de su miseria es insulto a Dios. Encoger la mano y dejar de ayudar al necesitado es falta de amor, pero burlarse del pobre por causa de su desdicha es crueldad. Quien maltrata al pobre no solo afronta al pobre, sino que también insulta a Dios. El Señor concede riquezas para unos para que estos sean generosos con los pobres. Dejar de dar el pan al que tiene hambre es como negarle pan al propio Jesús, mientras que darle de comer al hambriento es como colar un banquete delante del propio Salvador. Existen personas que además de escarnecer del pobre, aun se alegran con la calamidad que se abate sobre el prójimo. Ese placer mórbido de ver a los otros sufriendo provoca la ira en Dios. El profeta Abdías habla de ese sentimiento mezquino que dominó a los edomitas. Cuando Jerusalén fue sitiada e invadida por Nabucodonosor, los edomitas miraron con placer el mal de Jerusalén y tomaron sus bienes en el día de la calamidad. Y, cuando los judíos intentaban escapar, los edomitas paraban en las encrucijadas para examinarlos. Eso fue malo a los ojos de Dios, y los edomitas no quedaron ilesos.

9
de agosto

El privilegio de tener nietos

Corona de los viejos son los nietos, y la honra de los hijos, sus padres.

PROVERBIOS 17:6

L os nietos son hijos dos veces. Si los hijos son herencia de Dios, los nietos son una herencia en doble. Aquellos que pueden ver a los hijos de los hijos son considerados bendecidos por Dios y bienaventurados en la vida. Los abuelos disfrutan más a los nietos que lo que los padres disfrutan a los hijos. En verdad, los nietos son la corona de los abuelos. Por otra parte, la gloria de los hijos son los padres, pues, de la misma manera que los abuelos se enorgullecen de los nietos, los hijos se sienten orgullosos de los padres. La familia se vuelve, de esa manera, la fuente de las grandes alegrías de la vida. La relación de hijos y padres, abuelos y nietos se constituye en una red linda de afecto y celebración. El hogar se vuelve palco de las venturas más grandes de la vida. Es en ese territorio sagrado que se cantan las músicas más alegres y se derraman las lágrimas más calientes. Es en ese suelo bendito que plantamos la semilla de la amistad más pura, del afecto más noble y del amor más purificado. Es en el hogar que cultivamos las relaciones más importantes, alimentamos los sueños más lindos y cosechamos los frutos más dulces. Es una experiencia sublime nacer, crecer, casarse, tener hijos, educarlos, verlos encaminarse en la vida, y más tarde, tener en los brazos a los hijos de los hijos. Es glorioso saber que nuestra descendencia florecerá en la tierra y será bendición para la sociedad.

10
de agosto

Existen cosas que no combinan

No conviene al necio la altilocuencia; ¡cuánto menos al príncipe el labio mentiroso!

PROVERBIOS 17:7

L a vida exige coherencia. Un comportamiento contradictorio es un escándalo público. Nuestras palabras son un reflejo de nuestra vida; nuestros labios, una radiografía de nuestro corazón. Nuestros valores determinan nuestro comportamiento, y este se refleja en nuestras palabras. Lo que pasamos, hacemos, y lo que sentimos y hablamos. Un hombre sensato profiere palabras excelentes, pero con un necio no combina hablar con sabiduría. No combina con un hombre impuro proferir palabras santas. No combina con un hombre mentiroso decir palabras verdaderas, pues la boca habla de lo que está lleno el corazón. De la misma manera como es contradictorio que el insensato hable cosas excelentes, también lo es un príncipe que se entrega a la causa de la mentira. Aquellos que lideran a los otros y son colocados en una posición de autoridad necesitan ser defensores y agentes de la verdad. Un príncipe mentiroso es una calamidad. El patrimonio más grande de un líder es su nombre, su honra y su reputación. Un líder contradictorio, mentiroso y sin credibilidad es una maldición para el pueblo al que lidera. Es más fácil que un necio diga una cosa que se aproveche que un hombre respetuoso diga una mentira.

11
de agosto

Los engaños del soborno

Es el soborno talismán para el que lo practica; adondequiera que se vuelve, halla éxito.

PROVERBIOS 17:8

Hay individuos que quedan tan engañados y hechizados con su práctica pecaminosa que creen que esas acciones son una fuerza mágica que les abre todas las puertas. Es así, por ejemplo, con la práctica del soborno. Una persona corrupta por la ganancia piensa que todo el mundo tiene un precio. Cree que todas las personas se venden y que nadie ama a Dios más que al dinero. La historia mundial está llena de escándalos financieros en las altas esferas de los gobiernos. Ministros de estado llegan al poder pero caen porque vendieron su derecho de primogenitura por un plato de lentejas. Los políticos sin escrúpulos se multiplican y gastan grandes sumas para ser elegidos y después venden la honra de la nación a empresarios deshonestos. La impunidad estimula a muchos ladrones de cuello blanco a hacer la fiesta con las riquezas inicuas, pues sobornan, roban los cofres públicos y escapan de la justicia, mientras los que trabajan con honestidad son cada vez más apretados con los impuestos abusivos. Parece que el crimen recompensa. Parece que es a los deshonestos a quienes les va bien. Pero un día todo se derrumbará. Y ese día, la máscara será retirada, y aquellos que se deleitaron en el pecado sufrirán vergüenza pública y estarán en la mira del juicio divino.

236

12
de agosto

Los secretos deben guardarse

El que cubre la falta se gana amistades; mas el que la divulga,
aparta al amigo.

PROVERBIOS 17:9

No hay actitud más abominable que chismosear la vida ajena con el propósito de esparcir los secretos de las personas. La discreción es una actitud absolutamente necesaria si queremos tener un carácter íntegro y si pretendemos ser personas confiables. La Biblia dice que el amor cubre multitud de pecados. Quien perdona una ofensa muestra que tiene amor, pero quien lanza en la cara de los demás sus faltas separa a los mejores amigos. Doeg, el edomita, delató al rey Saúl, el sacerdote Ahimélec, de la ciudad de Nob; por esa maledicencia, 85 sacerdotes murieron, y se promovió una matanza en la ciudad. No podemos ejercer el papel de detectives en las relaciones interpersonales, rebuscando los archivos secretos de las personas para divulgar esas informaciones de manera inconsecuente. No podemos ejercer el papel de arqueólogos, desenterrando los fósiles del pasado y trayendo a la luz aquello que ya estaba sepultado. El chisme abre abismos en las relaciones interpersonales. La falta de discreción abre heridas en el corazón de las personas. La lengua suelta es un veneno que mata, una espada que hiere y una cuña que separa los mejores amigos. El secreto es una cosa para guardarse, y no una noticia para ser esparcida.

13
de agosto

El que oye los consejos no escucha "pobrecito"

La represión aprovecha al entendido, más que cien azotes al necio.

PROVERBIOS 17:10

Una persona sabia nunca desprecia la reprensión. Quien tiene oídos abiertos para ser corregido se economiza muchos flagelos. Quien tiene juicio aprende más con una reprensión que lo que el necio aprende con cien latigazos. La reprensión hace más marcas profundas en el hombre de entendimiento que cien latigazos en el necio. El que oye los consejos no escucha "pobrecito". El insensato no aprende con los consejos ni con el látigo. Tiene la cabeza cerrada y los oídos sordos. Desprecia el conocimiento y rechaza la sabiduría. Pero el hombre prudente, cuando es herido por la reprensión, se humilla, llora y se arrepiente. Así fue con el rey David. Después de adulterar con Betsabé, fue reprendido por el profeta Natán. David no intentó explicarse, sino que admitió inmediatamente su culpa y confesó su pecado. Las palabras del profeta entraron más hondo en su corazón que si fuesen latigazos en su espalda. El hombre sabio no endurece la cerviz cuando es reprendido. Sabe que Dios disciplina a quien ama. Sabe que la disciplina puede ser remedio amargo, pero sus resultados son dulces como la miel. Sabe que los latigazos de la represión del amigo son mejores que la adulación de los adulatores.

14

Quien siembra vientos cosecha tempestades

El hombre malo no busca sino la rebelión, pero se enviará contra él un mensajero cruel.

PROVERBIOS 17:11

Quien siembra, cosecha. Nadie escapa de los efectos de una siembra. Cosechamos lo que plantamos. No podemos sembrar espinas y coger higos. No se esperan buenos frutos de un árbol malo. Quien busca la violencia cosecha violencia. Quien siembra contiendas cosecha intrigas. Quien busca el mal encuentra el mal. Quien desea y construye el mal contra los otros verá ese mismo mal cayendo sobre su propia cabeza. Quien cava un hueco para que el otro caiga se vuelve víctima de su propia trampa. Quien siembra vientos recoge tempestades. Quien siembra en la carne recoge corrupción. El hombre es sorprendido por las propias cuerdas de su pecado, y el salario del pecado es la muerte. El hombre rebelde solamente tiende para el mal. Por eso, la muerte vendrá repentinamente para él como un mensajero cruel. Él atrae sobre sí mismo, y con gran celeridad, lo que planeó contra los otros. El hombre malo inocula en sí mismo el veneno que vierte contra los otros. Un día será sorprendido por una avalancha que, como una corriente impetuosa, inundará su alma de pavor, y en ese día todo su amparo será quitado, y su ruina será inevitable.

15
de agosto

Un hombre necio es muy peligroso

Mejor es encontrarse con una osa a la cual han robado sus cachorros, que con un fatuo en su necedad.

PROVERBIOS 17:11

Una osa, cuando le roban a sus hijos, se vuelve muy violenta. Aproximarse a ella es colocar la vida en riesgo. La osa es brava, fuerte, rápida y violenta. No es sensato intentar medir fuerzas con ella, ni es seguro enfrentarla cara a cara. Pues el sabio dice que lidiar con una osa a la que le han robado los hijos es mejor que encontrarse con un hombre sin juicio, ocupado en su estulticia. El hombre necio es una soga de muerte. Es sagaz y peligroso. Sus palabras son como una trampa. Sus actitudes son necias y comprometedoras. Su reacción es intempestiva y violenta. No es prudente lidiar con personas irresponsables. No es sensato convivir con aquellos que viven disolutamente. El primer escalón de la felicidad es no dar abrigo a los consejos perversos de los impíos, alejar nuestros pies del camino de los pecadores y no involucrarnos en los esquemas de los escarnecedores. El apóstol Pedro abandonó a Jesús en Getsemaní, lo siguió de lejos hasta el patio del sumo sacerdote, pero cuando se mezcló con los escarnecedores, lo negó tres veces, y eso de forma vergonzosa. El hijo pródigo, mientras vivía en la casa del papá, estaba protegido de la disolución, pero al caminar para un país distante, se involucró en muchas aventuras y gastó todos sus bienes, viviendo disolutamente. No ande con necios. No se ponga a camino con los insensatos.

16
de agosto

No pague el bien con el mal

El que devuelve mal por bien, no verá alejarse de su casa
la desventura.

PROVERBIOS 17:13

Alguien ya dijo que pagar el bien con el mal es demoniaco, pagar el bien
con el bien es humano, pero pagar el mal con el bien es divino. Salomón
aquí no habla de acción sino de reacción. No se trata de iniciar una acción en
dirección a alguien, sino de una reacción a una acción dirigida a nosotros. El
caso es que alguien pensó en nosotros, planeó lo mejor para nosotros e hizo
el máximo de bien a nosotros. ¿Cómo retribuiremos tanta bondad? ¿Cómo
reaccionaremos a esa acción tan generosa? La actitud que todos esperan de nosotros es que paguemos el bien con el bien. No obstante, algunos individuos
aun siendo objetivos del bien, retribuyen con el mal. Aun abrazados, respon-
den con puntapiés. Aun bendecidos, reaccionan con calumnias y maldiciones.
Jesús anduvo por todas partes haciendo el bien. Curó a los enfermos, levantó
a los paralíticos, purificó a los leprosos, resucitó a los muertos y anunció el
reino de Dios a los pobres. ¿Cómo retribuyó la multitud a tanta generosidad?
Clamaron por su sangre. Gritaron con sed de sangre ante Pilato: "Crucifícalo,
crucifícalo". Aquellos que pagan el bien con el mal recibirán el mal sobre sí
mismos. Aquellos que promueven violencia serán víctimas de la violencia.
Aquellos que trastornan la casa de los otros verán su casa trastornada.

17
de agosto

Pelear es perder con seguridad

El que comienza la discordia es como quien suelta las aguas;
deja, pues, la contienda, antes que se enrede.

PROVERBIOS 17:14

L a discusión es la puerta de entrada para una pelea, y una pelea es el campo
de entrada para una batalla de la cual todos salen heridos y tiene el sabor
amargo de la derrota. El simple hecho de que usted entre en una contienda
ya es derrota con seguridad. Entrar en una confusión es buscar problemas
para su propia vida. Es provocarse a sí mismo muchos desgastes. Es usar un
látigo en la propia espalda. El inicio de una contienda es como la primera
grieta de una represa. Si esa grieta no es tratada debidamente, puede provocar
el rompimiento de la represa y desencadenar una inundación arrolladora. La
actitud más sensata es desistir de la contienda antes de que se vuelva una riña.
Muchas enemistades desembocaron en tragedias y muertes. Muchas peleas
terminaron en derramamiento de sangre. Muchas discusiones acabaron en
verdaderas guerras, y el saldo final de ese embate es un desgaste enorme, con
amarguras profundas y pérdidas para todos. No vale la pena entrar en confusión. Pelear no trae recompensa. Una persona en sus cabales pone punto final
a una discusión antes de que las cosas empeoren. Debemos ser pacificadores,
en vez de promotores de contiendas. Debemos perdonar, en vez de guardar
amarguras. Debemos tapar brechas, en vez de cavar abismos en las relaciones
con los demás.

18
de agosto

Cuidado con invertir valores

El que justifica al impío, y el que condena al justo, ambos son igualmente abominación a Jehová.

PROVERBIOS 17:15

Emmanuel Kant, en su libro *Crítica de la razón pura,* revolucionó la historia del pensamiento humano, cuando dijo que no hay verdad absoluta. Ese concepto filosófico entró en el campo de la teología y de la ética. Hoy muchos no creen en verdades absolutas ni defienden una conducta que tiene claramente distinguidos los preceptos entre lo correcto y lo errado. En verdad, la sociedad moderna bajó un escalón más en ese proceso rumbo al relativismo moral. Llegamos al nivel más bajo de la degradación humana. Hoy somos testigos de una inversión de valores en el campo de la vida moral. Llamamos luz a las tinieblas y tinieblas a la luz. Llamamos dulce a lo amargo y amargo a lo dulce. Hemos visto nuestra sociedad justificando al perverso y condenando al justo. Pero la ética cristiana, no puede tolerar ese comportamiento que afronta la verdad, escarnece la virtud y conspira contra la ley de Dios. Si no podemos ser neutros ante el mal, cuánto más aplaudirlo. Si no podemos robar los derechos de los justos, cuánto más condenarlos. Esas prácticas vergonzosas pueden hasta no ser vistas por la sociedad, pero son abominables para Dios. El hombre, en su locura, puede colocar de cabeza los principios que deber regir a la familia y a la sociedad, pero no puede huir de las consecuencias inevitables de lo que escogió insensatamente.

19

de agosto

Dinero en las manos de un necio

¿De qué sirve el precio en la mano del necio para comprar
sabiduría, no teniendo entendimiento?

PROVERBIOS 17:16

Una persona insensata puede que tenga dinero, pero no lo usará de la
mejor manera. El necio no consigue invertir su dinero en aquello que es
provechoso. Al contrario, lo gasta en lo que es fútil. El insensato desperdicia
su riqueza en placeres de esta vida y no hace ninguna inversión para el futuro.
Para él, la vida es apenas el aquí y ahora. No siembra en su vida espiritual. No
adquiere sabiduría. Se rinde apenas a los caprichos de su voluntad hedonista.
Jesús contó la parábola del hijo pródigo. Ese joven pidió anticipadamente su
parte de la herencia. No respetó a su padre, ni valoró su compañía. Quería los
bolsillos llenos para gastar en una tierra distante, lejos de cualquier control.
Allí disipó todos sus bienes viviendo de manera disoluta. En vez de invertir en
sabiduría, haciendo multiplicar su herencia, la gastó con prostitutas y ruedas
de amigos. Se embriagó con los placeres de la vida. Se entregó a las pasiones
de la juventud. Tomó todas las copas que el banquete del mundo le ofreció.
Disfrutó la vida rodeado de muchas aventuras. Como solamente tenía dinero,
pero ninguna sabiduría, desperdició todos sus bienes y quedó reducido a la
pobreza. Como no aprendió con la vida, sufrió las dolorosas consecuencias
de su insensatez. ¿De qué manera usted ha utilizado su dinero? La Biblia nos
enseña a no gastar el dinero en aquello que no satisface.

20
de agosto

El valor de un amigo verdadero

En todo tiempo ama el amigo, y el hermano ha nacido para el
tiempo de angustia.

PROVERBIOS 17:17

Los ejemplos nobles de la verdadera amistad se hacen escasos. No todas las
personas que disfrutan de nuestra intimidad son amigos verdaderos. La
Biblia habla de Jonadab, joven que iba a la casa de los hijos de rey David, y le
dio un consejo desastroso a Amnón, culminando en grandes tragedias para la
familia del rey. Hay amigos nocivos que son agentes de muerte, y no embajadores de la vida. Hay amigos utilitaristas que solamente se aproximan a usted
para conseguir algún provecho personal. Hay amigos de bares que apenas al-
quilan sus oídos para conversaciones tontas e indecorosas. El amigo verdadero
es aquel que está al lado en la hora más oscura de su vida. Es aquel que llega
cuando todos se han ido. El amigo ama siempre y en la desventura se vuelve
un hermano. Una de las declaraciones más lindas de amor que encontramos
en la Biblia es la de Ruth para Noemí, o sea, de una nuera para su suegra,
siendo esta viuda, extranjera, pobre, anciana y sin condición de ofrecer nada
en retribución. Jesús es nuestro ejemplo más excelente acerca de la verdadera
amistad. Él ya no nos llama siervos, sino que nos trata como amigos. Él no
solamente nos habló sobre amistad, sino que nos demostró su amor, dando
su vida por nosotros.

21
de agosto

No sea fiador, eso es un peligro

El hombre falto de entendimiento presta fianzas, y sale por fiador en favor de su vecino.

PROVERBIOS 17:18

Soy testigo de personas que, de buena fe, perdieron todos sus bienes porque fueron fiadores de su prójimo. En algunos de esos casos, no hubo dolo por parte de los que debían, sino, siendo víctimas de algún revés, no consiguieron cumplir con el compromiso asumido ni pudieron pagar la deuda contraída. La responsabilidad legal de la deuda recae automática, irremediable e intransferiblemente sobre el fiador. Pero hay casos en que quien debe busca un fiador de mala fe; ya tiene la intención de hacer trampa. Sabe de antemano que está haciendo una transacción financiera arriesgada y que la responsabilidad de la deuda caerá de manera irremediable sobre los hombros del fiador. El consejo del sabio es una alarma. Es una medida preventiva. Solamente un necio aceptaría quedar como fiador de su vecino. Solamente una persona insensata colocaría su cuello bajo ese yugo. Si no es sabio asumir deudas más allá de nuestras posesiones, cuánto más comprometernos a pagar la deuda de otros, colocando nuestra propia familia en situación de riesgo y que apena. La prudencia nos enseña a huir de este tipo de compromiso. ¡La mejor solución para un problema es evitarlo!

22

de agosto

Contienda y soberbia
son problemas a la vista

El que ama la disputa, ama la transgresión; y el que alza demasiado la puerta busca su ruina.

PROVERBIOS 17:19

La contienda y la soberbia pavimentan el camino de la caída. Quien se mete
en todo tipo de discusión acaba tomando parte en contiendas peligrosas.
Hay individuos que no solo se involucran sin necesidad en conflictos, sino
que aman la contienda. La buscan con sufrimiento. Son personas que atraen
riñas y provocan tempestades por donde están presentes. Quien ama la contienda también ama el pecado, porque una contienda siempre desemboca en
sentimientos amargos y eventos desastrosos. El otro elemento generador de la
ruina es la soberbia. Quien vive creyéndose lo máximo está corriendo para la
desgracia. Quien hace una puerta alta facilita su propia caída, pues la arrogancia es el preludio de la caída. Quien de manera soberbia anda de tacones, mirando a los demás de arriba abajo, y exaltándose a sí mismo, será humillado,
pues la altivez precede a la ruina. Los que se exaltan serán humillados, pues
Dios resiste a los soberbios. Dios da gracia a los humildes. Él exalta a los que se
humillan. Promete el reino de los cielos no a los arrogantes, sino a los humildes de espíritu. En el reino de Dios los que buscan los primeros lugares serán
colocados al final de la fila, pero los que sirven, esos sí serán más grandes.

23
de agosto

Tenga cuidado con el corazón y la lengua

El hombre de corazón falaz nunca hallará el bien, y el de lengua
doble caerá en el mal.

PROVERBIOS 17:20

Del corazón proceden las fuentes de la vida. Lo que pensamos, sentimos
y deseamos viene del corazón. Si esa fuente está contaminada con la
perversidad, entonces todo lo que brote será como un torrente de maldad
que esparcirá el pecado, como un río de muerte. Quien vive pensando cosas
malas no puede encontrar el bien. Quien vive deseando el mal para los demás
no puede coger favores. Quien siembra el pecado coge la muerte. Si el corazón es el laboratorio de la maldad, la lengua es su vehículo. Quien tiene una
lengua doble caerá en el mal. La lengua doble es engañosa. Habla una cosa,
pero siente otra. Lisonjea con los labios, pero planea la maldad en el corazón.
Elogia en público, pero difama en secreto. Una persona de lengua doble no
es de confianza. Siembra contiendas por donde pasa. Separa a los mejores
amigos. Provoca divisiones y abre rajaduras en las relaciones interpersonales.
El que tiene lengua doble está al servicio del mal, y no del bien. Es promotor
de la enemistad, y no ministro de la reconciliación. Caerá en el mal en vez de
encontrar refugio seguro. Será causa de tropiezo, y no farol que apunta la
dirección; motivo de vergüenza, y no objeto de alabanza.

24
de agosto

Un hijo insensato, causador de tristeza

El que engendra un insensato, para su tristeza lo engendra; y el
padre de un necio no tendrá alegría.

PROVERBIOS 17:21

L a familia es nuestra fuente de más gozo o la causa de nuestro disgusto más
grande. Es en el hogar que celebramos nuestras victorias más expresivas o
lloramos nuestras derrotas más amargas. Nuestras relaciones más importantes son las que cultivamos dentro de la familia. Es en el gimnasio del hogar
que forjamos nuestro carácter. Es en el gimnasio familiar que aprendemos las
lecciones más importantes de la vida. Un hijo insensato es motivo de gran
tristeza para el padre. Un hijo que escarnece de las enseñanzas recibidas en
el hogar provoca grandes dolores en el corazón de los padres. Hijos rebeldes,
desobedientes e ingratos traen mucho sufrimiento a la familia. La paternidad
es una experiencia magnífica. Es fuente de gran placer. Es motivo de inmensa
alegría. No obstante, el padre insensato no tienen ningún motivo de alegría.
¿Qué placer tiene un padre en ver a su hijo escogiendo lo peor, involucrándose
en los problemas más grandes y cometiendo los peores desatinos? ¿Qué alegría tiene el padre en ver a su hijo involucrándose con las peores compañías,
practicando los pecados más horrendos y sufriendo las más dolorosas consecuencias de su locura? Los hijos deben ser motivo de alegría para los padres,
bendición para la familia y honra para Dios.

25

de agosto

El buen humor es un santo remedio

El corazón alegre constituye un buen remedio; mas el espíritu triste seca los huesos.

PROVERBIOS 17:22

Los sentimientos que usted abriga en su corazón se reflejan directamente en su salud. El buen humor es un santo remedio. Un corazón alegre hace más hermoso el rostro, fortalece el cuerpo y es un bálsamo para el alma con el aceite de la alegría. La paz interior es la mejor especie de medicina preventiva. Nuestro cuerpo es el espejo de nuestra alma. Cuando estamos angustiados, reflejamos eso en nuestro semblante. Un corazón triste acaba produciendo un cuerpo enfermo, mientras que un corazón alegre es remedio eficaz que cura los grandes males de la vida. Si la alegría previene contra muchas enfermedades, el espíritu abatido es la causa de muchos males. El espíritu abatido hace secar los huesos. Marchita su vida de dentro para fuera. Destruye su vigor, su paz y sus ganas de vivir. Muchas personas perdieron la motivación para vivir. Son vegetales. Pasan por la vida como si nada, sin poesía, sin entusiasmo. Miran hacia la vida con lentes oscuros. Siempre entonan el cantico fúnebre de sus desventuras. Lloran todo el tiempo, con profundo pesar, sus amarguras. Disfrutan con total desaliento sus dolores. Se dejan vencer del pesimismo incorregible. Por tener un espíritu abatido, ven sus huesos secándose, su vigor yéndose y su alegría desvaneciéndose. El camino de la cura no es el abatimiento del alma, sino la alegría del corazón.

26
de agosto

No acepte soborno

El impío toma soborno de debajo del manto, para pervertir las
sendas de la justicia.

PROVERBIOS 17:23

L a sociedad actual vive la cultura del soborno. Con frecuencia perturbadora, vemos políticos sin escrúpulos en pactos vergonzosos con empresas llenas de ganancia y sin ningún tipo de ética. Esos ladrones de cuello blanco reciben sumas enormes, a título de soborno, para favorecer dueños de empresas deshonestos, dándoles informaciones y oportunidades privilegiadas, con la finalidad de adueñarse de manera indebida de los recursos públicos que deberían promover el progreso de la nación y el bien del pueblo. Aquellos que aceptan soborno, y muchas veces se esconden detrás de vestimentas sagradas y títulos honorarios, no pasan de individuos perversos y malos, gente de la cual deberíamos tener vergüenza, pues hacen de la vida una carrera sin frenos para pervertir los caminos de la justicia. No podremos construir una gran nación sin integridad. No podremos levantar las columnas de una patria honrada sin trabajo honesto. Tenemos que darle un basta a esa política hedonista de querer "darse bien en todo". Si queremos ver nuestra nación siguiendo por los rieles del progreso, necesitaremos andar en la verdad, promover la justicia y practicar aquello que es bueno. Eso es lo que Dios requiere de nosotros.

27
de agosto

Concéntrese en aquello que es excelente

En el rostro del entendido aparece la sabiduría; mas los ojos del
necio vagan hasta el extremo de la tierra.

PROVERBIOS 17:24

Un individuo inteligente no desperdicia sus energías ni su tiempo en busca
de muchas cosas. No es una persona dispersiva, sino focalizada. Actúa
como el apóstol Pablo: "Una cosa yo hago". Tenemos que mirar el objetivo
y caminar en su dirección sin mirar para los lados. Somos como un corredor
en un maratón. Si entramos para la pista solamente mirando para la tribu-
na, perderemos la carrera. Si entramos en el ring de la vida con el corazón
dividido, arrastrados de un lado para el otro, seducidos por las muchas voces
que intentan conquistar nuestro corazón, perderemos la lucha. Un ejemplo
clásico de esa realidad es Sansón. Él fue un gigante levantado por Dios para
ser el libertador de su pueblo. En la forma física era invencible, pero se volvió
un pigmeo. Se rindió a los caprichos de una pasión. Dominaba un león, pero
no conseguía dominar sus ojos. Sometía una multitud, pero no controlaba
sus deseos. Tenía control sobre los demás, pero no sobre sí mismo. Existen
personas cuyos ojos vagan por las extremidades de la tierra, en busca de aventura. Quieren tomar todas las copas de los placeres. Quieren saborear con los
ojos las delicias de la tierra, pero en esa tarea pierden la sabiduría e insensatos
acaban cosechando derrotas amargas y sufrimientos atroces.

28
de agosto

Hijo necio, padre triste

El hijo necio es pesadumbre para su padre, y amargura para la que lo dio a luz.

PROVERBIOS 17:25

El hijo insensato es un causador de problemas. Su vida es un trastorno para la familia. Es motivo de tristeza para el padre y amargura para madre. Su conducta es reprobable. Por donde pasa deja un rastro de vergüenza. El hijo necio desprecia la enseñanza de los padres y no valora lo que recibe en el hogar. Es ingrato. Nunca reconoce el esfuerzo e inversión que los padres hacen en su vida. Al hijo insensato le gusta gastar sin necesidad. No sabe el valor de las cosas, por eso gasta sin criterio y desperdicia lo que recibe de los padres viviendo de manera irresponsable y disoluta. El hijo necio es rebelde. Además de ser un peso para la familia, aún reclama, murmura y levanta su voz para afrontar los padres. El hijo insensato es egoísta. No valora la familia, no invierte en los padres ni los cuida cuando son ancianos. Tiene un comportamiento reprobable. Sus palabras son torpes, sus acciones violentas, sus reacciones son intempestivas. En vez de llevar alegría para los padres, produce en el corazón de ellos dolor y amargura. La Biblia habla de Caín, hijo de Adán y Eva. En vez de imitar las virtudes de Abel, Caín tramó la muerte de su hermano y la ejecutó con crueldad. En vez de escuchar la represión divina, endureció su corazón y derramó sangre inocente. En vez de ser una bendición para su casa, provocó un dolor indescriptible en el corazón de su padre y gran amargura en su madre.

29
de agosto

Que la justicia sea hecha

Ciertamente no es bueno condenar al justo, ni herir a los nobles que hacen lo recto.

PROVERBIOS 17:26

En el tribunal de los hombres, muchas veces el justo es castigado, y el culpado hecho inocente. En el tribunal de los hombres, vemos a un José de Egipto en la cárcel y a la esposa de Potifar salir ilesa como la que fue molestada. En el tribunal de los hombres, vemos a Jesús siendo sentenciado a muerte y a Barrabás siendo devuelto a la libertad. La injusticia desfila altanera en el tribunal de los hombres. Inocentes son condenados, y culpados son aplaudidos como beneméritos de la sociedad. No es de esa manera en el tribunal de Dios. El juez de vivos y de muertos no tolera la injusticia. Él no hará inocente al culpado ni culpará al inocente. La Palabra de Dios es meridianamente clara: no es bueno castigar al justo ni herir aquel que está investido de autoridad. Levantarse contra el justo es conspirar contra la justicia divina, y herir insubordinadamente aquel que está investido de autoridad es conspirar contra el propio Dios, que instituyó toda autoridad. Nuestra conducta tiene que ser pautada por la integridad. Nuestras acciones deben ser regidas por el amor. La práctica de la justicia glorifica a Dios y exalta la nación. Los tribunales tienen que tener compromiso con la verdad y ser la expresión más elocuente de la justicia.

30
de agosto

El valor del dominio propio

El que ahorra palabras tiene sabiduría; de espíritu prudente es
el hombre entendido.

PROVERBIOS 17:27

El que controla la lengua domina todo su cuerpo. El que domina sus propios impulsos es más fuerte que el que conquista una ciudad. Dominarse a sí mismo es una tarea más ardua que dominar a los demás. Quien habla sin pensar revela su estulticia. Quien habla mucho erra mucho, pero el necio, cuando se calla, es tenido por sabio. Quien retiene sus palabras posee el conocimiento, el espíritu sereno es la bandera abierta de la inteligencia. Un individuo sin control emocional puede que sea un pozo de cultura, pero siempre será tenido como un estulto. Puede que tenga la razón, pero siempre perderá su causa. Una persona que fusila a los demás con palabras venenosas y los agrede con acciones violentas demuestra su falta de inteligencia. En esa sociedad tan sobrecargada, en la que las personas viven con los nervios a flor de piel, estresadas con el tránsito congestionado y con las filas inmensas en los bancos, el dominio propio se está volviendo una virtud en extinción. Tenemos que vigilar la puerta de nuestros labios y calmar el ímpetu de nuestro espíritu para que no seamos rotulados de ignorantes e insensatos.

31

de agosto

La elocuencia del silencio

Aun el necio, cuando calla, es contado por sabio; el que cierra sus labios, por inteligente.

PROVERBIOS 17:28

Es más fácil hablar que quedarse en silencio. Es más fácil ponerse bravo que cerrar los labios. Hablar mucho es señal de insensatez. Quien habla sin pensar se matricula en la escuela de los necios. Quien habla sobre lo que no conoce como si lo conociera recibe el trofeo de campeón de la estulticia. Los hombres no pueden auscultar nuestros sentimientos ni juzgar nuestros pensamientos, pero pueden pesar nuestras palabras y juzgar nuestras acciones. Cuando nos callamos, somos considerados sabios. Difícilmente nos arrepentimos de aquello que no hablamos, pero constantemente quedamos avergonzados con nuestras palabras. La Biblia nos enseña a ser prontos para oír, y tardíos para hablar. Debemos colocar guardia en la puerta de nuestros labios. Tenemos que filtrar lo que hablamos. Si nuestras palabras no son verdaderas y oportunas, no merecen ser dichas. Si nuestras palabras no transmiten gracia a los que las oyen, no deben ser pronunciadas. Si nuestra voz no es una expresión de la voz de Dios, es mejor cerrar la boca. Si nuestra lengua no es bálsamo para los afligidos, es mejor que nos cubramos con el manto del silencio. La elocuencia del silencio es mejor que el ruido de palabras vacías.

1

de septiembre

Cuidado con la soledad

El hombre esquivo busca sus caprichos, y se irrita contra
todo consejo.

PROVERBIOS 18:1

El aislamiento puede ser fatal para su alma. Quien se esconde y se aísla
para mantener una identidad secreta, para practicar cosas inconvenientes y aún conservar su reputación delante de las personas da señales de gran
insensatez. No somos aquello que aparentamos en público. Nuestra verdadera identidad es aquella que se expresa ante el espejo. De nada sirve colocar
una máscara bonita en público si en lo secreto, cuando cerramos las cortinas,
mostramos una cara fea. De nada vale recibir los aplausos de los hombres
por nuestras virtudes si en lo íntimo estamos poblados por la impureza. Es
absolutamente inútil que seamos aprobados por los hombres y reprobados por
Dios. El solitario que se esconde para encubrir sus pecados se levanta contra
la verdadera sabiduría. Aquellos que trancan la puerta del cuarto para ver cosas vergonzosas se olvidan de que, para Dios, luz y tinieblas son la misma cosa.
Aquellos que se alejan de la familia y buscan los guetos más escondidos para
celebrar el pecado, con la intención de permanecer incógnitos, se cubren a sí
mismos de oprobio y dejan la familia llena de vergüenza. Debemos vivir en la
luz. Somos la carta de Cristo. Debemos reflejar el carácter de Cristo.

2

de septiembre

Aprender es mejor que hablar bobadas

No toma placer el necio en la inteligencia, sino en que su corazón se manifieste.

PROVERBIOS 18:2

L os lentos para aprender son rápidos para hablar. Aquellos que paran de aprender son los más ansiosos para abrir la boca. El necio no se interesa en aprender, sino solamente en dar sus opiniones. En vez de abrir su mente para recibir instrucción, el insensato abre sus labios para exponer sus pensamientos. El sabio sabe que tiene mucho que aprender. Sus oídos están atentos a la instrucción. Él tiene afán de buscar el conocimiento. Sin embargo, el necio habla del vacío de su cabeza. Riega ríos de sus labios, pero esos ríos no son las aguas limpias del conocimiento, y sí ríos de ignorancia. No es sensato hablar demasiado, pero es prudente oír con atención. La Biblia nos enseña a ser prontos para oír y tardíos para hablar. Dios nos hizo con dos pabellones auditivos y tan solo una lengua amurallada de dientes. Debemos escuchar más y hablar menos. Debemos aprender más para que hablemos menos bobadas. El insensato no tiene placer en el entendimiento, pero se acomoda en hacer externo su interior, en contar sus proezas y hacerse propaganda. El necio hace propaganda de lo que no tiene. Es un hablador que se ve a sí mismo ante el espejo como un gigante, cuando no pasa de un enano. Cuenta sus hazañas con gestos de heroísmo, cuando esos pretendidos gestos de gallardía no pasan de consumada cobardía.

3
de septiembre

La perversidad
da a luz la vergüenza

Cuando viene el impío, viene también el menosprecio, y con él
deshonrador, la afrenta

(PROVERBIOS 18:3).

L a perversidad es hija de la impiedad. La impiedad dice sobre nuestra relación con Dios, mientras la perversidad se refiere a la nuestra con el
prójimo. Aquellos que se alejan de Dios y se revelan contra él se degradan mo-
ralmente y trastornan la vida del prójimo. La teología desemboca en la ética.
Nuestras creencias se reflejan en nuestras acciones. Como el hombre piensa en
su corazón, así es él. Una persona perversa, rendida al pecado, esclava de sus
pasiones, acaba cosechando el desprecio. Por ser egoísta, avariento y violento
en sus palabras y acciones, termina en el ostracismo social, despreciado por
todos. Quien mancha su nombre y pierde su reputación personal se cubre de
vergüenza. El pecado no compensa. Arruina el carácter, produce desprecio y
trae vergüenza. Los malos son despreciados y acaban cubiertos por los trapos
de la vergüenza. Cosechan lo que plantan. El mal que intentan contra los
otros cae sobre su propia cabeza. Ellos sufren las consecuencias de sus propias
acciones perversas. Es imposible sembrar el mal y cosechar el bien. Es imposible actuar con perversidad y no obtener el desprecio. Es imposible dejar que
el nombre se arrastre en el chiquero sin cubrirse de oprobio.

4

de septiembre

El poder de las palabras

Aguas profundas son las palabras de la boca del hombre; y arroyo que rebosa, la fuente de la sabiduría.

Proverbios 18:4

El lenguaje humano es profundo como el mar, y las palabras de los sabios son como ríos que nunca se secan. Nuestras palabras son profundas porque brotan del corazón, y ese es un territorio desconocido. Por más que investiguemos sobre esa tierra distante, jamás llegaremos al pleno conocimiento de ella. En nuestro corazón es un universo aún insondable. Lo que sabemos es que él es semejante a un mar profundo. Lo que leemos en las Escrituras es que nuestro corazón es desesperadamente corrupto y engañoso. Solamente Dios puede conocerlo perfectamente. Por eso, las palabras que suben de nuestro corazón y saltan de nuestros labios son como aguas profundas, cuya profundidad no conseguimos medir. No obstante, las palabras del sabio son como riachos que transbordan, como ríos que jamás se secan, cuyas aguas corren dentro del lecho, llevando vida por donde pasan. Las palabras del hombre sabio son conocidas. Los ríos de agua que fluyen de su boca abastecen a los sedientos, irrigan el alma afligida de aquellos que viven en secano y producen prosperidad para los que los oyen. Nuestras palabras nunca son neutras. Bendicen o maldicen. Curan o hieren. Son veneno o medicina. Cargan muerte o transportan la vida.

5

No sea injusto en su juzgamiento

Tener respeto a la persona del impío, para pervertir el derecho del justo, no es bueno.

PROVERBIOS 18:5

Los tribunales humanos están llenos de decisiones parciales e injustas. Condenar al inocente y declarar inocente al culpable es una actitud indigna para un tribunal cuyo propósito es defender la verdad y establecer la justicia. No es correcto darle la razón al culpable, dejando de hacerle justicia al inocente. Es un escándalo torcer la ley, sobornar testigos y comprar sentencias. Es un desatino cuando un tribunal de justicia se convierte en un antro de corrupción, en el que inocentes son rifados por la ganancia insaciable de aquellos que transforman la toga sagrada en vestidos de violencia. Es un pecado abominable para Dios justificar al perverso y condenar al justo. Ese hecho puede ser identificado en el juzgamiento de Jesús. En el tribunal de Pilato, los criminales acusaban, y el inocente era juzgado. En el tribunal de Pilato, la verdad fue burlada, la justicia fue robada, y el inocente salió condenado. En el tribunal de Pilato, el juez inicuo se lavó las manos, los judíos envidiosos fueron tenidos como sus defensores de la ley y del estado, y Jesús terminó golpeado, escupido y colgado en la cruz. Ser parcial con el perverso para favorecerlo o torcer el derecho contra los justos no es bueno. Dios ama la justicia. Él es el Dios de la verdad. Debemos reflejar esos valores en nuestras palabras, actitudes y juzgamientos, pues un día seremos juzgados también con la misma medida con la que juzgamos.

6

de septiembre

Una lengua descontrolada, azotes con seguridad

> Los labios del necio provocan contiendas; y su boca llama a los azotes.
>
> PROVERBIOS 18:6

Un individuo que no tiene dominio sobre la lengua tampoco tiene control sobre sus actitudes. Quien no domina la lengua no domina el cuerpo. El insensato vive entrando en confusión y creando contiendas. Donde llega, promueve intriga. Es causador de verdaderas guerras dentro del hogar, en el trabajo y hasta en la iglesia. Cuando el necio abre la boca, no solo hiere a quien está a su alrededor, sino que atrae confusión para sí mismo. Cuando el necio abre la boca para pelear con alguien, lo que está pidiendo es una paliza. Las palabras del necio son como azotes que afligen sus hombros. Una persona descontrolada emocionalmente, que habla sin pensar, agrede a las personas, rompe relaciones y promueve enemistades. Una lengua sin frenos atrae castigo. Una persona desbocada es un barril de pólvora: provoca explosiones y destrucción a su alrededor. La Biblia habla de Doeg, el chismoso. Por tener una lengua suelta, ese hombre indujo al rey Saúl para que cometiera una matanza en la ciudad de Nob. Inocentes fueron muertos, familias hechas pedazos, y un baño de sangre fue derramado por causa del veneno destilado por la boca de ese insensato. Pero Doeg no salió ileso de esa deplorable historia. El rey Saúl lo forzó a matar a los propios hombres que él había acusado. Doeg fue azotado por su propia lengua, pues además de chismoso también se volvió asesino.

7

de septiembre

Lengua insensata, tumba profunda

La boca del necio es quebrantamiento para sí, y sus labios son una trampa para su alma.

PROVERBIOS 18:7

Una persona sin cordura se vuelve víctima de sus propias palabras. La lengua del necio es una trampa para sus propios pies. Él acaba cayendo en una tumba profunda que cavó con su lengua. La conversación del necio es su desgracia, y sus labios son una soga mortal para su alma. Cuando el necio habla, causa su propia ruina, pues termina en la trampa de sus palabras. Eso fue lo que sucedió con Eva en el jardín del Edén. Ella entró en un diálogo peligroso con la serpiente. Torció la Palabra de Dios, disminuyendo sus promesas y aumentando su rigor. Su insensatez abrió una amplia avenida para que Satanás prosiguiera en su intento de llevarla a la trasgresión. Eva cayó en la trampa. Comió del fruto prohibido y aún le dio a su marido. Ambos perdieron la inocencia. Perdieron la comunión con Dios. Perdieron la paz. Probaron vergüenza y dolor. Toda la raza humana fue víctima de esa caída. Aquello que parecía tan inofensivo se volvió el problema más grande de la raza humana. Eva tropezó en sus palabras y se arruinó a sí misma y a las generaciones siguientes.

8

de septiembre

Golosinas deliciosas, pero peligrosas

Las palabras del chismoso son como golosinas, que penetran hasta el fondo de sus entrañas.

PROVERBIOS 18:8

El ser humano tiene una atracción casi irresistible por comentarios maliciosos. Buenas noticias no venden periódicos. Los noticieros que comentan algún escándalo o traen a la luz noticias comprometedoras de algún personaje público generan gran interés en la población. Los chismes parecen deliciosos a nuestro paladar. ¡Cómo nos gusta saborearlos! Las palabras del calumniador son como golosinas deliciosas; bajan hasta lo íntimo del hombre. Hay personas que se entusiasman en oír malas noticias sobre su prójimo. Sienten inmenso placer en saber del fracaso de los demás. Miran la caída del prójimo como una especie de compensación. Se comparan con aquellos que tropiezan y se sienten muy bien por no estar en la misma situación de desgracia. Esos aperitivos pueden ser dulces al paladar. Pueden ir a lo más interno del vientre, pero no son nutritivos. Le hacen mucho mal a la salud física, mental y espiritual. Saborear la desgracia ajena es un estado de profunda degradación espiritual. Es el escalón más bajo de los valores morales, certificado de insensatez y una prueba innegable de entorpecimiento espiritual.

de septiembre

Haga su trabajo bien hecho

También el que es negligente en su trabajo es hermano del hombre disipador.

PROVERBIOS 18:9

Podemos destacar dos verdades del texto expuesto. La primera es que una persona negligente en lo que hace no alcanza éxito en su trabajo. Siempre será mediocre. Siempre estará por debajo de la media. El trabajador perezoso jamás será un especialista en lo que hace. Nunca saldrá adelante en la vida ni será un experto en su trabajo. Por ser acomodado, pasará la vida en el mismo ritmo siempre, sin salir de su lugar. El negligente no se esfuerza, no trabaja hasta el cansancio, no se esmera en lo que hace. Prefiere la comodidad, el descanso y el abandono. Por no haber sembrado en su obra, su única cosecha es la pobreza. El perito en lo que hace se siente entre príncipes, pues quien siembra en su trabajo cosecha los frutos de la prosperidad y el éxito. La segunda verdad es que una persona negligente en su obra es un desperdiciador incorregible. Desperdicia talentos, tiempo y oportunidades. Desperdicia la inversión que los demás hacen en su vida y los pocos recursos que llegan a sus manos. El perezoso es un desperdiciador. Desperdicia los bienes más preciosos: el tiempo y la oportunidad. El negligente es un individuo ingrato, pues entierra sus talentos y consigue disculpas sin fundamento para no esmerarse en su obra. La sabiduría nos lleva a ejecutar bien nuestro trabajo. Debemos hacer todo con excelencia, como para el Señor y para su gloria.

10
de septiembre

Un refugio verdadero

Torreón fuerte es el nombre de Jehová; a él se acogerá el justo,
y estará a salvo.

PROVERBIOS 18:10

Hay refugios que no pueden protegernos en la hora de la tempestad. Muchos piensan que el dinero es un abrigo invulnerable en el día de la calamidad. Pero eso es una gran equivocación. El dinero nos puede dar un carro blindado con escoltas, una casa amplia y mucha comodidad, viajes extravagantes y menús sabrosos, pero no puede dar paz. El dinero no ofrece seguridad ni felicidad. Otros piensan que el poder político es un verdadero refugio. Pero prestigio ante los hombres no es garantía de protección ante los cambios de la vida. Otros aun juzgan que la fuerza de la juventud o la belleza física son escudos suficientemente fuertes para librarlos de las caídas en la jornada. Muchos piensan que el éxito y el estrellato son abrigos seguros para guardarlos de los vendavales de la vida. Pero la verdad es que solamente el nombre del Señor es torre fuerte. Solamente en el Señor podemos estar seguros. No obstante, apenas los justos, aquellos que se reconocen pecadores y buscan el perdón divino, son los que buscan ese abrigo en el nombre del Señor. Aquellos que confían en sí mismos jamás correrán para esa torre fuerte. Por eso, cuando la tempestad llegue, serán alcanzados por una calamidad irremediable. ¡Haga del Señor su refugio más elevado, su refugio verdadero!

11

de septiembre

Un refugio falso

Las riquezas del rico son su ciudad fortificada, y como un muro alto en su imaginación.

PROVERBIOS 18:11

Uno de los mitos más grandes de la vida es que el dinero puede ofrecer seguridad al hombre. El rico piensa que su riqueza lo protege como las murallas altas y fuertes alrededor de una ciudad. Se imagina que sus bienes son como un muro alto que es imposible de escalar. Piensa que el mal siempre estará del lado de afuera. Cree que, si viste un caparazón de bronce, los peligros naturales de la vida no lo alcanzarán. Es una gran equivocación. El dinero no es una torre fuerte ni un muro seguro. No vuelve a su poseedor inexpugnable ante las tempestades de la existencia. Jesús habla sobre un hombre que confió en sus bienes, diciéndose a sí mismo: "Y diré a mi alma: Alma, tienes muchos bienes en reserva para muchos años; descansa, come, bebe, diviértete. Pero Dios le dijo: 'Necio, esta noche vienen a pedirte tu alma; y lo que has provisto, ¿para quién será?'" (Lucas 12:19-20). La riqueza de un hombre no consigue mantener la muerte del lado de fuera del muro. La muerte llega a todos, ricos y pobres, jóvenes y viejos, doctores y analfabetos. No trajimos nada para el mundo ni no nos llevaremos nada de él. Cuando el multimillonario John Rockefeller murió, le preguntaron a su administrador en el cementerio: "¿cuánto dejó John Rockefeller?". Él respondió: "Dejó todo, no se llevó ni un centavo".

12
de septiembre

La humildad,
el camino de la honra

Antes del quebrantamiento se ensoberbece el corazón del hombre, y antes de la honra es la humildad.

PROVERBIOS 18:12

La soberbia es la sala de espera de la caída, pero la humildad es el portón de entrada de la honra. Mientras más alto el hombre coloque su nido, más desastrosa será su caída. Mientras más se vuelva vanidoso su corazón, más amarga será su derrota. Dios no tolera al soberbio y resiste a los orgullosos. Dios lanzó del cielo al querubín de luz porque el orgullo entró en su corazón cuando quiso ser semejante al Altísimo. Dios arrancó a Nabucodonosor del trono y lo lanzó al campo, para que comiera con los animales, porque el rey se volvió soberbio. El ángel de Dios fulminó al rey Herodes porque, al ser exaltado por los hombres como un ser divino, no le dio gloria a Dios. El orgullo es un terreno resbaladizo, un camino cuyo destino es el fracaso irremediable. Pero la humildad precede a la honra. La persona humilde es respetada. Dios le da gracia a los humildes. Levanta al pobre de la basura y hace que se siente entre príncipes. Dios exalta a aquellos que se humillan. Juan el Bautista dice: "Es necesario que él crezca, y que yo mengüe" (Juan 3:30). Ese precursor del Mesías se consideró indigno de desatar las correas de sus sandalias, pero Jesús el maestro lo exaltó, diciendo que, de los nacidos de mujer, nadie era más grande que él. Permanece la verdad imperturbable de que la humildad es el camino de la honra.

13
de septiembre

Escuche para responder después

Responder antes de haber escuchado es fatuidad y oprobio.
PROVERBIOS 18:13

La palabra de Dios nos enseña a ser prontos para oír y tardíos para hablar. Hablar mucho y oír poco es señal de necedad. Entonces, responder antes de oír con seguridad es vivir una vergüenza. No podemos hablar de algo que no entendemos. No podemos responder sin ni siquiera oír la pregunta. Una persona sabia piensa antes de abrir la boca y evalúa las palabras antes de proferirlas. Una persona sensata mastica la pregunta antes de dar la respuesta. Evalúa y pesa cada palabra antes de enunciarla. El apóstol Pedro no seguía ese patrón. Era un hombre de sangre caliente. Hablaba sin pensar y muchas veces, sin entender lo que estaba hablando. Por tener una necesidad casi que irresistible de siempre hablar, tropezaba en sus propias palabras y se involucraba en grandes problemas. En la casa del sumo sacerdote, afirmó tres veces que no conocía a Jesús, y eso después de declarar que estaba listo para ser preso con él e inclusive morir por él. Pedro profería afirmaciones intempestivas y daba respuestas sin ningún sentido. Era un hombre contradictorio, que en un momento hacía declaraciones audaces para enseguida echar para atrás y demostrar una cobardía vergonzosa. Hablar del vacío de la cabeza y de la plenitud de la emoción puede ser un gran peligro. El camino de la sabiduría es oír más y hablar menos, es pensar más y discutir menos, es abrir más los oídos y menos la boca.

14

de septiembre

En la enfermedad, tenga esperanza

El ánimo del hombre le sostiene en su enfermedad; mas ¿quién sostendrá al ánimo angustiado?

PROVERBIOS 18:14

Nuestra actitud ante los dramas de la vida tiene una conexión muy estrecha con nuestra salud física. Las ganas de vivir mantienen la vida de un enfermo, pero si se desanima, no existe más esperanza. Quien se entrega y tira la toalla, quien pierde la esperanza y no lucha más para sobrevivir es vencido por la enfermedad. Nuestras emociones tienen un peso decisivo cuando se trata de enfrentar una enfermedad. No basta usar los recursos de medicamentos. Tenemos que alimentar nuestra alma con el tónico de la esperanza. Tenemos que quitar los ojos de las circunstancias y colocarlos en aquel que está en el control de las circunstancias. Nuestros pies pueden estar en el valle, pero nuestro corazón debe estar en lo plano. Aun cuando pasamos por valles áridos, Dios los puede transformar en manantiales. El llanto puede durar una noche, pero la alegría viene por la mañana. Pero aquellos que se entregan al desánimo, hacen de la lamentación la sinfonía de la vida. Pierden las fuerzas, se atrofian emocionalmente y son dominados de manera irremediable por el sentimiento del fracaso. En la enfermedad tenemos que colocar nuestros ojos en Dios, pues la última palabra no es de la ciencia, sino de aquel que nos creó, nos sostiene y puede intervenir en nuestra vida, redimiéndonos de la cueva de la muerte.

15
de septiembre

La búsqueda de la sabiduría

El corazón del entendido adquiere sabiduría; y el oído de los sabios busca la ciencia.

PROVERBIOS 18:15

E l conocimiento es la búsqueda incansable del sabio. Los necios buscan placeres, éxito y comodidad, pero aunque alcancen el objeto de su deseo, no se satisfacen. Cuando el rey Salomón le pidió a Dios sabiduría, recibió también riquezas y gloria. Sin embargo, cuando buscó la felicidad en el trago, en la riqueza, en el sexo y en la fama, cosechó solamente vanidad. Las cosas más atrayentes del mundo son como una burbuja de jabón. Tienen belleza, pero no contenido. Son multicolor, pero vacías. Atraen los ojos, pero no satisfacen el alma. El necio abre su corazón para lo que es frívolo, pero el sabio no desperdicia su tiempo buscando cosas fútiles. El sabio siempre está dispuesto y listo para aprender. Su corazón busca conocimiento más precioso que el oro. Sus oídos aspiran a la sabiduría más que a la música encantadora. El conocimiento es la base de la sabiduría. Sin conocimiento, seremos masa de maniobras en las manos de los aprovechadores. La sabiduría es más que el conocimiento. No es suficiente para el hombre la información, él necesita transformación. No es suficiente saber; es necesario saber lo que conviene y vivir de acuerdo con ese conocimiento. La sabiduría es mirar para la vida con los ojos de Dios. Es imitar a Dios. Es andar en los mismos pasos de Jesús. Es vivir como Jesús vivió.

16
de septiembre

La generosidad abre puertas

La dádiva del hombre le ensancha el camino y le conduce a la presencia de los grandes.

PROVERBIOS 18:16

Un corazón generoso es nuestra mejor tarjeta de presentación. El amor traducido en actitudes abre puertas para nuevas relaciones. ¿Quiere hablar con alguien importante? Lleve un regalo, y será fácil. Un simple gesto de bondad pavimenta el camino para nuevas amistades. Nadie pierde por ser gentil. El corazón abierto es revelado por manos abiertas y estas son generosas para regalar. A veces quedamos avergonzados para darle un regalo a alguien que tiene todo lo mejor. Pero no es una cuestión de lo que estamos ofreciendo. Lo que importa no es el valor monetario del regalo, sino su significado. Es el gesto de amor lo que cuenta. Es la demostración de cariño lo que enternece. Nadie es tan rico que no pueda recibir un regalo, y nadie es tan pobre que no pueda darlo. La generosidad nos coloca en compañía de los príncipes. Cuando tenemos amor en el corazón y un regalo en las manos, hacemos amplio el camino para nuevos contactos, y ese gesto nos lleva a la presencia de los grandes. La generosidad es una clave que abre el cofre de las relaciones más difíciles y pavimenta el camino para las amistades más profundas.

17

Cuidado con sus motivaciones

Parece tener razón el primero que aboga por su causa; pero
viene su adversario, y le descubre.

PROVERBIOS 18:17

L as cosas no son lo que aparentan ser; estas son lo que son en su esencia.
No somos lo que somos en el palco, sino lo que somos en la intimidad.
Muchas veces las personas no admiran quienes somos, sino lo que aparentamos ser. No gustan de nosotros, sino de la máscara que usamos. No respetan
nuestro carácter, sino nuestro desempeño. Aman nuestras palabras, pero no
nuestros sentimientos. Salomón está diciendo aquí que las personas pueden
juzgarnos justos cuando empezamos un pleito. Nuestras palabras son elocuen-
tes, nuestra defensa es perfecta, nuestros derechos son soberanos. Pero cuando
alguien se aproxima, levanta la punta del velo y revela lo que escondemos bajo
las capas de nuestras motivaciones más secretas, descubre que hay un descom-
pás entre nuestro pleito y nuestros intereses personales. Hay un abismo entre
lo que hablamos y lo que somos. Hay un hiato entre lo que profesamos y practicamos. Hay inconsistencia en nuestras palabras y deformación en nuestro
carácter. Una cuña separa nuestras intenciones más secretas de nuestro pleito.
No basta parecer justo en público; es necesario ser justo en lo secreto. No
basta parecer justo en el tribunal de los hombres; es necesario ser justo en el
tribunal de Dios. No basta parecer justo a los ojos de los hombres; es necesario
ser justo a los ojos de Dios.

18
de septiembre

La decisión sabia viene de Dios

> La suerte pone fin a los pleitos, y decide entre los poderosos.
>
> PROVERBIOS 18:18

En los tribunales hay muchas batallas jurídicas en curso entre los poderosos. Los pleitos son defendidos con vigor y argumentos fuertes. Abogados ilustres, con argumentos arrasadores, defienden el pleito de sus clientes con elocuencia intachable. Pero esos pleitos se arrastran por largos años, en virtud de la complejidad de la causa y de la burocracia de la justicia. El pulso entre los poderosos parece que no tiene fin. La pugna parece interminable. Los pleitos no llegan a un fin deseable. Siempre que es dada una sentencia, se recurre a un tribunal inmediatamente superior y, así, la pelea jurídica pasa años y años sin un veredicto final. En la antigüedad, especialmente en el pueblo de Dios, esas cuestiones eras resueltas por el lanzar suertes. El Dios que sonda corazones era consultado cuando una decisión difícil tenía que ser tomada. Entonces, Dios respondía y traía una solución clara, justa, que terminaba con los pleitos. Cuando Judas Iscariote, que había traicionado a su Señor, se ahorcó, era necesario un reemplazo para ocupar su lugar. La iglesia reunida en Jerusalén buscó a Dios en oración, y por medio del lanzamiento de suertes Matías fue escogido para ocupar su lugar. Hoy en día no lo hacemos así, pero el principio de buscar a Dios y actuar según su voluntad aún debe regir nuestras decisiones.

19
de septiembre

No ofenda a su hermano

El hermano ofendido es más tenaz que una ciudad fuerte, y
las contiendas de los hermanos son como cerrojos de alcázar.
PROVERBIOS 18:19

No es una actitud sensata herir a una persona, pues un hombre ofendido
en su honra se vuelve una fortaleza inexpugnable. Sus contiendas son
más fuertes que los cerrojos de un castillo. Cuando Tito Vespasiano invadió
y devastó Jerusalén en el año 70 d.C., cerca de tres mil judíos huyeron y se
refugiaron en la fortaleza de Masada, en las proximidades del mar Muerto.
Después de ver a su pueblo masacrado y su templo incendiado, esos judíos se
volvieron verdaderos gigantes para defender en lo alto de esa fortaleza construida por Herodes, el Grande. Cuando los romanos intentaban aproximarse,
los judíos mandaban piedras desde arriba. Estaban heridos en su orgullo y en
su honra y, como si fueran uno solo, lucharon bravamente hasta el día en el
que, sin esperanza de salvación, resolvieron que un suicidio colectivo sería mejor que caer en las manos de los romanos para ser deshonrados y ser muertos
por la espada. No podemos herir a las personas. No podemos agredirlas con
palabras y actitudes. No tenemos el derecho de humillarlas. Todo ser humano
debe ser respetado. Debemos tratar a todos con dignidad y amor, pues una
persona herida resiste como una fortaleza, y sus contiendas son tan fuertes
como los cerrojos de un palacio.

20
de septiembre

El corazón se alimenta de la boca

Del fruto de la boca del hombre se llenará su vientre; se saciará del producto de sus labios.

PROVERBIOS 18:20

Existe una estrecha relación entre el corazón y la boca. La boca habla lo que procede del corazón, y el corazón se alimenta de lo que la boca habla. El corazón es la fuente; la boca, los riachos que fluyen de esa fuente. Siendo la boca el vehículo del corazón, también es la despensa que lo alimenta con lo mejor de los manjares. Cuando la boca dice palabras sabias, bondadosas, edificantes, el corazón se satisface con lo que producen los labios. Palabras verdaderas, oportunas y llenas de gracia siempre alegrarán el corazón. Esas palabras bendicen no solamente a quien las oye, sino también a quien las dice. Esas palabras alimentan no solamente el corazón de los oyentes, sino también el corazón de aquellos que las proclaman. ¡Qué bueno es ser portador de buenas nuevas! ¡Qué bueno es ser instrumento de Dios para consolar a los tristes! ¡Qué bueno es abrir la boca para decir la verdad en amor y estimular a las personas ante los dramas de la vida! Cuando plantamos semillas en la vida de los demás, nosotros mismos cosechamos los frutos de esta siembra. Cuando plantamos buenas semillas en la huerta de nuestro prójimo, vemos esas mismas semillas floreciendo y fructificando en nuestro propio campo. Tomamos el reflujo de nuestro propio flujo. Las bendiciones que distribuimos para los demás caen sobre nuestra propia cabeza.

21
de septiembre

El poder de la comunicación

La muerte y la vida están en poder de la lengua, y el que la cuida comerá de sus frutos.

PROVERBIOS 18:21

Podemos avivar o matar una relación dependiendo de la manera como nos comunicamos. La vida de la relación conyugal, así como de todas las otras relaciones interpersonales, depende de la manera como lidiamos con la comunicación. La comunicación es el oxígeno de las relaciones humanas. En cierta ocasión, un joven muy vivo quiso colocar en apuros a un sabio anciano que vivía en su villa. El viejo siempre tenía respuestas para todos los dilemas que le eran presentados. Entonces, el joven pensó: "Voy a llevar un pájaro pequeñito en mis manos y le preguntaré al anciano si el pajarito está vivo o muerto. Si él dice que está muerto, yo abro la mano y lo dejo volar. Si dice que está vivo, aprieto las manos, lo aplasto y lo presento muerto. De cualquier manera ese anciano está en apuros conmigo". Al aproximarse el anciano, el joven lo desafió de la siguiente manera: "Usted es muy sabio y siempre tiene respuestas correctas para todos los dilemas, entonces dígame: ¿el pajarito dentro de mis manos está vivo o muerto?". El anciano lo miró y le dijo: "Joven, si el pajarito está vivo o muerto, solamente depende de usted". La comunicación dentro de su casa, en su matrimonio, en su trabajo, en su escuela, en su iglesia está viva o muerta; solamente depende de usted, pues "La muerte y la vida están en poder de la lengua" (Proverbios 18:21).

22

de septiembre

La esposa es un regalo maravilloso

El que halla esposa halla el bien, y alcanza la benevolencia
de Jehová.

PROVERBIOS 18:22

El matrimonio es una fuente de felicidad o la razón de los más grandes
infortunios. Pavimenta el camino del bien o promueve grandes males.
El matrimonio fue instituido por Dios para la felicidad del hombre y de la
mujer, pero podemos transformar ese proyecto de felicidad en una pesadilla
terrible. Muchos hombres no buscan la dirección divina para su matrimonio.
Se casan sin reflexión, movidos solamente por una pasión palpitante o por
intereses egoístas. Tenemos que pedirle a Dios nuestro cónyuge. Esa búsqueda
debe estar regada de oración. Debemos observar los principios establecidos
por el propio Dios en esa búsqueda. Como Isaac, también debemos buscar la
dirección de Dios para encontrar la persona que él reservó para nosotros. La
Biblia dice que la casa y los bienes vienen como herencia de los padres; pero
del Señor, la esposa prudente. Encontrar esa persona es una gran felicidad. Es
tomar pose de la propia bendición del Señor. Una esposa prudente vale más
que las riquezas. Su valor sobrepasa el de finas joyas. Un matrimonio feliz es
mejor que conseguir fortunas. ¿De qué sirve tener mucho dinero y vivir con
una esposa escandalosa? ¿De qué sirve tener la casa llena de bienes, y vivir en
conflicto permanente y tensión dentro de la casa? El matrimonio hecho en la
presencia de Dios y el hogar edificado por Dios son expresión elocuente de
la benevolencia del Señor.

23
de septiembre

La delicadeza en el trato

El pobre habla con ruegos, mas el rico responde durezas.

PROVERBIOS 18:23

L a comunicación es la radiografía del alma. Quien no habla con dulzura expone sus entrañas amargas. Quien es duro en el trato demuestra tener un corazón maligno. La Biblia habla de Nabal, marido de Abigail. El hombre era un hijo de Belial, dominado por espíritus malignos. Era un hombre rico, pero incomunicable. Nadie le podía hablar. Sus palabras herían más que la punta de espada. Sus actitudes revelaban su corazón ingrato, y sus palabras duras demostraban su espíritu perturbado. Ese hombre cavó la propia sepultura. Sembró vientos y cosechó tempestades. Por haber tratado con desprecio a David y sus valientes, fue sentenciado a muerte. Su muerte no sucedió por las manos de David porque Abigail defendió la causa del marido con sentido de urgencia. La Biblia dice que el pobre pide permiso para hablar, pero el rico responde con grosería. El pobre habla con súplicas, pero el rico responde con durezas. El rico, por causa de sus bienes, habla con dureza y actúa con prepotencia. Se juzga mejor que los demás, se burla de ellos y usa el poder de su dinero para humillar a aquellos que vienen a su presencia. Esa es una actitud insensata. La delicadeza en el trato es un deber de todos los hombres. Pobres y ricos pueden ser benignos en el trato y usar su lengua para bendecir a las personas en vez de herirlas.

24

de septiembre

El valor del amigo verdadero

El hombre que tiene amigos ha de mostrarse amigo; y hay amigo más unido que un hermano.

PROVERBIOS 18:24

El famoso cantante brasileño Milton Nascimento dice que amigo es una cosa para guardarse en el corazón. Existen muchas personas que nos cercan en el momento de la alegría, pero pocas permanecen a nuestro lado en la hora de la crisis. El amigo verdadero es aquel que llega cuando todos se fueron. El amigo ama en todo tiempo, y en la desventura se conoce un hermano. La Biblia habla sobre el hijo pródigo, que salió para gastar su herencia en un país distante. Allí disipó todos sus bienes viviendo de manera disoluta, cercado de amigos. Pero cuando la crisis llegó, esos amigos de fiestas se desvanecieron. Los amigos de la mesa de juegos, los amigos de bares y los amigos de bailes solamente se sirven de usted, pero nunca están listos para servirlo. Los amigos utilitarios solamente se aproximan buscando alguna ventaja. Ellos no lo aman, sino a lo que usted tiene y lo que les puede dar. Algunas amistades no duran nada, se basan solamente en intereses; pero el amigo verdadero es más unido que un hermano. Siempre está a su lado, especialmente en los tiempos de desventura. Jesús es nuestro amigo verdadero. Siendo rico, se hizo pobre para hacernos ricos. Siendo Dios, se hizo hombre para salvarnos. Siendo bendito, se hizo maldición para hacernos benditos a los ojos del padre.

25

de septiembre

La integridad vale más
que el dinero

Mejor es el pobre que camina en integridad, que el de perversos
labios y fatuo.

PROVERBIOS 19:1

Vivimos una crisis colosal de integridad. Esa crisis pasa ante los ojos estupefactos de toda la nación. Está presente en los palacios de gobierno, en
las chozas más pobres de los lugares más miserables de cada país. Está presente
en la suprema corte, también en los poderes legislativo y ejecutivo. La ausencia de integridad colocó su maldita cuña en el comercio, en la industria y aun
en la iglesia. Familias están siendo acabadas por esa crisis de integridad. Vivimos una especie de torpor ideológico y una vergonzosa inversión de valores.
Las personas valoran más el tener que el ser. Cosas valen más que las personas.
En esa sociedad hedonista, los hombres aplauden la indecencia y escarnecen
de la virtud, enaltecen el vicio y se burlan de los valores morales absolutos.
Tenemos que levantar nuestra voz para decir que es mejor ser pobre y honesto
que mentiroso y necio. Es mejor tener una conciencia tranquila que poseer
dinero deshonesto en los bolsillos. Es mejor comer un plato de hortalizas con
paz en el alma que enaltecerse en banquetes refinados, pero con el corazón
perturbado por la culpa. Es mejor ser pobre honesto que ser rico deshonesto.
La integridad vale más que el dinero. El carácter es más importante que la
apariencia. Lo que somos vale más que lo que tenemos.

26
de septiembre

El afán es enemigo de la perfección

El afán sin reflexión no es bueno, y aquel que se apresura con
los pies, se extravía.

PROVERBIOS 19:2

Hay un dicho popular que dice: "quien adelante no mira, atrás se queda". Quien invierte tiempo en planeamiento trabaja menos y con más y
mejores resultados. En cierta ocasión leí que los japoneses gastan once meses
planeando algo y un mes para ejecutarlo; los latinos gastan un mes planeando y once ejecutando. Hacer antes de planear o realizar un proyecto sin un
planeamiento cuidadoso es trabajar en error y sembrar para el fracaso. Quien
no planea bien planea fracasar. El tiempo que se gasta en afilar el hacha no es
tiempo perdido. ¿Quién empieza a construir una casa antes de tener la planta?
¿Quién va a la guerra sin antes calcular sus costos? ¿Quién empieza un proyecto sin antes evaluar sus ventajas y peligros? Actuar sin pensar no es bueno.
El afán es enemigo de la perfección. Un emprendedor, por lo general, hace
dos preguntas antes de empezar un negocio: ¿Cuánto voy a ganar si cierro ese
negocio? ¿Cuánto voy a perder si cierro ese negocio? Tomar decisiones sin reflexión es insensatez. Hablar antes de pensar es necedad. Entrar en un negocio
sin evaluar las oportunidades y los riesgos es pavimentar el camino del fracaso.
Pero invertir lo mejor de su tiempo en planeamiento es señal de prudencia,
pues el afán es enemigo de la perfección. ¡No sea necio, sea sabio!

27

de septiembre

No culpe a Dios por sus fracasos

La insensatez del hombre tuerce su camino, y luego se irrita su corazón contra Jehová.

PROVERBIOS 19:3

Dios no es socio de sus locuras. Lo que el hombre siembre eso segara. Usted toma de su propia fuente. Usted come los frutos de su propia siembra. Usted se abastece de sí. El necio hace sus locuras y después se ira contra Dios. Suelta la boca para hablar improperios y después quiere oír palabras dulces. Apresura los pies para el mal y después quiere recibir el bien. Sus manos son ágiles para cometer injusticia y después esperan buenas recompensas de sus acciones malignas. Y lo peor, al recibir la justa recompensa de sus obras malas, los necios colocan toda la culpa en Dios. La falta de juicio es lo que hace que la persona caiga en desgracia; sin embargo, esta le coloca la culpa a Dios. Cuando concibe el mal en el corazón y se apresura a ejecutarlo, no consulta a Dios. Cuando se entrega a la práctica del mal, tapa los oídos a los consejos de Dios. Pero en el momento de recibir el castigo justo por sus actos insensatos, la persona se siente que no hay justicia sobre ella y le atribuye la culpa al Señor. Esa actitud es la necedad consumada. Es querer cambiar lo incambiable: cosechamos lo que sembramos. No podemos sembrar el mal y segar el bien. No podemos plantar cizaña y cosechar trigo. No podemos sembrar discordia y segar armonía. No podemos plantar odio y cosechar amor.

28
de septiembre

Amigos por interés

Las riquezas atraen a muchos amigos; mas el pobre se ve apartado de su amigo.

PROVERBIOS 19:4

Hay amigos y amigos. Hay amigos de verdad y amigos de fachada. Amigos de corazón y amigos que nos apuñalan por la espalda. Hay amigos que nos aman y amigos que aman lo que tenemos. Hay amigos que están a nuestro lado en el día de la abundancia y amigos que nos abandonan en el momento de la escasez. Esos amigos de turno no son amigos verdaderos, sino apenas aprovechadores. Esos amigos utilitaristas abren los labios con palabras dulces y nos hacen elogios lisonjeadores, pero que se alejarán de nosotros a la señal de la primera crisis. Los ricos consiguen muchos amigos de esa categoría. Esos lobos con piel de oveja, con máscaras de amigos, siempre están buscando alguna ventaja personal. Siempre le están haciendo al rico los elogios más diferentes, mientras planean en el corazón oportunidades para sacar algún provecho. El pobre no consigue tener ese tipo de amistad. ¡Menos mal! Dice un dicho popular que es mejor estar solo que mal acompañado. El amigo verdadero ama todo el tiempo. Él está más unido que un hermano. No nos deja en el momento de la crisis, ni nos abandona en el momento de la aflicción. Jesús es el ejemplo más grande de amigo. Él dejó la gloria y bajó hasta nosotros. Nos amó no por causa de nuestra riqueza, sino a pesar de nuestra pobreza. Dio su vida por nosotros no por causa de nuestros méritos, sino a pesar de nuestros deméritos. ¿Usted es un amigo de verdad? ¿Usted tiene amigos verdaderos?

29
de septiembre

La mentira tiene piernas cortas

El testigo falso no quedará sin castigo, y el que habla mentiras no escapará.

PROVERBIOS 19:5

Los tribunales de la tierra están repletos de testigos falsos. Personas que juran decir la verdad, con la mano sobre la Biblia, y después abren la boca para decir mentiras. El resultado de ese teatro vergonzoso es que inocentes salen de esos tribunales condenados, y los culpables acaban libres y protegidos por la ley. No obstante, aunque la verdad sea burlada en los tribunales de la tierra, aunque la mentira se vista con la bata sagrada del derecho y desfile en la tarima de la justicia, su máscara caerá un día, y sus vergüenzas serán vistas por todos. La mentira tiene piernas cortas. El mentiroso no es consistente. Tarde o temprano él incurrirá en contradicción. Tropezará en su propia lengua. Será cogido en su propia trampa. Sus pies bajarán a la tumba que él abrió para su prójimo. El mal que intentó para el otro caerá sobre su propia cabeza. Eso porque las tinieblas no prevalecerán sobre la luz. La mentirá no triunfará sobre la verdad. El testigo falso no quedará impune ni conseguirá escapar del castigo. La mujer de Potifar, al acusar al joven José de Egipto por acoso moral, tuvo su reputación resguardada por algún tiempo. Pero la verdad vino a la luz, su trampa fue descubierta, y su nombre cayó en la calle del desprecio por generaciones sin fin.

30

de septiembre

Amigos sanguijuelas

Muchos buscan el favor del generoso, y cada uno es amigo del hombre que da.

PROVERBIOS 19:6

L a ley de la sanguijuela es: dame, dame. La sanguijuela se pega a nuestro cuerpo apenas para chupar nuestra sangre. Ella se alimenta de nuestra sangre y se abastece con nuestra vida. Existen personas que se acercan a nosotros, nos cubren de elogios, adulándonos con palabras dulces, apenas para recibir algún provecho personal, para tener alguna ventaja, para ganar algún regalo. Son personas egoístas y mezquinas. No están interesadas en usted, sino en lo que tiene. No aman quien usted es, sino lo que puede ofrecer. Intentan comprarlo con adulación. Son finas en las palabras, estratégicas en los elogios, pero falsas en las motivaciones. Quieren anidarse debajo de sus alas. Quieren vivir seguras bajo la protección de su sombra. Desean sus regalos más que su presencia. Quieren sus bienes más que su bienestar. Quieren lo que usted tiene, no quien usted es. Son sanguijuelas, y no amigos. Son aprovechadores, y no compañeros de jornada. Son indignos de su compañía, y no socios de sus sueños. El rey Salomón nos advierte para el hecho de que todos buscan agradar a las personas importantes; todos quieren ser amigos de quien da regalos. La prudencia nos enseña a no hacer parte de las filas de ese grupo. No debemos dar guarida a ese bando de aprovechadores ni nutrir en nuestro corazón ese sentimiento vil.

1
de octubre

El amigo falso huye
en la hora de la crisis

Todos los hermanos del pobre le aborrecen; ¡cuánto más sus
amigos se alejarán de él!

PROVERBIOS 19:7

L a Biblia dice: "En todo tiempo ama el amigo, y el hermano ha nacido para
el tiempo de angustia" (Proverbios 17:17). Sin embargo, así como hay
hermanos que nos abandonan en la hora de la crisis, también hay amigos que
nos dejan en el momento de aprietos. En esas horas el pobre busca un amigo
para socorrerlo, pero esos amigos tienen pies veloces para huir. Dichos "hermanos" y "amigos" son falsos. No son verdaderos. Son hermanos y amigos
tan solo de palabra, pero no de hecho y en verdad. Se aproximan a usted solamente en la abundancia, pero desaparecen en la escasez. Frecuentan su casa
apenas en los días de fiesta, pero salen corriendo en los días de enfermedad.
Se sientan a su mesa apenas en las celebraciones de alegría, pero jamás ofrecen
ayuda en el día de la calamidad. Lo cubren de elogios cuando esperan recibir
algún favor, pero se alejan rápidamente de su casa cuando usted necesita algún
tipo de ayuda. El amigo verdadero es aquel que llega cuando todos se fueron.
El amigo verdadero no lo desampara cuando cae sobre su alma la noche oscura de la crisis. Él se sienta con usted en las cenizas. Llora con usted y le abre
su corazón, sus manos y su bolsillo. Él no viene para recibir sino para dar.

2
de octubre

Dé descanso a su propia alma

El que posee entendimiento ama su alma; el que guarda la inteligencia hallará el bien.

PROVERBIOS 19:8

El entendimiento de las realidades a nuestro alrededor no es algo que poseemos naturalmente. Tenemos que invertir tiempo para adquirirlo. El conocimiento es un tesoro más precioso que el oro y la plata. Mejor es aquel que junta conocimiento que aquel que acumula dinero. El dinero puede ser robado. Los bienes pueden ser consumidos por la polilla y por el óxido. Pero el conocimiento es un bien que no se consume. Es un tesoro que no puede ser extraído de usted. Ningún ladrón puede robar su cerebro o saquear la ciudad de su alma. Ese cofre jamás puede ser abierto por los ladrones. Por eso, quien adquiere conocimiento hace la mejor de todas las inversiones. Ama su propia vida y da descanso a su alma. Quien conserva la inteligencia halla el bien y disfruta de la verdadera felicidad. El entendimiento y la inteligencia son la expresión de la sabiduría, y la sabiduría es mirar para la vida con los ojos de Dios. Es estar sintonizado con el corazón de Dios. Es vivir de acuerdo con la voluntad de Dios. Es andar según el proyecto de Dios. Es vivir en la luz del Salvador y exhalar el perfume de Cristo, aquel que es la expresión máxima de la sabiduría de Dios entre los hombres.

3

La ruina del testigo falso

El testigo falso no quedará sin castigo, y el que habla mentiras perecerá.

PROVERBIOS 19:9

Hay una estrecha semejanza entre Proverbios 19:5 y Proverbios 19:9. La única diferencia es que, en el versículo 5, el mentiroso no escapa y, en el versículo 9, el mentiroso muere. No se trata de repetición por equivocación, sino de énfasis. Mientras el versículo 5 declara que el falso testigo no escapará, el versículo 9 define cuál es el castigo: perecer. ¿Cuál es la diferencia entre "no escapar" y "perecer"? El testigo falso siempre es mentiroso. Siempre falta con la verdad. Siempre presenta la mentira como si fuera una verdad. Como la mentira tiene piernas cortas, el mentiroso será agarrado en contradicción. Puede que sea honrado por un tiempo, puede que reciba aplausos de los hombres en determinadas circunstancias, pero su día llegará; y en ese día su máscara caerá, y su cara se cubrirá de vergüenza. Pero el testigo falso no solamente será agarrado, sino que perecerá. Su ruina será total. Su reputación será arruinada. Su luz se apagará. Su nombre caerá en el oprobio. El testigo falso con seguridad será castigado y con seguridad será condenado a la ruina irremediable. Aunque escape en los tribunales de la tierra, no escapará en el tribunal de Dios. Aunque salga ileso en el juicio de los hombres, no será hecho inocente en el juicio divino.

4
de octubre

La promoción del necio
es un peligro

No sienta bien al necio vivir en delicias; ¡cuánto menos al siervo ser señor de los príncipes!

PROVERBIOS 19:10

Promover a un individuo insensato es un gran peligro, pues al recibir poder, el usará su fuerza para fomentar el mal, y no el bien; para herir a las personas, en vez de bendecirlas. Cuando el rey Roboam asumió el trono de Israel, tomó una decisión imprudente. En vez de oír las reclamaciones del pueblo para aliviarle la carga tributaria, pesó la mano cobrando impuestos aún más abusivos. El resultado fue una división en su reino y un debilitamiento de su gobierno. Cuando el rey persa Asuero promovió a Amán, este usó su influencia para tramar contra Mardoqueo, preparando una horca para matarlo. Su plan no terminó allí. Él también conspiró contra todos los judíos del reino medo-persa para examinarlos. Pero su maldad fue descubierta, y ese hombre malo fue ejecutado en la propia horca que había mandado hacer para Mardoqueo. Al hombre necio no le conviene la vida regalada. Alguien ya dijo y con justa razón que si queremos conocer el carácter de un hombre debemos darle poder. Los hombres sensatos lo usarán para el bien colectivo, pero los necios lo emplearán para provecho propio. Aquellos que no tienen juicio, cuando asumen cualquier posición de liderazgo, utilizan su fuerza para pervertir el orden, para torcer la ley y para actuar con violencia. Por ser necios, caerán en la trampa que armaron para otros y verán que el mal que intentaron contra el prójimo se volverá contra ellos.

5

de octubre

Controle su lengua y sus reacciones

La cordura del hombre detiene su furor, y es un honor para él pasar por alto la ofensa.

PROVERBIOS 19:11

L a discreción es una virtud rara en nuestros días, pero absolutamente necesaria para construir relaciones sólidas. Nadie confía en una persona que tiene lengua suelta. Nadie construye puentes de amistad con aquellos que viven desenterrando el pasado de personas intentando traer a la luz aquello que fue sepultado en tiempos remotos. La Palabra de Dios dice que el amor cubre multitud de pecados. No debemos ejercer el papel de detective en la vida de nuestro prójimo, escarbando en busca de algún desliz. No somos llamados para ser arqueólogos, en busca de alguna cosa del pasado para descifrar los enigmas del presente. En vez de insistir en quitar la paja del ojo de nuestro hermano, debemos ver la viga en nuestro ojo. La gloria del hombre no es denunciar los errores de los otros ni exponerlos al ridículo por causa de sus fallos, sino perdonar las injurias. El hombre no es grande cuando usa la fuerza para vengarse, sino cuando paga el mal con el bien; cuando transforma al enemigo en amigo; cuando bendice aquellos que lo maldicen y ora por aquellos que lo persiguen. No somos llamados a retribuir el mal con el mal, sino a ejercer misericordia y actuar como canales de la gracia de Dios inclusive con aquellos que nos cubren con injurias.

6

de octubre

El rugido del león

> Como rugido de león es la ira del rey, y su favor como el rocío
> sobre la hierba.
>
> **PROVERBIOS 19:12**

La monarquía es un régimen de gobierno que atravesó los siglos y aún hoy es sostenido en algunas naciones. En el pasado, tuvimos imperios en los cuales el rey tenía el poder absoluto de la vida o muerte sobre sus súbditos. En Babilonia, por ejemplo, el rey estaba por encima de la ley. Era un régimen absolutista. Provocar al rey era colocar el cuello a premio. Un día, los tres amigos de Daniel desafiaron la orden del rey Nabucodonosor. Rehusaron a postrarse delante de la imagen de oro que Nabucodonosor había hecho para su propia adoración. La ira de ese rey megalomaníaco se encendió de tal manera que mandó calentar el horno siete veces más y lanzar a los tres jóvenes en ese fuego ardiente. Su voz resonó en todo el imperio como el rugido de un león, y todo el pueblo se curvó a sus órdenes soberanas para adorar la imagen, excepto aquellos tres jóvenes hebreos. Dios los libró en el horno y no del horno. El grito del rey se volvió como orvallo sobre el pasto, y los tres jóvenes temientes a Dios fueron promovidos, mientras que el nombre de Dios fue exaltado en Babilonia. Dios trasformó la ira en favor, el castigo en promoción, la sentencia de muerte en plataforma de vida.

7

Hijo insensato
y esposa que contiende

Dolor es para su padre el hijo necio, y gotera continua las
contiendas de la mujer.

PROVERBIOS 19:13

Un hijo necio trae gran dolor de cabeza a su padre. Un hijo necio es motivo de vergüenza, sufrimiento y ruina para su padre. Un hijo que desprecia la enseñanza del padre y actúa en contravía de la herencia que recibió solamente provoca desgracia en su familia. Los noticieros estampan todos los días las noticias dolorosas de hijos que se rinden a las drogas y roban a los padres para alimentar su vicio; de hijos que por ganancia matan a los padres para enriquecerse con la herencia. Un hijo insensato es una tragedia, una fuente de disgusto, la desgracia del padre. Un cuadro semejante es la mujer que contiende. Si el hijo insensato es una avalancha que provoca inundación desastrosa, la mujer que contiende es una gotera que gotea sin parar y transforma la vida del marido en una pesadilla. La Biblia dice que es mejor vivir solo que al lado de una mujer que contiende. Es mejor hacer su tienda en el desierto que vivir en una mansión junto con una mujer amarga, que vive reclamando de la vida y esparciendo su acidez. Es mejor estar solo en el altillo de la casa que estar durmiendo al lado de una mujer amarga. Hijo insensato y mujer que contiende son un tormento sin fin para la vida de un hombre. ¡Tenga cuidado!

8
de octubre

Esposa prudente, regalo de Dios

> La casa y las riquezas son herencia de los padres; mas la mujer
> prudente es don de Jehová.
>
> PROVERBIOS 19:14

Los padres hacen tesoros para los hijos. Ellos no hacen ningún favor para los hijos cuando les dejan a ellos sus bienes. Esa es una cuestión legal. Es lo que la ley exige. La casa y los bienes vienen como herencia de los padres. Pero si el hombre puede heredar de sus padres casa y dinero, entonces, solamente Dios le puede dar una esposa prudente. Esa mujer vale más que finas joyas. Ella hace bien a su marido todos los días de su vida y edifica su casa con inteligencia. Las palabras sabiduría y bondad están en su lengua. Es amiga, consejera y aliviadora de tensiones. Es como un árbol de olivos alrededor de su mesa. Tiene belleza y bellos frutos. Ahora, si la esposa prudente viene del Señor, los jóvenes deberían depender más de Dios para el matrimonio. Deberían orar más y buscar más la voluntad de Dios. Muchos matrimonios son hechos de afán, sin reflexión y oración. Decisiones son tomadas y pactos son firmados sin que la voluntad de Dios sea consultada. Muchos matrimonios naufragan porque los jóvenes cierran los ojos durante el noviazgo y después los abren para descubrir que escogieron de manera insensata. Alguien ya dijo, con razón, que, si no pedimos a Dios nuestro cónyuge, el diablo nos dará uno.

9

de octubre

El perezoso quedará pobre

La pereza hace caer en profundo sueño, y el alma negligente padecerá hambre.

PROVERBIOS 19:15

L a pereza es la madre de la pobreza y el reino de la miseria. Donde ella domina, hay mucho sueño y poco trabajo, mucho descanso y poca fatiga, muchos devaneos y casi ninguna actividad, mucha pobreza y ninguna prosperidad. A los perezosos les gusta el sueño, pero tienen alergia al trabajo. Siempre ven las dificultades pero nunca ven las oportunidades. Tienen miedo de los riscos ficticios, pero caminan deprisa para la pobreza sin remedio. Un individuo ocioso, con la mente llena de nada y las manos desocupadas de trabajo, enfrentará un futuro sombrío. El hambre será su amiga inseparable. La miseria habitará en su casa. Hay un grito que debe hacer eco en los oídos del perezoso: "Observa a la hormiga, oh perezoso, mira sus caminos, y serás sabio" (Proverbios 6:6). La hormiga trabaja en el verano para tener provisiones para el invierno. Ella no descansa ni se entrega a la indolencia; por eso, cuando llega la estación en la que no puede salir para el trabajo, tiene comida en abundancia y no tiene necesidades. Al hombre que duerme mientras debía trabajar, que cruza los brazos mientras debería extenderlos para el trabajo, le sobrevendrá la pobreza como un ladrón y la necesidad como un hombre armado.

10

de octubre

La obediencia,
el camino de la longevidad

El que guarda el mandamiento guarda su alma; mas el que menosprecia sus caminos morirá.

PROVERBIOS 19:16

Los mandamientos de Dios nos fueron dados para ser fuente de vida. La obediencia al mandamiento es elixir de vida. Aquellos que obedecen a Dios prolongan sus días sobre la tierra y aun reciben la promesa de la vida por venir. No somos salvos por la obediencia a los mandamientos, sino por la fe en Jesús; pero cuando creemos en Jesús, recibimos poder para obedecer a los mandamientos. Guardarlos es guardar el alma de tribulaciones. Observar los mandamientos trae deleite para el corazón y refrigerio para el alma. Es en el banquete de la obediencia que saboreamos los ricos manjares de la gracia. Cuando estamos en la presencia de Dios disfrutamos de alegría sin fin y delicias perpetuas. Pero despreciar los caminos de Dios es entrar en ruta de colisión; es caminar por el camino ancho que conduce a la perdición; es colocar el pie en la calle de la muerte. Dios es el autor de la vida, el donador de la vida y el único que ofrece vida eterna. Despreciar sus caminos es optar por la muerte. Es colocarse bajo el juicio de condenación. Es entrar con los propios pies en una condenación irremediable e irreversible. Es redactar la propia sentencia de muerte. Sin embargo, la obediencia es el banquete de los manjares de Dios. Es el camino de la vida, el camino de la longevidad, la senda de la bienaventuranza.

11

de octubre

Un préstamo a Dios

A Jehová presta el que da al pobre, y el bien que ha hecho, se
lo recompensará.

PROVERBIOS 19:17

Dios siempre demuestra un cuidado especial para con los pobres. Dios
hace tanto a ricos como a pobres. Si el pobre es un misterio divino, el
rico tiene un ministerio divino. El rico no debe acumular su riqueza con avaricia, sino distribuirla con generosidad. Debe ser rico en buenas obras y socorrer
a los afligidos en sus necesidades. Eso es como prestarle a Dios, pues Dios es
el fiador del pobre. Dios nunca se queda en deuda con nadie. Su justicia es
perfecta, y su misericordia no tiene fin. Él es la fuente de todo bien. Todo lo
que tenemos y todo lo que somos viene de Dios. Riquezas y glorias vienen
de sus manos. Él es quien nos fortalece para adquirir riquezas. Él es quien
multiplica nuestras semillas para continuar sembrando en la vida de nuestro
prójimo. El alma generosa prosperará, pues la bendición del Señor enriquece
y con él no hay disgustos. La palabra de Dios tiene promesas especiales para
los generosos: "Bienaventurado el que se preocupa del pobre; en el día malo
lo librará Jehová. Jehová lo guardará, y le dará vida; será bienaventurado en
la tierra, y no lo entregará a la voluntad de sus enemigos. Jehová lo sustentará
sobre el lecho del dolor; tornará su postración en mejoría" (Salmos 41:1-3).

12

de octubre

La disciplina tiene límites

Castiga a tu hijo en tanto que hay esperanza; mas no se apresure
tu alma para destruirlo.

PROVERBIOS 19:18

Sobre la disciplina de los hijos, hay dos extremos peligrosos que deben ser
evitados. El primero es la ausencia de disciplina. Hijos mimados se vuelven
hombres irresponsables e inconsecuentes. El segundo extremo es el exceso de
disciplina. Hijos oprimidos serán hombres inseguros y rebeldes. La Biblia dice
que los padres no deben provocar los hijos a la ira, para que no se queden
desanimados. La corrección de los hijos es una necesidad, pues la estulticia
está en el corazón del niño. La disciplina es un acto responsable de amor. Los
padres que no ven nada ante la rebeldía de los hijos y los dejan de disciplinar
están contribuyendo directamente para la ruina de los propios hijos. La Palabra de Dios habla sobre el sacerdote Eli, que amaba más a sus hijos que a Dios
y por eso dejó de corregirlos. El resultado de esa actitud insensata fue la pérdida de los hijos y la destrucción de la familia. Por otro lado, padres que golpean
a los hijos, agrediéndolos con rigor excesivo, están en total desacuerdo con la
enseñanza de la Palabra de Dios. El propósito de la disciplina es la formación
del carácter y no aplastar la autoestima. Tenemos que sazonar la disciplina con
estímulo, firmeza, dulzura, y la reprensión con consuelo. La falta de disciplina
genera hijos rebeldes; el exceso de disciplina genera hijos desanimados.

13

Cuidado con la gente que tiene la mecha corta

El iracundo pagará la pena; y si se lo perdonan, añadirá nuevos males.

PROVERBIOS 19:19

L a falta de control emocional es como cuando se rompe una represa: provoca inundaciones y gran destrucción. Un individuo que no tiene dominio propio, que siempre está demostrando explosiones de ira, mandando esquirlas a las personas a su alrededor, no se puede librar de las consecuencias de su actitud insensata. Proteger tales personas es tan solo dar más combustible para que repitan sus locuras. Es estimularlas a seguir por el mismo camino de muerte. La Palabra de Dios habla de Caín, hermano de Abel. Su corazón estaba lleno de ira. Dios lo reprendió y lo advirtió sobre los peligros de ese sentimiento. Le cabía dominar ese ímpetu furioso. Caín se tapó los oídos a la represión y como resultado, planeó y ejecutó la muerte de su hermano, para después intentar esquivarse de la responsabilidad. Pero Caín fue agarrado por las propias cuerdas de su pecado. Toda su historia fue estampada por las locas consecuencias de su temperamento desgobernado. No intente blindar personas de mal genio. No intente proteger aquellos que, como volcanes en erupción, lanzan de sí lavas incendiadas que esparcen sufrimiento alrededor. Tales personas tienen que sufrir las consecuencias de sus actos para que no sean estimuladas a proseguir en ese camino de locura.

14
de octubre

El camino de la sabiduría

Escucha el consejo, y recibe la corrección, para que seas sabio al final.

PROVERBIOS 19:20

Quien tiene oídos atentos al consejo y el corazón abierto a la instrucción coloca los pies en el camino de la sabiduría. A pesar de que el conocimiento no es sinónimo de sabiduría, por otro lado no existe sabiduría sin conocimiento. Los sabios anhelan aprender. Tienen los oídos atentos a la instrucción. La sabiduría es la utilización correcta del conocimiento. Es la aplicación adecuada de la instrucción. El positivismo de Auguste Comte se equivocó al decir que la necesidad más grande del mundo era el conocimiento. En el siglo xx, el hombre lleno de orgullo pensó que construiría un paraíso en la tierra con sus propias manos. Estábamos llegando al punto culminante del saber. Vivíamos en el territorio de lo extraordinario. No obstante, el conocimiento sin sabiduría nos llevó a dos guerras mundiales sangrientas. Aun lleno de conocimiento, el ser humano se volvió un monstruo criminal. Había mucha luz en su cabeza pero ninguna sabiduría en su corazón. Por otro lado, aquellos que cierran los oídos al conocimiento no alcanzan sabiduría. El que no siembre hoy en su instrucción no cosechará mañana los frutos de la sabiduría. La instrucción y la sabiduría caminan juntas. La sabiduría procede de la instrucción, y la instrucción es la base de la sabiduría.

15
de octubre

El triunfo del propósito de Dios

Muchos proyectos hay en el corazón del hombre; mas el designio de Jehová es el que se cumplirá.

PROVERBIOS 19:21

E l hombre hace sus planes. Su mente se agita con muchas consideraciones. Sus pensamientos recorren la tierra y se multiplican en muchísimos propósitos. Pero no es la voluntad del hombre la que permanecerá, sino el propósito de Dios. El plan de Dios es perfecto y victorioso. Dios conoce el futuro en su eterno ahora. Él ve los detalles de nuestra vida en las esquinas del futuro. Está presente en nuestro mañana. No sabemos lo que es mejor para nosotros. Tenemos limitaciones inmensas. No sabemos ni orar como conviene. Muchas veces pedimos piedra pensando que estamos pidiendo un pan. Muchas veces deseamos ardientemente aquello que acabará destruyéndonos. Y no pocas veces Dios frustra nuestros designios para darnos lo mejor. El patriarca Job, después de pasar por varias revira vueltas en la vida y conocer la majestad de Dios dijo: "Yo conozco que todo lo puedes, y que no puede estorbarse ningún propósito tuyo" (Job 42:2). El apóstol Pablo dice con entusiasmo: "Y sabemos que todas las cosas cooperan para bien de los que aman a Dios, de los que son llamados conforme a su propósito" (Romanos 8:28). Es bueno saber que los designios de Dios, y no nuestros propósitos, son los que permanecen, pues nuestro Dios es el Padre de las luces, la fuente de todo bien, verdadero en todas sus palabras y misericordioso en todas sus obras.

16

de octubre

El valor de un corazón generoso

Contentamiento es a los hombres hacer misericordia; y mejor
es el pobre que el mentiroso.

PROVERBIOS 19:22

L a palabra misericordia significa "lanzar el corazón en la miseria del otro".
Es ser sensible al dolor ajeno. Es más que sentir, es actuar; es más que hablar, es hacer. De nada sirve que usted se derrita en lágrimas al ver el drama del
prójimo; es necesario extender la mano para socorrerlo. La Biblia habla sobre
el sacerdote y el levita, hombres religiosos, que vieron a un hombre herido a
la orilla del camino. Ellos lo vieron y siguieron derecho. Quizá lamentaron la
deplorable situación del hombre, pero no hicieron nada. Fueron indiferentes.
Pero el samaritano, al cruzar por el mismo camino, pasó cerca, vio al hombre
herido, se aproximó, pensó en sus heridas y lo ayudó. Esto es misericordia. Es
amor en acción. No somos lo que sentimos ni lo que hablamos; somos lo que
hacemos. Por eso, es mejor el pobre que el mentiroso. El mentiroso es rico
en palabras vacías. Habla mucho y hace poco. Existe un abismo entre lo que
dice y lo que practica. El mentiroso tiene la lengua llena de virtudes, pero las
manos llenas de obras vacías. Esconde lo que tiene para no ayudar al prójimo;
el pobre reparte lo poco que tiene para ayudar al afligido. El mentiroso solamente tiene palabras; el pobre tiene acción. El mentiroso habla mucho y hace
poco; el pobre no rehúsa hablar, pero no hace apenas lo que está a la mano,
sino lo que está más allá de sus fuerzas.

17
de octubre

El temor del Señor, fuente de vida

El temor de Jehová es para vida, y con él vivirá lleno de reposo
el hombre; no será visitado por el mal.

PROVERBIOS 19:23

E l temor del Señor tiene dos corrientes. La primera habla del miedo que
debemos tener de aquel que es el juez de vivos y de muertos, de aquel que
tiene poder para lanzar en el fuego del infierno tanto al cuerpo como el alma.
La segunda habla de la reverencia delante de aquel que asegura en sus omni
potentes manos nuestro destino. El temor del Señor no es apenas el principio
de la sabiduría, sino también la fuente de la vida. El temor del Señor es un
freno moral en nuestra vida. Quien teme a Dios no tiene recelo de desagra-
dar a los hombres malos. Quien teme a Dios no se inmiscuye con el pecado.
Quien teme a Dios huye de los esquemas perniciosos del mundo. Quien teme
a Dios se deleita en él y protege su propia alma de muchos flagelos. Quien
teme a Dios tiene una vida larga, feliz y victoriosa. Quien teme a Dios puede
descansar en paz, libre de problemas. Están absolutamente equivocados aquellos que se imaginan que vivir con Dios es entrar en un gueto, sin libertad,
sin alegría, privado de la verdadera felicidad. Dios no es un alguacil cósmico
que nos mantiene con las riendas cortas para hacer amarga nuestra vida. Es la
fuente de todo bien. Es en la presencia de Dios que existe plenitud de alegría,
y solamente en su diestra hay delicias perpetuamente. Cuando tememos a
Dios es que saboreamos los deliciosos manjares de su mesa y tomamos las
copas de la verdadera felicidad.

18
de octubre

Pereza hasta para comer

El perezoso mete su mano en el plato, y ni aun a su boca la lleva.

PROVERBIOS 19:24

La pereza es la madre de la pobreza. La pereza es más fuerte que el hambre. La pereza mata. Cierta vez oí una leyenda sobre un perezoso que estaba muriendo de hambre porque no tenía valor de trabajar. Entonces, sus vecinos resolvieron sepultarlo vivo, ya que él tenía pereza hasta para preparar la comida que alguien le regalaba. Cuando el entierro pasaba por una hacienda, el hacendado preguntó: "¿Quién murió?". Aquellos que llevaban el cortejo respondieron: "Nadie murió. Estamos llevando a ese hombre perezoso para sepultarlo vivo. Él tiene pereza de trabajar y por eso no merece vivir". Entonces el hacendado dijo: "No hagan eso. Yo tengo arroz suficiente para que ese hombre coma por el resto de la vida". Al oír estas palabras el perezoso levantó la tapa del cajón y preguntó: "¿El arroz está con cáscara o sin cáscara?". El hacendado respondió: "Claro que está con cáscara". Entonces el perezoso respondió: "Sigan adelante con el entierro". Hay gente tan negligente al punto de tener pereza hasta para llevar comida a la boca. Un individuo perezoso nunca está satisfecho con lo que usted hace. Siempre quiere algo más. Prefiere morir de hambre a trabajar. Prefiere dejar la comida en el plato que llevarla a la boca.

19

Quien es sabio
aprende con los errores

Hiere al escarnecedor, y el simple se hará avisado; y corrigiendo al entendido, aprenderá la ciencia.

PROVERBIOS 19:25

El fracaso solamente es fracaso cuando no aprendemos con él. Cuando aprendemos con nuestros errores, o aun con los errores de los demás, nos volvemos sabios y crecemos en conocimiento. Claro, todos erramos. No es una cuestión de si, sino de cuándo. Santiago dice en su epístola que todos tropezamos en muchas cosas. Una persona prudente, al ver el escarnecedor que es herido por sus errores, hace una reflexión y nota que si sigue por el mismo camino será una locura. El escarnecedor no se quebranta al ser reprendido, por eso es herido y aun así no aprende la lección. Pero el sabio actúa de forma diferente. Tiene humildad para aprender. Tiene el corazón quebrantado para ser disciplinado. Tiene disposición para hacer una revisión de ruta y cambiar de actitud. La Biblia dice que no debemos ser como el caballo y la mula que necesitan de freno para ser gobernados. Dios nos dio la inteligencia para que aprendamos con las circunstancias de la vida. Dios nos dio la percepción para que no repitamos los errores del pasado. Nuestros fracasos tienen que ser nuestros profesores y no nuestros sepultureros. La Biblia dice que el hombre que es reprendido muchas veces y endurece el corazón será quebrantado de un momento a otro sin que haya cura.

20

de octubre

Hijos ingratos, la vergüenza de los padres

> El que despoja a su padre y ahuyenta a su madre es hijo que
> causa vergüenza y acarrea oprobio.
>
> PROVERBIOS 19:26

La ley de Dios puede ser sintetizada en dos mandamientos: amar a Dios y al prójimo. El amor no es tan solo el más grande de todos los mandamientos, sino también el cumplimiento de la ley y de los profetas. El amor no es solamente la más grande de todas las virtudes, sino también la señal distintiva de un verdadero cristiano. El amor es la prueba cabal de que somos convertidos, porque aquel que no ama no es nacido de Dios, ya que Dios es amor. Tampoco podemos amar a Dios sin amar al prójimo. Y no hay nadie más cercano a nosotros que nuestros padres. La orden divina para los hijos es honrar padre y madre y obedecerles en el Señor. Ese es el primer mandamiento con promesa. Los hijos que honran a los padres tienen vida larga y también prosperidad. Pero un hijo ingrato trae vergüenza para los padres y deshonra para la familia. Maltratar al padre y echar a la madre son actitudes abominables a los ojos de Dios, son crueldades muy grandes. Existen muchos hijos ingratos, que escupen en el plato que comieron. Agraden a los padres con palabras y actitudes y los abandonan a su suerte cuando llegan a viejos. Los hijos que maltratan a su padre o echan a la madre de la casa no tienen vergüenza y no sirven para nada. Los hijos que comenten tal desatino causan deshonra para la familia.

21
de octubre

El aprendizaje
es un ejercicio continuo

Cesa, hijo mío, de escuchar las enseñanzas que te apartan de las
razones de sabiduría.

PROVERBIOS 19:27

En la escuela de la vida nadie obtiene un diploma. Somos aprendices eternos. A cada etapa que avanzamos y mientras más aprendemos, más cosas tenemos que aprender. El sabio es aquel que no sabe nada. Lo que sabemos es infinitamente inferior de lo que no sabemos. Mientras más aprendemos, más tenemos la conciencia de que apenas estamos aruñando la superficie del conocimiento. Solamente un insensato proclama su propia sabiduría. Solamente un tarro desocupado hace ruido. Solamente los ignorantes piensan que no tienen nada más que aprender. Nuestros oídos tienen que continuar atentos a la instrucción. Todo tiempo es tiempo de aprendizaje. Aquellos que dejan de oír la instrucción se desviarán de las palabras del conocimiento. Si usted para de aprender, olvidará lo que sabe. Quien para de aprender para de enseñar. Quien se ausenta de la escuela del aprendizaje entra en la fila de la ignorancia. El aprendizaje es un ejercicio continuo, un privilegio constante, una aventura diaria, una siembra de día y de noche y una cosecha a lo largo de la vida. Si hacemos una siembra abundante en el aprendizaje, tendremos una cosecha bendita, cuyos frutos nos deleitarán y nos fortalecerán para la jornada de la vida.

22
de octubre

Testigo corrupto

El testigo perverso se burla de la justicia, y la boca de los impíos
encubre la iniquidad.

PROVERBIOS 19:28

El testigo corrupto interfiere directamente en las decisiones de un tribunal.
Invierte los hechos para hacer inocentes a los culpables y culpar a los
inocentes. El testigo corrupto se burla de la justicia, escarnece de la verdad,
no respeta el derecho y masacra inocentes. Es un agente del mal y un instrumento al servicio de la violencia. En el juzgamiento de Jesús, el sanedrín judío
contrató testigos falsos con el propósito de condenarlo. De la misma manera
sucedió cuando Esteban, el primer mártir del cristianismo fue apedreado. En
la historia de la humanidad esos hechos se repitieron tantas veces, causando
mucho sufrimiento entre los débiles y derramando mucha sangre inocente. Si
el testigo corrupto pervierte la justicia, la boca de los perversos tiene hambre
de hacer el mal. La lengua de los impíos es cargada de veneno, es aguijón mortífero. Los hombres sin carácter sienten un placer mórbido en destruir la reputación del prójimo. Hacen un banquete con la desgracia ajena. Como buitres,
se abastecen con la miseria de los otros. Tanto el testigo falso que abre su boca
para escarnecer de la justicia cuanto el perverso que abre su boca para arruinar
al prójimo, ambos son abominables a los ojos del Señor. Tanto el uno como
el otro recibirán la justa retribución de Dios y el desprecio de los hombres.

23

de octubre

El castigo de los malos será inevitable

Preparados están los castigos para los escarnecedores, y los azotes para las espaldas de los necios.

PROVERBIOS 19:29

No siempre el hombre recibe la justa retribución por sus obras en el momento exacto en el que comente el delito. El ladrón que roba algunas veces consigue escapar. El corrupto que se adueña del dinero ajeno a veces consigue enriquecer. El juez inicuo que vende su conciencia para dar una sentencia injusta casi siempre sale ileso de esa farsa. Pero tarde o temprano, la verdad viene a la luz, y esos escarnecedores no quedarán impunes. Aquello que hicieron en lo oscuro de la noche será proclamado a plena luz del día. Aquello que hicieron en los bastidores, lejos de la luz, será estampado en la primera plana de los periódicos. El castigo de los malos será inevitable, pues, aunque escapen del juicio de los hombres, jamás escaparán del juicio divino. Los insensatos construyen el látigo para castigar su propia espalda. Ellos tropiezan en su propia soga que armaron para los otros y caen en el hueco que abrieron para derrumbar a su semejante. Dios es justo y no hará inocente al culpable. Todos tendremos que comparecer delante del justo tribunal de Dios y, en el día del juicio, los libros serán abiertos, y recibiremos juzgamiento según nuestras obras. En aquel día, nuestras palabras, obras, omisiones y pensamientos pasarán por el fino filtro del juzgamiento divino, y nadie escapará, con excepción de aquellos que se arrepintieron y buscaron el perdón de sus pecados en Cristo Jesús.

24
de octubre

Cuidado con el vicio de la bebida

El vino es petulante; el licor, alborotador; y cualquiera que por
ellos yerra no es sabio.

PROVERBIOS 20:1

La bebida alcohólica ha sido un verdugo para millones de personas en el
mundo. La verdad, el alcohol hace prisioneras a las personas, humillándolas y manteniéndolas bajo cadenas. El alcohol es un ladrón de cerebros. Quita
la lucidez y provoca trastornos mentales y emocionales. El alcohol es responsable por más de la mitad de los accidentes de carro y el causador de más del
cincuenta por ciento de los asesinatos. Las cárceles están llenas de sus esclavos,
y los cementerios se llenan con sus víctimas. El alcohol vicia y degrada. Aquellos que son dominados por la bebida alcohólica viven perturbados y perturban el orden social. Son una pesadilla para la familia y una desgracia para la
sociedad. Discusiones necias, peleas sin necesidad y crímenes hediondos son
cometidos por personas dominadas por la bebida. El esclavo de la bebida
nunca es sabio. Aquellos que se entregan a los encantos del vino y toman sin
freno acaban vencidos por el vicio. Alguien ya dijo que el vino es formando
por la sangre de cuatro animales: pavo real, león, mico y puerco. Cuando el
hombre empieza a tomar, se siente como un pavo real, una de las criaturas más
bellas. Después ruge como un león, demostrando su fuerza. El paso siguiente
es hacer travesuras como un mico. Finalmente, se mete al chiquero como un
puerco. Huya de la bebida alcohólica; esa dependencia le puede costar la vida.

25

No desafíe a quien tiene el poder en las manos

Como rugido de león es la cólera del rey; el que lo enfurece se hace daño a sí mismo.

PROVERBIOS 20:2

En los regímenes monárquicos, el rey tiene pleno poder. Hubo reyes absolutistas que se colocaron por encima de la propia ley. Fue el caso de Nabucodonosor, rey de Babilonia, cuyas órdenes no podían ser desafiadas. Él era la ley. No es sensato levantarse contra aquellos que tienen el poder. A menos que sea una causa absolutamente justa, no es sabio correr riesgos, provocando el rey a la ira. Juan el Bautista denunció el pecado de adulterio del rey Herodes y fue decapitado en la prisión. En su caso, prefirió perder la vida a perder la honra. La rabia del rey es como el rugido de un león; quien provoca al rey arriesga la vida. Aquellos que tiene el poder en las manos no les gusta ser desafiados. Cuando se encolerizan, rugen con fuerte estruendo como leones. Quieren ser temidos, y los que desobedecen sus órdenes atentan contra su propia vida. Entrar en una contienda con aquellos que detienen el poder no es prudente. Medir fuerzas con aquellos investidos de poder y blindados por el sistema de proclamar su propia sentencia de derrota no es prudente. La sensatez enseña a no tocar con vara esa fiera salvaje. No vale la pena entrar en esa pelea sin sentido.

26
de octubre

Pelear es señal de insensatez

Es un honor para el hombre evitar la contienda; mas todo insensato se enreda en ella.

PROVERBIOS 20:3

En el camino de la vida hay muchas trampas de contiendas listas para agarrarnos. Una persona sabia se aleja de ellas. No vale la pena entrar en discusiones bobas, en disputas de ideas, en contiendas sin ningún provecho. Son necios los que se meten en peleas. Cualquier necio puede empezar una pelea; el que se queda fuera de ella es el que merece elogios. Es un honor darle fin a las contiendas, pero los insensatos se involucran en ellas. El rey Saúl se involucró en muchas batallas sin gloria. Por causa de sus celos enfermizos contra David, perturbó su alma, trastornó su familia y causó disgusto a la nación. Mucha gente perdió la vida por causa de las riñas de ese rey loco. ¡Cuántas batallas verbales dentro del hogar tienen resultados desastrosos! ¡Cuántas acusaciones feroces entre marido y mujer! ¡Cuántos hijos heridos por guerras interminables dentro de la familia! ¡Cuántas luchas son realizadas inclusive por detrás de los bastidores del poder eclesiástico, en una disputa insensata por prestigio y gloria humana! Debemos declararle la guerra al mal. Debemos empuñar armas espirituales poderosas en Dios para destruir fortalezas y anular sofismas. Pero entrar en peleas movidos por la vanidad y alimentados por el orgullo, para herir personas y atormentar nuestra propia alma, es señal de insensatez.

27
de octubre

La cosecha del perezoso

El perezoso no ara a causa del invierno; pedirá, pues, en la siega, y no hallará.

PROVERBIOS 20:4

Un individuo perezoso siempre encuentra buenos motivos para quedarse de brazos cruzados. Cuando todos los agricultores están arando la tierra para el plantío, él se imagina: "Ahora no puedo arar mi tierra, pues el invierno está llegando". Por no arar la tierra en la estación adecuada del año, en la época de la cosecha él no tiene nada para segar. El perezoso coloca la culpa de su pobreza en el tiempo, en la estación, en la semilla, en la tierra, en los demás. Él se esconde atrás de muchos escudos y disculpas interminables. Siempre se blinda con esos caparazones. Por un tiempo consigue convencerse que está siendo prudente. Es mejor no arriesgar, arando la tierra en el invierno. Es mejor no desperdiciar semillas. Es mejor no correr riesgos. Es mejor descansar un poco más hasta que llegue la estación más favorable para el trabajo. Pero esas máscaras no son tan seguras. En el tiempo de la cosecha, sus campos estarán cubiertos de hierbas, sus depósitos estarán desocupados, y su necesidad estará a la vista. Quien no siembra con lágrimas no cosecha con júbilo. Quien no trabaja con el sudor de la frente no come con gusto su pan. Quien se entrega a la pereza sucumbe a la pobreza. Esa es una ley imperativa, intransferible e inexorable.

28
de octubre

Los propósitos del corazón

Como aguas profundas es el consejo en el corazón del hombre;
mas el hombre entendido lo alcanzará.

PROVERBIOS 20:5

A lexis Carrel escribió un libro famoso de título *La incógnita del hombre. El hombre, ese desconocido* (Editorial Iberia, Barcelona 1973). En él el hombre penetra en los secretos más recónditos de la ciencia. Descubre los grandes misterios del universo. Conquista el espacio sideral y hace viajes interplanetarios. Va a fondo en la inmensidad del universo y baja a los detalles del microcosmos. Sin embargo, no consigue penetrar en la profundidad del propio corazón. Los propósitos de su corazón son como aguas profundas. El apóstol Pablo pregunta: "Porque ¿quién de los hombres sabe las cosas del hombre, sino el espíritu del hombre que está en él? Así tampoco nadie conoce las cosas de Dios, sino el Espíritu de Dios" (1 Corintios 2:11). El lema de los griegos era "Conócete a ti mismo", pero el hombre no consigue conocerse a sí mismo realmente sin antes conocer a Dios. Somos seres incógnitos y misteriosos hasta que tengamos nuestros ojos iluminados por la gracia. Solamente entonces podremos conocernos y traer a la luz los propósitos de nuestro corazón. Es en el conocimiento de Dios que nos conocemos a nosotros mismos. Es cuando el Espíritu Santo nos sonda que nos sondamos a nosotros mismos. Es al abrirnos para Dios que profundizamos en nosotros mismos para traer a la luz los designios del corazón.

29
de octubre

No se exalte a sí mismo

Muchos hombres proclaman cada uno su propia bondad, pero
un hombre veraz, ¿quién lo hallará?

PROVERBIOS 20:6

E l autoelogio no suena bien. La Biblia enseña para que no hagamos propaganda de nuestras propias obras. Jesús exhortó: "Cuando, pues, des
limosna, no hagas tocar trompeta delante de ti, como hacen los hipócritas
en las sinagogas y en las calles, para ser alabados por los hombres; de cierto
os digo que ya están recibiendo su recompensa. Pero cuando tú estés dando
limosna, que no sepa tu mano izquierda lo que hace tu derecha, para que tu
limosna quede en secreto; y tu Padre que ve en lo oculto, te lo recompensará
en público" (Mateo 6:2-4). El fariseo que entró en el templo para orar e hizo
de su oración un discurso de autoexaltación, juzgándose superior al publicano, fue rechazado por Dios. No es aprobado aquel que a sí mismo se alaba.
No sean nuestros labios que nos promuevan. Muchos proclaman su propia
benignidad, pero es raro encontrar una persona realmente fiel. Todos dice que
son buenos y comprometidos, ¡pero intente encontrar alguien que realmente
lo sea! Las personas verdaderamente fieles reconocen sus pecados y lloran por
ellos. Las personas dignas tienen conciencia de su indignidad. Cuanto más
cerca estamos de la luz, más vemos las manchas de nuestro carácter. Cuanto
más cerca de Dios, más cerca reconocemos que somos pecadores. Cuanto más
obras practicamos, más sabemos que somos siervos inútiles.

30

de octubre

La herencia más grande
de un padre

> Camina en su integridad el justo; sus hijos son dichosos después de él.
>
> PROVERBIOS 20:7

Un hombre justo prueba su integridad no con palabras, sino con la vida. El ejemplo vale más que el discurso. El mundo está lleno de palabras vacías y vacío de ejemplos dignos de imitación. Muchos padres dejan inmensas riquezas materiales para los hijos, pero también les heredan un carácter sin forma, una personalidad enfermiza, un nombre sucio y una personalidad dudosa. La herencia más grande que un padre puede dejar a sus hijos es su integridad. Los hijos deben tener orgullo de los padres no tanto por el patrimonio material que consiguieron, sino por el carácter sin mancha que tuvieron; no tanto por los bienes que acumularon, sino por el nombre honrado que ostentaron. La honra no se compra en el mercado. No se adquiere carácter con oro. Nadie edifica una familia feliz con riquezas materiales si esas riquezas han sido mal adquiridas. El dinero acumulado sin honestidad es maldición, y no bendición. Trae tormento, y no felicidad. Es causa de vergüenza para los hijos, y no de contentamiento. Es motivo de oprobio en la tierra, y no de alegría en el cielo. Ningún éxito financiero compensa el fracaso de la honra. Ninguna herencia es más importante para los hijos que la dignidad de los padres. Es mejor ser un padre pobre e íntegro que ser un padre rico y deshonesto.

31
de octubre

Una percepción profunda

El rey que se sienta en el trono de juicio, con su mirar disipa
todo mal.

PROVERBIOS 20:8

Salomón está hablando sobre su propia experiencia. Él reinó sobre Israel
durante cuarenta años. Al comienzo de su reinado, le pidió a Dios sabiduría para gobernar. Dios le dio sabiduría y riquezas. Muchas veces Salomón
tuvo que juzgar las causas de su pueblo. Llegaban al rey demandas difíciles
que exigían discernimiento para que fueran juzgadas con equidad. Ya vimos
anteriormente como la sabiduría que Dios le dio a Salomón fue tan grande
que en una ocasión, cuando vinieron dos madres trayendo un difícil problema, propuso una solución radical a nuestros ojos pero que lo llevó a concluir
cuál estaba mintiendo por la decisión que cada una había tomado. Cuando
un rey se sienta para juzgar, enseguida ve lo que está mal, y sus ojos disipan
todo mal. ¿Cuando juzgamos lo hacemos con la sabiduría humana o vamos a
Dios en oración para buscar su sabiduría? Debemos pedir a Dios, antes que
riquezas y estatus, sabiduría para vivir de acuerdo a sus principios y poder
tener la capacidad de disipar el mal con una mirada proveniente de lo que la
Palabra de Dios nos muestra.

1

de noviembre

La purificación del pecado

¿Quién podrá decir: Yo he limpiado mi corazón, limpio estoy
de mi pecado?

PROVERBIOS 20:9

El pecado es una mancha, una mácula que contamina nuestro cuerpo y
nuestra alma. Es una barrera que nos separa de Dios, del prójimo y de
nosotros mismos. El pecado es el peor de todos los males. Es peor que la pobreza. Nadie más pereció en el infierno por ser pobre, pero el pecado aparta
al hombre de la presencia de Dios eternamente. El pecado es peor que la
enfermedad. Nadie fue para el infierno por estar enfermo. Pero el pecado lleva
al hombre a la condenación eterna. El pecado es peor que la propia muerte,
pues la muerte no nos puede separar de Dios, pero el pecado separa al hombre
de Dios ahora y para siempre. La Palabra de Dios dice "que todos pecaron, y
que no hay justo ni aun uno", pero también dice que ningún hombre puede
purificarse de su pecado. De la misma manera como un hombre no puede
levantarse por los cordones de sus zapatos, tampoco un pecador puede purificarse a sí mismo de sus iniquidades. Y así como un leopardo no puede alterar
las manchas de su piel, tampoco un pecador puede purificarse de sus pecados.
Solamente la sangre de Cristo puede purificarnos de todo pecado. Solamente
Dios puede purificarnos de toda injusticia. Solamente Dios puede darnos un
nuevo corazón y limpiar nuestro interior.

2

de noviembre

Honestidad en los negocios

Pesa falsa y medida falsa, ambas cosas son abominación a Jehová.
PROVERBIOS 20:10

Dios se interesa con las transacciones comerciales. Está atento a lo que sucede en el comercio y en la industria. Sus ojos investigan la avidez de los comerciantes deshonestos que intentan tener más ganancias usando dos pesos y dos medidas. La verdad, el Señor detesta a quien usa pesos y medidas deshonestas. Pesos y medidas falsificadas son cosas que el Señor abomina. Disminuir el peso y acortar las medidas para engañar al consumidor son actitudes indignas y deshonestas. Tanto la explotación en el comercio cuanto las ganancias exageradas merecen nuestro repudio. Entrar por ese camino de la ganancia fácil, del robo disfrazado y del enriquecimiento ilícito es colocar los pies en una ruta de desastre. Es estrellarse de frente con la justicia divina. Dios abomina de la deshonestidad. Él es Dios de justicia y de verdad. La mentira y la trampa proceden del maligno. Son abominables al Señor. En un país en que la explotación y la ley de darse bien en todo hacen parte de la cultura, tenemos que insistir en el principio de la integridad. Vender productos con patrón de calidad inferior es engaño. No entregarle al consumidor lo que él pagó es robo. Es una quiebra del octavo mandamiento: "No robarás".

3
de noviembre

Las acciones revelan el carácter

Ya con sus actos da a conocer el niño si su conducta va a ser
limpia y recta.

PROVERBIOS 20:11

James Hunter, en su libro *El monje y el ejecutivo*, dice que el hombre no es lo
que él dice, sino lo que hace. Nuestras acciones son la radiografía de nuestro carácter. Un árbol malo no puede dar frutos buenos. Un individuo deshonesto no actúa con integridad. Una persona promiscua no tiene un corazón puro en actitudes respetuosas. Hasta el niño se da a conocer por sus acciones; por sus actos sabemos si es honesto y bueno. Es desastroso notar como algunos individuos son ágiles en las palabras, elaborando discursos rebuscados y tejiendo los más grandes elogios a sí mismos, cuando sus acciones reprueban frontalmente lo que ellos dicen. Caen en el descrédito los que hablan una cosa y hacen otra. Se cubren de vergüenza aquellos que tienen un discurso pero no tienen vida; aquellos que hablan mucho y hacen poco; aquellos que pasan como benefactores ante los hombres, pero son ladrones a los ojos de Dios. Palabras bonitas y acciones perversas son cosas abominables. Discurso sin vida no pasa de ruido. Lo que hacemos es lo que refleja lo que pensamos. Lo que practicamos con las manos revela los propósitos de nuestro corazón. Nuestras acciones hablan más alto que nuestras palabras.

de noviembre

Ojos abiertos y oídos atentos

El oído que oye, y el ojo que ve, ambas cosas igualmente las ha hecho Jehová.

PROVERBIOS 20:12

Nuestro cuerpo es una obra extraordinaria y exponencial del Creador. Somos la obra prima de Dios. Tenemos cerca de sesenta trillones de células vivas en nuestro cuerpo, cada una con más o menos 1,7 metros de cinta de ADN. En cada célula están grabados y programados todos nuestros datos genéticos. Cada órgano de nuestro cuerpo tiene una función. Dios nos dio ojos para ver y oídos para oír. John Wilson, uno de los oftalmólogos más grandes del mundo, dice que tenemos dentro de cada ojo más de sesenta millones de cables dobles encapados. Somos una máquina viva absolutamente sofisticada, un milagro de Dios en el palco del mundo, un trofeo del poder del creador. Si Dios colocó en nosotros ojos y oídos, debemos desarrollar la habilidad de mirar bien y oír con atención. Muchos miran, pero no ven. Otros escuchan, pero no entienden. Hay aquellos que miran apenas con impureza, y otros que escuchan solamente lo que les contamina el alma. Debemos mirar con ojos de santidad y oír solamente aquello que nos edifica. En verdad, somos mayordomos de Dios. Nuestro cuerpo fue comprado por Dios, y debemos glorificarlo en nuestro cuerpo. Un día daremos cuentas al Señor sobre lo que vivimos y oímos.

5

de noviembre

Dormir en demasía
lleva a la pobreza

No ames el sueño, para que no te empobrezcas; abre tus ojos,
y te saciarás de pan.

PROVERBIOS 20:13

El sueño es una dádiva de Dios. Es reparador y absolutamente necesario
para la salud del cuerpo. No obstante, amar el sueño es señal de indolencia y pereza. Aquellos que aman el sueño y huyen del trabajo quedarán pobres.
No tendrán provisiones en el momento del hambre. Sus despensas estarán vacías. Su casa quedará desamparada. Pero aquellos que son despiertos y se lanzan al trabajo con ganas y dedicación, esos prosperarán y se llenarán. Quien
gasta su tiempo durmiendo acabará pobre, pero quien trabaja con esfuerzo
verá sus campos floreciendo, y su casa tendrá pan con abundancia. El trabajo
engrandece al hombre y enriquece la nación. Genera dividendos para la patria
y abundancia para la familia. El trabajo es una bendición. Dios mismo lo
estableció. El trabajo fue una ordenanza antes de la caída. Es una obligación
después de la caída y permanecerá aun después que estemos en la gloria. El
trabajo no es vergonzoso; vergonzoso es dormir en exceso. El trabajo no mata
a nadie, pero amar el sueño deja los músculos flácidos y el cuerpo débil y enfermo. El trabajo produce desarrollo y riqueza, pero rendirse al sueño es caer
en las redes de la miseria y de la pobreza. ¡No ame el sueño; ame el trabajo!

6

de noviembre

Conversación de comprador

El que compra dice: "Malo es, malo es"; mas cuando se marcha,
se congratula.

PROVERBIOS 20:14

Pedir rebaja es una práctica antigua en el comercio. Cuando un precio es establecido por el vendedor, enseguida un comprador en potencia dice: "¡Está muy caro! ¡No vale todo eso! ¡No vale!". Pero después el comprador sale y se enorgullece de haber hecho un excelente negocio. Esa cultura de pedir rebaja está tan arraigada que los comerciantes ya suben los precios, teniendo en cuenta que los compradores pedirán descuentos. Entonces, al conceder generosos descuentos, ellos apenas están vendiendo su producto por el precio justo. De esa manera, tanto el vendedor como el comprador salen de la transacción satisfechos. No hay nada de malo en pedir descuentos. Tenemos que buscar precios justos y evitar ganancias en exceso, especialmente en un mercado en que los intermediadores son los que se llevan la mayor parte de las ganancias. El secreto del proceso no es ganar mucho con poco volumen de productos, sino ganar menos con más productos. De esa manera la economía se calienta, el mercado se amplía, las empresas crecen, más personas son empleadas, los bienes de consumo se vuelven más accesibles. Cuando las leyes del mercado son regidas por una ética justa, vendedores y compradores, productores y consumidores salen ganando, y todos quedan satisfechos.

7

de noviembre

Una joya de raro valor

Hay oro y multitud de piedras preciosas; mas los labios prudentes son joya preciosa.

PROVERBIOS 20:15

El mundo creado por Dios está lleno de riqueza. Hay oro en abundancia y muchas piedras preciosas. Hay piedras de todas las tonalidades y matices. Gemas de altísimo valor adornan los palacios, y piedras nobles adornan coronas de reyes y reinas. Sin embargo, en esa amplitud de belleza refinada, ninguna joya es más valiosa y ninguna perla es más bella que los labios instruidos, que hablan con erudición y gracia. Las palabras de instrucción son tesoros preciosos. Los labios que cargan palabras de conocimiento y bondad valen más que las riquezas. Las palabras que llevan consuelos son más valiosas que mucho oro fino. Las palabras que proclaman buenas nuevas de salvación son más preciosas que las perolas mejor seleccionadas. Tenemos que buscar el conocimiento más que la riqueza. Debemos invertir en instrucción más que en la búsqueda de riquezas de la tierra. Los labios instruidos no son apenas joyas más preciosas, sino también el vehículo para alcanzar los tesoros más valiosos de la vida. ¿Qué provecho tendrían mucho oro y bellas perlas en las manos de un necio, cuyos labios esparcen estulticia? Él apenas usaría esas riquezas para expresar su vanidad y ahondar su ruina.

8

No sea fiador, eso es un riesgo

Quítale su ropa al que salió por fiador del extraño, y toma
prenda del que sale fiador por los extraños.

PROVERBIOS 20:16

Conozco a personas que perdieron todo lo que poseían por asumir un
compromiso de ser fiadoras de alguien. Años trabajando que se van de
un momento para el otro. Todos los ahorros hechos a lo largo de una vida
se escurren como en un pase de magia. Lo que fue economizado con tanto
sacrificio por la familia se pierde para pagar la cuenta de extraños. Ser fiador
de alguien, asumiendo el compromiso de pagar sus deudas en el caso de que
surja algún accidente en el transcurso, es una práctica muy arriesgada. Quien
hace eso acaba atrayendo sobre sí muchos tormentos. La Palabra de Dios
nos enseña la prudencia. Debemos huir de ese tipo de compromiso. No es
sensato colocar el cuello bajo ese yugo. No es sabio asumir la responsabilidad
de deudas ajenas. No debemos colocar el sombrero donde nuestra mano no
alcanza. No es prudente prometer pagar la deuda de los otros cuando tenemos
nuestros propios compromisos por saldar. Salomón está diciendo que aquel
que acepta ser fiador de un extraño debe dar su propia ropa como garantía
de pago. Al fin y al cabo, el fiador perderá todo, inclusive la ropa del cuerpo.
Alguien ya dijo, con razón, que es mejor ponerse rojo media hora que amarillo
toda la vida. Es mejor decir no a quien le pide el favor de ser fiador ahora que
llorar toda la vida pagando deudas ajenas.

9
de noviembre

Gane su pan con el sudor
de la frente

Sabroso es al hombre el pan de mentira; pero después su boca
será llena de cascajo.

PROVERBIOS 20:17

La sagacidad funciona por un tiempo. Muchas personas entran en esquemas de corrupción para acumular fortunas. Fraudan licitaciones. Buscan informaciones privilegiadas. Patrocinan campañas de políticos deshonestos con la finalidad de recibir después beneficios especiales para sus negocios sucios. Compran sentencias a peso de oro para huir de los rigores de la ley. Sobornan, ofrecen propinas, se vuelven especialistas en el arte del engaño y consiguen aumentar de forma exponencial su patrimonio. Pero el fin de esa línea no es luminoso. Ese pan suave que se gana por fraudes le hace daño al estómago. El apartamento que fue comprado con dinero deshonesto se vuelve una prisión. El oro acumulado con robo se vuelve combustible para su propia destrucción. El trigo suave de la comodidad se transforma en piedras de arena en la boca. Aquello que parecía dar vida se transforma en instrumento de muerte. La riqueza es bendición cuando viene como resultado del trabajo honesto y como fruto de la bendición de Dios. Vender el alma al diablo para enriquecer es una locura consumada. Eso no tiene sabor de pan; es como estar con la boca llena de piedritas de arena. Produce incomodidad, tormento y muerte.

10

de noviembre

Escuche buenos consejos antes de actuar

Los proyectos se sopesan con el consejo; y con dirección sabia
se hace la guerra.

PROVERBIOS 20:18

Un dicho popular dice que si los consejos fueran buenos no sería dados,
sino vendidos. Consejos desastrosos pueden llevar a una persona a la
muerte. Jonadab, sobrino del rey David, le dio un consejo perverso a Amnón.
Como resultado, hubo violación, asesinato y conspiración en la casa del rey.
El rey Roboam dejó de oír los sabios consejos de los ancianos y siguió los
consejos de jóvenes de su nación. Como resultado, su reino fue dividido, y
el pueblo amargó dolorosas consecuencias de esa decisión insensata. Pero hay
consejos que pueden colocarnos en los caminos de la vida. La Biblia dice que
en la multitud de consejeros está la sabiduría y que los planes apoyados en
consejos tienen buen éxito. Busque buenos consejos, y alcanzará el éxito en
sus decisiones. No es sabio entrar en la batalla sin antes hacer planes y buscar orientación. No es prudente tomar decisiones importantes en la vida sin
escuchar personas con más experiencia. Jóvenes sabios escuchan a sus padres.
Pastores sabios escuchan pastores con más experiencia en la lid ministerial.
Hombres de negocios escuchan empresarios con más experiencia de vida.
Quien actúa sin pensar y quien se tapa los oídos a los buenos consejos colec-
ciona fracasos y cosecha derrotas.

11

de noviembre

Huya del chismoso

El que anda en chismes descubre el secreto; no te entremetas, pues, con el suelto de lengua.

PROVERBIOS 20:19

El chismoso no es un amigo verdadero. Quien no sabe guardar secretos no es confiable. Un individuo que se deleita en esparcir informaciones que manchan la honra del prójimo se vuelve una compañía peligrosa. Debemos mantenernos lejos del que habla demasiado. La lengua del chismoso es cargada de veneno. Es peor que la mordida de una víbora, pues el veneno fue colocado en el reptil por el creador, pero el veneno del chismoso fue colocado en su lengua por el diablo. El veneno de la víbora se puede volver remedio, pero el del chismoso mata. La boca del chismoso es una sepultura, una chispa que provoca incendios devastadores, una fuente de polución que lanza de sí misma lodo y limo. El amigo no expone a su compañero; al contrario, él lo protege. El amor cubre una multitud de pecados, en vez de traerlos a la luz. No hay forma más vil de autopromoción que esparcir los secretos de los demás con la finalidad de exponerlos al escarnio público. La actitud más segura es desviarnos del chismoso. Su compañía es una amenaza; su lengua, una destrucción.

12
de noviembre

Trate bien a sus padres

Al que maldice a su padre o a su madre, se le apagará su lámpara
en oscuridad tenebrosa.

PROVERBIOS 20:20

Honrar a padre y madre es una ley universal y también un mandamiento
importante de la ley de Dios. Si el amor a Dios y al prójimo es el más
grande de todos los mandamientos, si ese amor es la esencia de la ley divina,
y si el amor al prójimo es la prueba del amor a Dios, entonces honrar a padre
y madre es el primer deber de un hombre, ya que no hay nadie más cercano
de nosotros que aquellos que nos gestaron. Honrar a padre y madre no es
solamente un mandamiento de la ley de Dios, sino también el primer mandamiento con promesa. Hijos obedientes alegran a los padres y reciben la promesa de una vida larga y feliz. Longevidad y bienaventuranza son bendiciones
destinadas a los hijos obedientes. Pero hijos ingratos, rebeldes sin afectos, trastornan la vida de los padres y su propia vida. Hijos que gritan, faltan al respeto
y agreden a los padres con palabras y actitudes viven en densas tinieblas. Hijos
que abandonan a los padres a su suerte, no los cuidan en la vejez y aun abren
la boca contra ellos para proferir maldiciones son gobernados por el príncipe
de las tinieblas. El sabio Salomón hace énfasis en decir que la vida del hijo
que maldice a padre y madre terminará como una lámpara que se apaga en la
oscuridad. La luz de su vida se extinguirá sin remedio.

13

de noviembre

Espere el tiempo cierto

> Los bienes que se adquieren deprisa al principio, no serán al final bendecidos.
>
> PROVERBIOS 20:21

La prisa es la enemiga de la perfección. Anticipar las cosas no siempre es señal de prudencia. Por ejemplo, querer apoderarse de forma anticipada de una herencia es alterar el orden natural y normal de las cosas. Es invertir las prioridades. Es darle más valor a las cosas que a las personas. Un ejemplo clásico de eso es lo que Jesús retrata en la parábola del hijo pródigo. El hijo más joven le pidió al padre la parte que le correspondía en la herencia. Esa no era una práctica muy común. La verdad, era una agresión, pues la posesión de la herencia solo sucedía después de la muerte del padre. Ese hijo le estaba diciendo que su interés no estaba en la vida del padre, sino en sus bienes. Al exigir la parte que le correspondía de la herencia, él estaba matando a su padre en el corazón. Esa actitud insensata le costó muy caro al joven. Por no tener la madurez para administrar esos bienes, los disipó en gastos irresponsables. Lució todo lo que recibió, viviendo de manera disoluta. La posesión anticipada de la herencia no fue bendecida. El joven quedó reducido a la pobreza y fue a parar en una pocilga. Ese mismo principio se aplica a otras áreas de la vida. Jóvenes que buscan disfrutar los privilegios del sexo antes del matrimonio más tarde notan que esa posesión anticipada de la herencia se constituye en pura pérdida.

14

de noviembre

La venganza pertenece al Señor

No digas: "Yo me vengaré"; espera en Jehová, y él te salvará.
PROVERBIOS 20:22

Todos nosotros, tarde o temprano, tendremos que lidiar con el problema de la amargura. No somos perfectos y no vivimos en un mundo perfecto. Nuestro corazón algunas veces es fulminado por flechas venenosas. Palabras encharcadas de ironía y maldad son lanzadas sobre nosotros como torpedos mortíferos. Hombres malos, con malos designios, se levantan contra nosotros para herirnos. ¿Qué vamos hacer? ¿Cómo reaccionaremos? Retribuir mal con mal no aliviará nuestro dolor. La venganza no cura las heridas abiertas en nuestra alma. La retaliación no apacigua nuestro espíritu atribulado. El único que tiene competencia para juzgar rectamente y vengar de manera adecuada es el Señor. No tenemos el derecho de tomar posesión de aquello que es atribución exclusiva del Señor. La Palabra de Dios es categórica: "No os venguéis vosotros mismos, amados, sino dejad lugar a la ira de Dios; porque escrito está: Mía es la venganza, yo pagaré, dice el Señor" (Romanos 12:19). Debemos entregar nuestras causas a Dios. Él es nuestro defensor. No tenemos que levantar nuestras manos contra aquellos que nos hacen mal. Debemos tan solo confiar en Dios, sabiendo que él tiene cuidado de nosotros. Nuestro papel no es ejercer venganza contra nuestros enemigos, sino orar por ellos y perdonarlos.

15

de noviembre

Dios no tolera deshonestidad

Abominación son a Jehová las pesas falsas, y la balanza falsa
no es buena.

PROVERBIOS 20:23

La deshonestidad está presente en todos los sectores de la sociedad. Desde
el palacio a la más simple vivienda y de las altas cortes del gobierno hasta
los templos religiosos, la deshonestidad muestra su cara. Es el plato del día
en el comercio. Dos símbolos del comercio revelan esa falta de honestidad:
pesos y medidas. El Señor detesta los pesos adulterados y abomina de básculas
falsificadas. No tolera la deshonestidad en las transacciones comerciales. Aunque esos acuerdos sean hechos por detrás de bambalinas, que licitaciones sean
compradas con gordas propinas y jamás sean denunciadas por los medios de
comunicación; que empresas sin escrúpulos, por informaciones privilegiadas,
se abastezcan de riquezas de la nación y jamás sean sorprendidas por el brazo
de la ley, aun así Dios no dejará sin castigo a aquellos que usan de la deshonestidad para obtener ventajas financieras. El dinero conquistado con el robo
es maldito. La riqueza adquirida de forma deshonesta es combustible para la
destrucción de aquel que la acumula. La falta de integridad en los negocios
puede compensar por un tiempo, pero al final será una pesadilla. Afligirá el
alma, perturbará el corazón y llevará a la muerte. ¡Es mejor ser pobre íntegro
que un rico deshonesto!

16

de noviembre

Dios dirige nuestros pasos

De Jehová son los pasos del hombre; ¿cómo, pues, entenderá el hombre su camino?

PROVERBIOS 20:24

El hombre hace planes, pero Dios dirige sus pasos. El hombre planea, pero Dios conduce su acción. No administramos el mañana, no conocemos lo que está delante nuestro ni vemos lo que se esconde en las esquinas del futuro. No sabemos lo que es mejor para nosotros ni sabemos orar como conviene. Muchas veces pedimos a Dios una piedra pensando que estamos pidiendo un pan; pedimos una serpiente pensando que estamos pidiendo un pez; pedimos un escorpión pensando que estamos pidiendo un huevo. Somos miopes, débiles y limitados. Quedamos de pie amparados por nuestro bastón. No podemos dar ni un paso sin la ayuda divina. Dios conoce nuestra estructura y sabe que somos polvo. Hasta hacemos planes y alimentamos sueños, pero solamente Dios podrá dirigir nuestros pasos. No discernimos nuestro propio camino y ni auscultamos nuestro propio corazón. Muchas veces nos alegramos cuando deberíamos llorar y lloramos cuando deberíamos celebrar. Jacob lamentó cuando supo que el gobernador de Egipto exigía la presencia de Benjamín, su hijo menor, en la tierra de los faraones, pero no sabía que aquel gobernador era José, su propio hijo amado. ¡Jacob pensó que aquel era el fin de la línea, cuando, en verdad, era el comienzo de una historia linda!

17

de noviembre

Piense antes de hacer un voto

> Lazo es al hombre hacer un voto a la ligera, y después de haberlo hecho, reflexionar.
>
> PROVERBIOS 20:25

Es señal de gran insensatez hacer promesas sin evaluar lo que está prometiendo. La Palabra de Dios dice que es mejor no votar que votar y no cumplir, pues a Dios no le gustan los votos necios. Piense bien antes de prometer alguna cosa a Dios, pues usted podrá arrepentirse después. Es una trampa consagrar algo precipitadamente y pensar en las consecuencias después que se hace el voto. ¡Cuántas personas prometen el mundo entero para Dios en un momento de arrebato emocional, pero después se olvidan de lo que prometieron! ¡Cuántas personas prometen al Señor lo que no pueden y no quieren cumplir y, así tratan a Dios con desprecio! ¡Cuántas personas, en el altar del matrimonio, hacen votos de fidelidad al cónyuge y, después, corren atrás del adulterio y arruinan su reputación y la vida de su consorte! ¡Cuántos padres prometen enseñar a sus hijos en el camino del evangelio y después se vuelven piedras de tropiezo para ellos, avergonzando de esta manera el evangelio de Cristo! ¡Cuántas personas prometen lealtad a los socios de su empresa y después traman contra ellos para alcanzar ventajas ilícitas! Si nosotros no valoramos nuestra palabra empeñada, Dios la valora y la toma en serio. Él es el testigo de los pactos que firmamos y de los votos que hacemos.

18
de noviembre

El culpado tiene que ser disciplinado

El rey sabio avienta a los impíos, y hace tornar sobre ellos
la maldad.

PROVERBIOS 20:26

L a impunidad es la propaganda más grande del crimen. No disciplinar
ejemplarmente a los culpables es hacer una apología del crimen y estimular la violencia. Donde la ley es débil, la violencia hace desfile en las calles.
Por eso, un gobernante sabio descubre quién está haciendo el mal y lo castiga.
Declarar inocente al culpable o culpar al inocente son actitudes indignas de
quien está revestido de autoridad. Para el Señor son abominables tanto el que
justifica al perverso cuanto el que condena al justo. La Biblia dice que el papel
del gobernante es cohibir el mal y promover el bien. Cuando la justicia se
vuelve inoperante, los criminales actúan con libertad porque saben que escaparán del rigor de la ley. En muchos países la gran mayoría de los crímenes ni
siquiera es investigada por la justicia. Los bandidos roban y matan y escapan
ilesos y continúan en libertad, esparciendo miedo y terror en la sociedad. Los
criminales de cuello blanco, esos ni siquiera van para la cárcel. Consiguen
los beneficios de la ley para huir de la merecida pena de sus delitos. Si todos
son iguales ante la ley, la ley tiene que ser igual para todos. Dos pesos y dos
medidas en los juzgamientos solamente estimulan la práctica de la injusticia
y promueven el crimen.

19
de noviembre

Usted no se puede esconder
de sí mismo

Lámpara de Jehová es el espíritu del hombre, la cual escudriña
lo más profundo del corazón.

PROVERBIOS 20:27

Nadie consigue sondar lo que está en lo más íntimo del hombre sino el
espíritu que está en él. El espíritu del hombre es como la lámpara del
Señor, que alumbra todos los corredores del alma e investiga todos los sectores sombríos de la vida. Eso significa que el hombre puede esconderse de
los demás, pero no de sí mismo. El hombre puede engañar a los demás, pero
no consigue mentir para su propia conciencia. El Señor le dio al ser humano
la inteligencia y la conciencia; nadie puede esconderse de sí mismo, pues el
espíritu del hombre, que es la lámpara del Señor, escudriña cada parte de su
ser. Cuando Caín mató a Abel, su hermano, pensó que podría escapar de las
consecuencias de su crimen, pero Dios lo acorraló en una calle sin salida de
su conciencia y le mostró que él no se podría evadir de sí mismo. El marido
puede hasta traicionar a la esposa, sin que ella jamás se dé cuenta de su infidelidad, pero ningún marido se libra de sí mismo. La esposa puede hasta ser
infiel a su marido, pero jamás se librará de las acusaciones de su propia conciencia. La conciencia es como una lámpara que revela toda la oscuridad del
pecado. El hombre puede despojarse de todo y hasta alejarse de todos, pero no
se puede apartar de sí mismo ni driblar la propia conciencia.

20

de noviembre

El trono se establece con benignidad

Misericordia y verdad guardan al rey, y con clemencia se sustenta su trono.

PROVERBIOS 20:28

Dios es el que levanta y abate reinos; corona y destrona reyes. Aquellos que gobiernan con puños de acero y aplastan sus súbditos con truculencia no permanecen en el poder por mucho tiempo. Un gobierno continuará en el poder mientras sea humano, justo y honesto. Es por su bondad que un gobernante da firmeza a su trono. Los grandes imperios del mundo cayeron porque actuaron con crueldad. Reyes y príncipes fueron derrumbados de sus tronos porque se vistieron con violencia. ¿Dónde están los faraones de Egipto? ¿Dónde están los sanguinarios reyes de Asiria? ¿Dónde están los megalómanos reyes de Babilonia? ¿Dónde está la gloria de Alejandro, el Grande? ¿Dónde están los césares de Roma? ¿Dónde fueron a parar las glorias de Napoleón Bonaparte y la furia de Adolf Hitler? Todos los que usaron la fuerza para gobernar cayeron por la fuerza. Los conquistadores fueron conquistados. Los dominadores fueron dominados. No se construye un gobierno que dure con violencia y derramamiento de sangre. No se conquistan el respeto y la obediencia del pueblo con despotismo. No se estabiliza un trono con tiranía. No se gobierna contra el pueblo, pero sí a favor del pueblo. "Misericordia y verdad guardan al rey, y con clemencia se sustenta su trono" (Proverbios 20:28).

21

de noviembre

Músculos fuertes
y cabellos blancos

> La gloria de los jóvenes es su fuerza, y la hermosura de los
> ancianos es su vejez.
>
> PROVERBIOS 20:29

La vida es hecha de varias estaciones. Cada una de ellas tiene su belleza peculiar. La infancia, la juventud, la madurez y la vejez son estaciones de la vida y, en ese viaje rumbo a la eternidad, podemos celebrar cada parada. Dos de esas estaciones son destacadas por el sabio: la juventud y la vejez. La belleza de los jóvenes está en su fuerza, y el adorno de los viejos son sus cabellos blancos. Los jóvenes están llenos de vigor y fuerza; los viejos trasbordan sabiduría y experiencia. Los jóvenes prevalecen por la fuerza de sus músculos; los viejos, por el discernimiento de la vida. Los jóvenes tienen explosión en sus músculos; los viejos, tenacidad en su experiencia. Los jóvenes necesitan adquirir sabiduría con los viejos, y estos necesitan de la protección de aquellos. Los jóvenes pueden tener visiones del futuro, y los viejos pueden soñar con nuevas oportunidades. Jóvenes y viejos no deben golpearse la cabeza. Ellos no están compitiendo en el juego de la vida. No deben entrar en un pulso para ver quién prevalece. Deben ser socios y caminar de manos dadas. Los viejos necesitan andar con la fuerza de los jóvenes, y los jóvenes necesitan mirar para la vida con la sabiduría de los viejos. Músculos fuertes y cabellos blancos forman una dupla fuerte, vigorosa e imbatible.

22
de noviembre

Las heridas duelen, pero enseñan

Las marcas de los azotes son medicina para el malo, porque los golpes purifican el corazón.

PROVERBIOS 20:30

Quien no aprende con el dolor no aprende de ninguna manera. Las heridas no solo rasgan nuestra carne, sino que también abren surcos en nuestra alma. Las mismas heridas que duelen también curan. Al mismo tiempo que sangran en nuestro cuerpo también hacen una asepsia en nuestro interior. Los castigos curan nuestra maldad y mejoran nuestro carácter. Los azotes limpian la profundidad de nuestro ser. La disciplina, en el momento en que es aplicada, no es motivo de alegría, sino de pesar; después, sin embargo, produce fruto pacífico y promueve la justicia. Al mismo tiempo en que esas heridas arrancan lágrimas de nuestros ojos, lavan nuestro interior. Las inflamaciones de las heridas purifican del mal, y los latigazos purifican lo más íntimo del cuerpo. Aprendemos más en el sufrimiento que en los días de fiesta. Es en el valle del dolor que somos matriculados en la escuela del quebrantamiento. Es en el yunque del sufrimiento que somos modelados a la imagen de Cristo. Es en la prensa de aceite, en el Getsemaní de la vida, donde sudamos sangre y lloramos copiosamente, que experimentamos el consuelo que excede todo entendimiento y nos levantamos para triunfar en las batallas más grandes de la vida. Dios no nos hiere sin causa. Dios no desperdicia sufrimiento en la vida de sus hijos. ¡Nuestra leve y momentánea tribulación producirá para nosotros eterno peso de gloria, por encima de cualquier comparación!

23

de noviembre

El rey está en las manos de Dios

> Como los repartimientos de las aguas, así está el corazón del
> rey en la mano de Jehová; a donde quiere lo inclina.
>
> **PROVERBIOS 21:1**

Aquellos que están sentados en el trono y dirigen las naciones son gobernados por Dios. Aquellos que están revestidos de autoridad y dominan sobre sus súbditos están en las manos de Dios. El corazón del rey es como un río controlado por el Señor; él lo maneja para donde quiere. Para el Señor Dios, controlar la mente de un rey es tan fácil como manejar el flujo de un río. Aquel que está sentado en la sala de comando del universo gobierna el corazón de los reyes que gobiernan el mundo. Dios inclina el corazón de los líderes según su querer. Ellos inclusive se pueden sentir que no pueden ser abalados, pero Dios los mueve de acuerdo a su propósito. Eso significa que, antes de ir a los reyes, debemos ir al Rey de reyes. Cuando hablamos por medio de la oración, con aquel que está sentado en el alto y sublime trono y reina soberano sobre todo el universo, vemos cambios profundos en el curso de la historia. Dios es poderoso para intervenir en el rumbo de los acontecimientos. Es él quien opera en nosotros, inclusive en el corazón de los reyes, tanto el querer como el realizar. La voluntad de Dios es soberana, y nadie puede frustrar sus designios. El mismo Dios que da un lecho a cada río también inclina el corazón del rey según su querer.

24
de noviembre

Dios conoce las motivaciones

Todo camino del hombre es recto en su propia opinión; pero
Jehová pesa los corazones.

PROVERBIOS 21:2

La sinceridad no es una prueba infalible para conocer la verdad. Hay muchas personas sinceramente engañadas. Hay caminos que a los hombres les parecen rectos, pero son absolutamente torcidos. Hay comportamientos adoptados por los hombres que reciben aplausos en las plazas e incentivos de los medios, pero esas prácticas no pasan por el examen de la ética divina. Hay palabras que son bonitas a los oídos de los observadores, pero suenan como ruido extraño a los oídos de Dios. Hay acciones que arrancan elogios en la tierra, pero son reprobadas en el cielo. Todo el camino del hombre es recto a sus propios ojos, pero el Señor sonda los corazones. Si usted piensa que todo lo que hace es correcto, recuerde que el Señor juzga las intenciones. El tribunal de los hombres solamente consigue juzgar sus palabras y acciones, pero el tribunal de Dios juzga el fuero interno. Los hombres ven las obras; Dios ve la motivación. Los hombres se impresionan con el exterior; Dios ve el interior. El hombre se mira al espejo y se da nota máxima por su desempeño, pero Dios sonda su corazón y exige verdad en lo íntimo. El hombre se contenta apenas con la apariencia, pero Dios lo pesa en la báscula y lo encuentra en falta. No es suficiente con ser aplaudido por los hombres ni dar nota máxima a sí mismo. Es necesario ser aprobado por Dios.

25

de noviembre

El culto que le agrada a Dios

Practicar el derecho y la justicia es a Jehová más agradable que los sacrificios.

PROVERBIOS 21:3

Los hombres siempre pensaron que podrían agradar a Dios con la abundancia de sus sacrificios. Siempre llevaron sus ofrendas al altar imaginando que aquello que impresiona a los hombres también impresiona a Dios. Pero el Señor no se deja engañar. Él se agrada más con la obediencia que con sacrificios. Ejercitar la justicia y el juicio es más aceptable a sus ojos que presentarle millares de ofrendas. Hacer lo que es recto y justo es más agradable a Dios que ofrecerle sacrificios. Antes de recibir la ofrenda, Dios tiene que aceptar a quién da la ofrenda. No puede existir un abismo entre la vida de quien da la ofrenda y su ofrenda. La Palabra de Dios dice que Dios rechazó a Caín y su ofrenda. Ya que la vida de Caín no era recta, su ofrenda no fue aceptada. Cuando el ofertante está con la vida mal, su sacrificio se vuelve abominable para Dios, Muchas veces, el pueblo de Israel intentó comprar a Dios con sus ofrendas. La vida estaba totalmente errada, pero querían impresionar a Dios con la abundancia de sus sacrificios. Por la boca del profeta Miqueas, Dios le dijo al pueblo: "Oh hombre, te ha sido declarado lo que es bueno, y qué pide Jehová de ti: solamente hacer justicia, y amar la misericordia, y caminar humildemente ante tu Dios" (Miqueas 6:8).

26
de noviembre

Mirada orgullosa
y corazón soberbio

Altivez de ojos, y orgullo de corazón, y pensamiento de impíos,
son pecado.

PROVERBIOS 21:4

E l orgullo fue el pecado que llevó a que Dios expulsara del cielo al querubín
de la guardia. Cuando ese ángel de luz intentó ser igual a Dios, deseando
colocar su trono por encima de los otros ángeles, Dios lo arrojó fuera de los
cielos. El orgullo fue el primer pecado, que abrió la puerta para todos los demás. Dios no tolera la soberbia. Él le declara la guerra a los altivos de corazón.
Humilla a aquellos que se exaltan. Tanto la mirada arrogante como el corazón
orgulloso son pecados abominables a los ojos de Dios, a pesar de que esos
pecados son invisibles a la percepción humana. Esos pecados no pueden ser
agarrados por los lentes de la tierra. No tenemos mucho conocimiento para
detectarlos. No conseguimos penetrar en las profundidades del alma para in-
vestigar las motivaciones. Nuestros tribunales no son competentes para juzgar
el fuero interno. Sin embargo, Dios no solamente ve nuestras obras y oye
nuestras palabras, sino que también sonda nuestras motivaciones. Nada escapa de su filtro fino. Nada puede ser ocultado a sus ojos. Él todo lo ve y todo lo
sonda. El recto y justo juez, delante de quien tendremos que comparecer para
prestar cuentas de nuestra vida, nos conoce por dentro y por fuera, conoce
nuestras palabras antes que lleguen a nuestra boca y conoce nuestros pensamientos antes que estos pueblen nuestra cabeza.

27

de noviembre

Cuidado con la prisa

Los pensamientos del diligente ciertamente producen ganancia; mas todo el que se apresura alocadamente, de cierto va a la pobreza.

PROVERBIOS 21:5

Hay un dicho popular que dice "la prisa es enemiga de la perfección". Quien no planea con diligencia planea fracasar. Nadie empieza a construir una casa sin antes tener una planta. Nadie va a la guerra sin antes calcular los costos. Nadie siembra sus campos sin antes preparar la tierra. Antes de empezar un proyecto, tenemos que tener un planeamiento detallado de los pasos que tendremos que seguir. Quien planea con diligencia realiza con eficacia. Quien invierte tiempo pensando en cómo hacer la obra gastará menos tiempo en la etapa de ejecución. Están cubiertos de razón los que dicen que el tiempo gastado en afilar el hacha no es perdido. Por eso, quien planea con cuidado tiene abundancia, pero el que tiene prisa acaba teniendo necesidades. Sin embargo, existe una prisa positiva y necesaria. No podemos ser lentos en nuestras acciones. No podemos cruzar los brazos y acomodarnos en un letargo mórbido. Existe la hora correcta de actuar. Posponer una acción puede hacer tanto daño como el no planear. Lo que la Palabra de Dios reprueba es la prisa en exceso, el descuido, la falta de reflexión y planeamiento. Esa actitud lleva a la pobreza, pero los planes del diligente tienden a la abundancia.

28
de noviembre

El peligro de la riqueza ilícita

Amontonar tesoros con lengua mentirosa es vanidad pasajera
de hombres que buscan la muerte.

PROVERBIOS 21:6

L a riqueza es una bendición cuando viene de Dios como resultado del
trabajo honesto. Sin embargo, la riqueza acumulada con deshonestidad es
pura ilusión y una trampa mortal. Aquellos que mienten, corrompen, roban,
oprimen y hasta matan al prójimo para juntar más y más tesoros en su casa,
esos descubren que tal riqueza maldita no trae paz al corazón, no da descanso
para el alma ni promueve la verdadera felicidad. Aquellos que siguen por ese
camino de la ganancia, de la avaricia idólatra y de la lengua falsa para enriquecer no disfrutarán de los beneficios de esa riqueza. Se vestirán, pero no se
calentarán. Tomarán, pero no quedarán satisfechos. Comerán, pero no quedarán llenos. No vale la pena adquirir tesoros con lengua falsa. La fortuna obtenida con lengua mentirosa es una ilusión y una soga mortal. ¿De qué sirve ser
rico y no tener paz? ¿De qué sirve vivir con el cuerpo rodeado de lujos y con
el alma sumergida en la basura? ¿De qué sirve ser alabado ante los hombres y
ser reprobado por Dios? ¿De qué sirve adquirir muchos bienes, pero para eso
tener que venderle el alma al diablo? ¿De qué sirve tener toda la comodidad
en la tierra y perecer eternamente en el infierno? Mejor que la riqueza ilícita es
la pobreza con integridad, es la paz de conciencia, es la seguridad de la sonrisa
aprobadora de Dios.

29

de noviembre

El violento se destruye a sí mismo

La rapiña de los impíos los destruirá, por cuanto rehúsan practicar la equidad.

PROVERBIOS 21:7

L a violencia es una flecha venenosa que se vuelve contra la propia persona que la lanza. Aquel que hiere al prójimo se destruye a sí mismo. El mal practicado contra los demás vuelve contra el propio malhechor. Los malos son destruidos por su propia violencia porque se niegan a hacer lo que es correcto. La violencia de los impíos los arrastrará, pues ellos se recusan a actuar correctamente. Quien a espada hiere a espada será herido. Quien planta violencia cosechará violencia. Quien siembra guerra segará contiendas. El perverso es aquel que planea el mal en su lecho y se levanta para practicarlo. Su vida es una torrente de maldad, una especie de avalancha que baja con furia, arrastrando todo a su alrededor y causando gran destrucción. Pero el perverso no queda impune ni sale ileso de ese caudal de violencia. Todo el mal concebido por el perverso y practicado contra el prójimo cae sobre su propia cabeza. El perverso no escucha consejos ni arregla su vida. Persistente en su error, es un individuo cuya cerviz nunca se doblega. El perverso rehúsa practicar la justicia, pues está acostumbrado a hacer el mal. Toda la inclinación de su corazón es para desviarse de Dios y atentar contra la vida del prójimo. No obstante, la violencia que habita en su corazón recae sobre su propia cabeza.

30
de noviembre

El camino del hombre culpable

El camino del hombre perverso es tortuoso y extraño; mas los hechos del limpio son rectos.

PROVERBIOS 21:8

Existen dos tipos de culpa: la real y la irreal; la verdadera y la ficticia. Hay personas que no tienen culpa, pero por ella son asoladas; hay otras que tienen culpa, pero no la sienten. Algunas personas tienen la conciencia débil y se sienten culpables aun siendo inocentes; otras tienen la conciencia cauterizada y aun haciendo transgresiones no sienten culpa. No estamos hablando de la culpa irreal, sino de la verdadera. Una persona que vive en pecado no tiene paz. Su corazón es un mar agitado que lanza de sí barro y basura. La solución no es amordazar la voz de la conciencia y eliminar la culpa. Es arrepentirse, confesar el pecado y cambiar de conducta. El culpable sigue caminos equivocados. Para justificar un error, comete otros errores. Para librarse de una mentira, tiene que decir otras tantas. El culpable se enreda en un carretel de sogas y no consigue librarse de sus propias trampas. Un abismo llama a otro abismo, y la persona se pierde en ese camino curvo lleno de bifurcaciones. Pero la vida del hombre honesto es diferente. Él anda en la luz. Su conducta es irreprensible, su proceder es honrado, y su camino es recto. El hombre honesto tiene conciencia limpia, corazón puro y manos sin contaminación. Su pasado es limpio, su vida una herencia, y su futuro un ejemplo que debe ser imitado.

1
de diciembre

Cuidado con la mujer rencillosa

Mejor es vivir en un rincón del terrado que con mujer rencillosa en casa espaciosa.

PROVERBIOS 21:9

L a mujer rencillosa es aquella que habla sin parar y pelea por cualquier motivo. Se trata de aquella mujer que está de mal con la vida y deja avergonzados a todos a su alrededor. Esa mujer es para el marido un tormento, en vez de ser aliviadora de tensiones. Ella le hace mal, y no bien, todos los días de su vida. Por ser insensata, destruye su propia casa, en vez de edificarla. Lejos de ser auxiliadora idónea, es una rival que compite con el marido. Es un peso en la vida de él, en vez de un auxilio. Lejos de ser una confidente confiable, tiene la lengua suelta y le gusta esparcir contiendas. Lejos de ser una amiga comprensiva, es como vinagre en la herida, que genera más sufrimiento que alivio. La soledad es mejor que la compañía de la mujer rencillosa. Es mejor vivir en el fondo del patio que dentro de una casa con la mujer que busca peleas. Es mejor vivir solo, en un rincón del altillo de la casa, que durmiendo en la misma cama con una mujer amarga con la vida, cuya lengua solamente profiere palabras de animosidad. El matrimonio, que fue creado por Dios para ser una fuente de placer, se vuelve un tormento. El matrimonio, que fue planeado para ser un jardín adornado de flores, se convierte en un desierto árido e inhóspito.

2

de diciembre

Un hombre sin compasión

El alma del impío desea el mal; su prójimo no halla favor en sus ojos.

PROVERBIOS 21:10

El mal no está solamente fuera del hombre, sino en su interior. No viene de fuera, sino de dentro. No está solamente en las estructuras a su alrededor, sino dentro de él. Es del corazón que proceden los malos designios. Sin embargo, el perverso, da un paso más. Además de estar presente en su corazón, el mal es cultivado allí. El perverso no es solamente potencialmente malo; él desarrolla esa maldad hasta su consumación. El alma del perverso desea el mal, y ese deseo se transforma en acción. El perverso no solo lanza una mirada de codicia sobre el prójimo, sino que busca desenfrenadamente la consumación de esa codicia. Sus ojos son lascivos, su corazón es ganancioso, y sus manos violentas. Un ejemplo clásico de esa dramática realidad fue lo que el rey David hizo cuando adulteró con Betsabé. David la vio, la deseó, la atrajo y se acostó con ella. Después intentó esquivarse de su responsabilidad y acabó matando a Urías, el marido. David actuó perversamente, pues no tuvo piedad de Urías, un soldado de confianza. El perverso no tiene compasión ni siquiera de su vecino. Para satisfacer sus caprichos y alimentar su codicia, ignora personas, mintiendo, robando, hiriendo y matando. Los malos tienen hambre del mal; no sienten pena de nadie. Los malos se abastecen de la maldad y no tienen dolor ni aun de su vecino.

3

de diciembre

El camino del aprendizaje

Cuando el escarnecedor es castigado, el simple se hace sabio; y cuando se le amonesta al sabio, aprende ciencia.

PROVERBIOS 21:11

El proceso de aprendizaje no es asimilado por todos de la misma manera. El escarnecedor es castigado y no aprende nada. El simple solamente aprende con la experiencia amarga de los demás. Pero el sabio, por intermedio de la instrucción, encuentra el conocimiento y alcanza la sabiduría. Es triste cuando un individuo llega a un punto tal de embrutecimiento que, aun siendo castigado, no aprende nada. La vara de la disciplina ya no modela más su carácter. Esas personas serán quebradas repentinamente sin chance de cura. Quien actúa así se vuelve peor que el caballo y la mula, que, a pesar de irracionales, obedecen al freno. Las personas sin experiencia aprenden una lección cuando el escarnecedor es afligido y castigado. Ese es el aprendizaje de segunda mano. Palabras no son suficientes; una acción radical o un revés en la vida de alguien es necesario para hacerlo aprender una lección de sabiduría. Actitud completamente diferente tiene el sabio. Al ser instruido, él tiene la mente abierta para aprender, el corazón dispuesto a obedecer y la voluntad ágil para enseñar lo que aprendió. El necio no aprende nada. El simple depende de los otros para aprender. El sabio tiene prisa para oír la instrucción y recibir el conocimiento.

4

de diciembre

La casa del impío es destinada a la ruina

El justo observa la casa del impío, y cómo los impíos se precipitan en la ruina.

PROVERBIOS 21:12

La casa del perverso será destruida, y el justo verá eso suceder. Viene la tempestad y acaba con los malos, pero los honestos continúan firmes en el exacto momento en el que los malos son desamparados. Los perversos se comparan a la paja que el viento dispersa. No tienen raíces profundas ni un fundamento sólido. No permanecerán en la congregación de los justos ni prevalecerán en el juicio. Cuando la tempestad llegue, serán arrastrados para la ruina. Serán llevados por una avalancha de las circunstancias y no permanecerán de pie. Pero el justo observa la casa de los perversos y ve a los impíos caminando rumbo a la ruina. El justo no solamente ve la ruina del perverso, sino que es levantado por Dios como agente del juicio sobre él. La propia justicia del justo condena la iniquidad del perverso. La propia luz del justo ciega los ojos enfermos del perverso. Las virtudes del justo son la expresión del juicio divino sobre la vida del perverso. El justo, en verdad, es levantado por Dios para ser instrumento de condenación del perverso. Es por intermedio del justo que los perversos son arrastrados para el mal. La ruina del perverso será grande, pues su casa caerá sobre su cabeza y, en ese día, él quedará completamente desamparado.

5

de diciembre

Oiga al pobre, y Dios lo oirá

El que cierra su oído al clamor del pobre, también él clamará,
y no será oído.

PROVERBIOS 21:13

El amor no es un sentimiento, sino una acción. Amar apenas de palabras no pasa de palabras al viento. El amor es conocido no por lo que dice, sino por lo que hace. No podemos amar solamente de palabras. Nuestro amor debe ser traducido en gestos de bondad. La necesidad de los pobres es un grito continuo a nuestros oídos. Quien socorre al pobre es feliz. El alma generosa prospera. Quien le da al pobre le presta a Dios. La Biblia dice que "El que da al pobre no tendrá pobreza; mas el que aparta sus ojos tendrá muchas maldiciones" (Proverbios 28:27). Jesús contó sobre el hombre rico que se vestía de púrpura y todos los días hacía banquetes finos. En su puerta estaba Lázaro, un mendigo cuyo cuerpo estaba cubierto de heridas. Hambriento, él deseaba llenarse de las migajas que caían de la mesa del rico, pero ni eso recibía. El rico estaba tan ocupado con sus invitados y con la propia comodidad que no tenía tiempo ni disposición para oír el clamor del pobre. Cuando despertó para la realidad, era muy tarde. En el infierno estando en tormentos, clamó por socorro, pero no fue atendido. Hizo súplicas, pero ellas no fueron respondidas. El tiempo de hacer el bien es ahora. Mañana la oportunidad habrá pasado. ¡Pero aquel que abre el corazón, las manos y el bolsillo para ayudar al pobre clamará al Señor y será oído!

6

de diciembre

Un regalo abre las puertas

La dádiva en secreto calma el furor. Y el don de debajo del
manto, la fuerte ira.

PROVERBIOS 21:14

El regalo es un símbolo de generosidad y cortesía. Es un gesto simpático
que toca el corazón de las personas y las sensibiliza. Demuestra afecto y
pavimenta el camino de la amistad. Aun cuando la relación queda estremeci-
da, el regalo calma la ira y aplaca la indignación. El regalo prepara el ambiente
para el abrazo de la reconciliación y para el beso del perdón. Abraham Lincoln, 16º presidente de Estados Unidos, dijo que la mejor manera de vencer a
un enemigo es hacerlo un amigo. El amor es una fuerza irresistible. Rompe las
barreras más grandes. El amor construye puentes donde el odio cavó abismos.
El regalo no es el amor, sino una demostración del amor. Gary Chapman,
autor del libro *Los cinco lenguajes del amor*, dice que dar regalos es uno de
los lenguajes del amor. Muchas personas ven en ese gesto una demostración
elocuente de afecto. El sabio está enseñando que el regalo discreto desocupa la
bomba de la ira, y la dádiva hecha en secreto apacigua la furia más grande. Dé
un regalo en secreto a quien esté irritado con usted, y su rabia se acabará. Existe una estrecha conexión entre el bolsillo y el corazón, entre la mano abierta y
el alma libre de amargura. No se resuelven conflictos con más conflictos. No
se gana una pelea con más insultos. Si queremos triunfar en la batalla, tenemos que entrar en esa pelea con amor en el corazón y regalos en las manos.

7

de diciembre

La justicia, alegría de unos, espanto de los otros

Es un placer para el justo el practicar la justicia; mas el espanto es para los que hacen iniquidad.

PROVERBIOS 21:15

Cuando la justicia prevalece, los malos se perturban, y los justos se alegran. Lo que es bálsamo para unos es tormento para los otros. La justicia no interesa a los que viven al margen de la ley. La verdad es una luz que incomoda los ojos enfermos de los inicuos. La justicia es como una herida en la carne de aquellos que operan el mal. Cuando se hace justicia, los malhechores se espantan y se llenan de pavor, mientras que los justos se alegran, pues para ellos la práctica de justicia es motivo de placer y deleite. El apóstol Pablo escribe a los romanos: "Porque los magistrados no están para infundir temor al que hace el bien, sino al malo. ¿Quieres, pues, no temer a la autoridad? Haz lo bueno, y tendrás alabanza de ella" (Romanos 13:3). El transgresor enseguida se aflige al ver un agente de la justicia. Un ladrón de inmediato se asusta al oír una sirena de un carro de la policía. Un conductor que es visto en una trasgresión de una ley de tránsito no se siente protegido al encontrarse con un agente de tránsito. Los que violan la ley y practican iniquidad quieren vivir en la oscuridad. La luz de la verdad les atormenta el alma, y el fulgor de la justicia les perturba el corazón. No es así la vida del justo. La práctica de la justicia es su refugio, y el fruto de la justicia, su placer.

de diciembre

Una caminata rumbo a la muerte

El hombre que se aparta del camino de la sabiduría vendrá a parar en la compañía de los muertos.

PROVERBIOS 21:16

Hay un camino de entendimiento y otro de locura. El camino de entendimiento es estrecho y empinado y pocos se aciertan con él. El camino de la locura es ancho y espacioso, y una multitud transita por él. El camino estrecho exige renuncia. El camino ancho no hace ninguna exigencia. Este es el camino de las libertades sin límites, es el camino de los placeres y de las aventuras. Este es el camino de las libertades sin límites. Es el camino de los placeres y las aventuras. En ese camino es prohibido prohibir. Cada uno anda como quiere y hace lo que quiere. Pero ese camino con tantas luces y variadas voces desembocará en la muerte. Lleva al hombre lejos de Dios, a una noche eterna, donde hay lloro y trinar de dientes. Desviarse del camino del entendimiento es matricularse en la escuela de la muerte. Es caminar velozmente para la muerte y hacer su habitación en la compañía de los muertos. Ese es el camino, por ejemplo, del adúltero. La casa de la mujer adúltera se inclina para la muerte, y sus caminos para el reino de las sombras de la muerte; todos los que se dirigen a esa mujer no volverán y no acertarán las veredas de la vida. La Biblia dice que el perverso morirá por falta de disciplina. El hombre que corre para los brazos de una prostituta es como el ganado que va para el matadero, como un ave que vuela para una red mortal, sin saber que esto le costará la vida.

9

de diciembre

La bohemia lleva a la pobreza

Hombre menesteroso vendrá a ser el que ama el deleite, y el
que ama el vino y los perfumes no se enriquecerá.

PROVERBIOS 21:17

Aquellos que son desperdiciadores y les gusta una vida bohemia, tomando todas las copas de los placeres, disfrutando la vida con vinos caros
y banquetes sofisticados, quedarán pobres. La riqueza es fruto del trabajo, y
no de la bohemia. La riqueza viene como resultado de la modestia, y no de
la ostentación. Aquellos que se rinden a la bebida y a la gula jamás enrique-
cerán. La exhortación de la Palabra de Dios es categórica: "No estés con los
bebedores de vino, ni con los engullidores de carne; porque el bebedor y el co-
milón empobrecerán, y la somnolencia hará vestir vestidos rotos" (Proverbios
23:20-21). El profeta Amós dio su grito de advertencia contra las personas
que se entregaban a los placeres de la vida, durmiendo en camas de marfil y
desperezándose sobre su lecho, cantando al son de la lira y bebiendo vino, un-
giéndose con lo mejor de los perfumes, pero olvidando la miseria del pueblo a
su alrededor. Aunque tengamos provisión con abundancia en nuestra casa, no
es sensato amar los placeres, entregándonos a esos deleites. Tenemos que vivir
una vida más sencilla para ayudar a las personas en sus necesidades. Tenemos
que deleitarnos en Dios más que en los dones de Dios. Tenemos que amar a
Dios y servir a las personas y usar las cosas, en vez de olvidarse de Dios, usar
a las personas y amar las cosas.

El perverso sufre en lugar del justo

Rescate del justo es el impío, y por los rectos, el prevaricador.

PROVERBIOS 21:18

Hay sufrimientos que el justo enfrenta como fruto de su compromiso con Dios. Esos sufrimientos no deben ser vistos como castigo, sino como privilegio. Jesús dice que los perseguidos por causa de la justicia son muy felices, pues también los profetas fueron perseguidos. El apóstol Pedro declara que si la causa de nuestro sufrimiento es la práctica del bien, entonces somos bienaventurados. Ese tipo de sufrimiento perverso no lo tiene. Pero hay un sufrimiento que Dios desvía de la cabeza de los rectos y coloca sobre la cabeza de los perversos. El perverso aflige al justo, pero ese sufrimiento es desviado del justo para caer sobre la cabeza del propio perverso. Sin embargo, Dios protege a los rectos y los cubre con su escudo, pero desampara a los impíos, dejando que cosechen los frutos de su siembra insensata. El látigo que debería venir sobre la espalda del justo es desviado para el perverso. El dolor que el justo estaba destinado a sufrir cae sobre la vida del perverso. Este sirve de rescate para el justo. No tenemos que retribuir el mal con el mal ni buscar venganza. Lo que tenemos que hacer es confiar en las causas de Dios, pues él retribuirá a cada uno según sus obras.

11

de diciembre

Es mejor vivir solo
que mal acompañado

Mejor es morar en tierra desierta que con la mujer rencillosa
e iracunda.

PROVERBIOS 21:19

El matrimonio fue instituido por Dios para ser una fuente de fidelidad, pero se puede convertir en un escenario gris de muchas angustias. El matrimonio puede ser un jardín adornado o un desierto caliente; un campo de libertad o una mazmorra de opresión; una antesala del cielo o el sótano del infierno. Vivir solo es mejor que mal acompañado. Es mejor vivir solo como un beduino del desierto que con una mujer que busca peleas y amargada. La soledad es mejor que vivir en la compañía de una mujer que se pasa todo el tiempo murmurando y quejándose. Una mujer impaciente y sin control emocional trastorna la vida del marido. Esa mujer derrumba su casa con las propias manos. Le hace mal a su marido todos los días de su vida y transforma el matrimonio en una pesadilla. Los jóvenes tienen que estar con los ojos bien abiertos antes del matrimonio, pues casarse con una mujer descontrolada es vivir acorralado en un cuadrilátero de perturbación y estrés. Es mejor quedarse soltero que realizar un matrimonio equivocado. La soledad es preferible a un matrimonio turbulento.

12
de diciembre

No malgaste y tendrá abundancia

Tesoro precioso y aceite hay en la casa del sabio; mas el hombre
insensato todo lo disipa.

PROVERBIOS 21:20

El que desperdicia todo lo que viene a sus manos es un insensato. La falta
de previdencia lleva a la pobreza. El que malgasta tendrá falta de pan en
su casa. Vivirá en la miseria y no conocerá la abundancia. Pero el sabio no
gasta todo lo que gana. Es prevenido. Hace reservas y, por eso, hay riqueza en
su casa y comida abundante en su mesa. De la misma manera que los ríos son
formados por la suma de muchos afluentes, también la riqueza es la unión
de los pocos recursos que llegan día a día. Quien gasta sin medida todo lo
que entra en el presupuesto y no hace ahorro para el futuro, ese encontrará
en las esquinas del mismo futuro la pobreza y la escasez. No podemos comer
todas nuestras semillas. Tenemos que aprender con la hormiga, que trabaja
sin descanso en el verano para tener su despensa llena en el invierno. Tenemos
que trabajar con empeño, economizar con inteligencia, aplicar los recursos
con sabiduría y contribuir con generosidad. En la casa del sabio hay riqueza y
comodidad, en la mesa del prudente hay alimento delicioso, pero el insensato desperdicia tanto los tesoros deseables como los alimentos más deliciosos.
El que malgasta tendrá los bolsillos desocupados y el estómago roncando de
hambre, pero el hombre sensato tiene lo suficiente para vivir en la riqueza y
en la abundancia.

13

de diciembre

Sembrando bondad, cosechando honra

> El que sigue la justicia y la misericordia hallará la vida, la prosperidad y la gloria.
>
> Proverbios 21:21

La vida es hecha de decisiones. Mientras unos colocan los pies en la calle de la justicia, otros bajan por los abismos de la iniquidad; mientras unos siembran bondad, otros plantan las malditas semillas del odio. Lo que nadie puede escoger son los resultados de su decisión. Quien planta vientos cosecha tempestades; aquellos que siembran en la carne, de la carne cosechan corrupción. Quien siembra violencia recibe violencia. Quien planta discordia cosecha desprecio. Pero aquellos que siembran amor cosechan reconocimiento. Quien siembra paz cosecha amistad. "El que sigue la justicia y la misericordia hallará la vida, la prosperidad y la gloria" (Proverbios 21:21). La justicia y la bondad tienen que andar de la mano. La justicia sin bondad aplasta a las personas; la bondad sin justicia las deja acomodadas. La bondad va más allá de la justicia; camina la segunda milla con quien no tiene más derecho. Aquellos que siguen la justicia y aun practican la bondad encontrarán la vida, la justicia y la honra. Quien anda en la verdad y practica el amor, sembrando en la vida del prójimo justicia y bondad, cosechará los frutos benditos de una vida abundante, se cubrirá con los vestidos blancos de la justicia de Cristo y recibirá honra tanto en la tierra como en el cielo, delante de los hombres y de Dios.

14

La sabiduría conquistadora

Toma por asalto el sabio la ciudad de los fuertes, y derriba la fortaleza en que ella confiaba.

PROVERBIOS 21:22

L os hombres fuertes piensan que pueden vivir seguros e inexpugnables detrás de sus fortalezas. Crean sistemas de seguridad sofisticados, se encierran en sus altas torres, se visten con caparazones de hierro y se blindan tras gruesas murallas y candados potentes. No obstante, por confiar en esos expedientes, se vuelven vulnerables. La Biblia dice que la ciudad de Edom colocó su nido entre las estrellas y pensó que nadie podría saquearla, ya que había sido construida en lo alto de los peñascos. Pero el Señor dice que aunque colocase su nido en las estrellas, de allí sería derrumbada. El profeta Jeremías, hablando en nombre de Dios alerta: "No se alabe el sabio en su sabiduría, ni en su valentía se alabe el valiente, ni el rico se alabe en sus riquezas. Mas alábese en esto el que se hubiere de alabar: en entenderme y conocerme, que yo soy Jehová" (Jeremías 9:23-24). El sabio conquista la ciudad de los valientes y derrumba la fortaleza en que él confía. El sabio es más fuerte que el valiente. La fuerza de la inteligencia es más robusta que la fuerza de los músculos. La sabiduría es más poderosa que un ejército con armas en las manos y más segura que una ciudad con murallas en la cima de una montaña. La sabiduría del sabio es preferible a la fuerza de los poderosos de este mundo.

15

de diciembre

Boca cerrada, alma en paz

El que guarda su boca y su lengua, su alma guarda de angustias.

PROVERBIOS 21:23

Dicen que el pez muere por la boca; el hombre también. La lengua desgobernada pone toda la vida a perder. Quien no domina su lengua se envuelve en muchas dificultades y entrega su alma a muchas angustias. Tenemos que colocar guardias en la puerta de nuestros labios. Tenemos que ser tardíos para hablar, pues hasta "Aun el necio, cuando calla, es contado por sabio" (Proverbios 17:28). Difícilmente nos arrepentimos de lo que hablamos. El silencio es preferible a las palabras necias. Hablar en el momento equivocado y con el tono de la voz errado es castigarnos a nosotros mismos con muchos latigazos. Una lengua sin control es como una chispa que incendia todo un bosque. Una lengua maldiciente es como un veneno mortal. Una lengua que esparce chismes y promueve intrigas es un pozo contaminado, cuyas profundas aguas producen muerte, y no vida. ¡Cuántos matrimonios ya fueron deshechos por causa de palabras sin reflexión! ¡Cuántas relaciones ya estremecieron y terminaron por causa de palabras insensatas! ¡Cuántas peleas y hasta muertes ya sucedieron por causa de palabras llenas de malicia y ensopadas de maldad! Si queremos conservar nuestra alma de las angustias, tendremos que primero dominar nuestra lengua.

16

de diciembre

Cuidado con la soberbia

Escarnecedor es el nombre del soberbio y presuntuoso que obra en la insolencia de su presunción.

PROVERBIOS 21:24

El hombre vanidoso es arrogante, trata a los demás con orgullo y desprecio, es un burlador. El soberbio es aquel que se juzga mejor que los demás. Se coloca por encima de los otros y por eso se siente en el derecho de burlarse de ellos. El presumido se juzga más importante de lo que en realidad es, se exalta a sí mismo por encima de los demás y se llena de indignación cuando no es exaltado. La Biblia habla del fariseo que fue al templo para orar y, en vez de orar, hizo un discurso de autoelogio, proclamando sus imaginadas virtudes y comparándolas con las del publicano, apenas para humillarlo. Ese fariseo soberbio no oró. No habló con Dios. Apenas habló delante del espejo. Apenas acarició su vanidad y engrandeció su nombre. El resultado de esa arrogancia fue su reprobación. Dios resiste al soberbio y declara la guerra a aquellos que levantan monumentos para sí mismos. El soberbio y presumido se burla del prójimo porque se siente poseedor de todas las virtudes y ve al prójimo como portador de todos los defectos. Él procede con indignación y arrogancia porque piensa que todos deben arrastrarse a sus pies y darle la gloria que juzga que merece. No obstante, el soberbio será humillado y su burla se volverá con sí mismo.

17
de diciembre

El perezoso prefiere la muerte al trabajo

El deseo del perezoso le mata, porque sus manos no quieren
trabajar.

PROVERBIOS 21:25

El perezoso tiene alergia al trabajo. Siente rasquiña solamente de oír esa
palabra. Eso no significa que el perezoso se conforma con la pobreza. Él
tiene muchos deseos, muchos sueños, muchos proyectos. Inclusive consigue
hablar de sus ideales elevados. Comenta con todos sobre sus audaces sueños.
En general es un individuo que tiene un bello discurso, es articulado en las
palabras y llega hasta convencer a las personas de sus intrépidos emprendi-
mientos. El problema es que los planes y deseos del perezoso están apenas en
su cabeza. Él no los saca del papel. Él no pone pie en la carretera para perse-
guir sus ideales ni coloca la mano en la masa para alcanzar sus objetivos. El
perezoso busca el resultado sin comprometerse con la causa. Pero la riqueza
es fruto del trabajo, y no de la indolencia. Los deseos se cumplen mediante
el trabajo y el esfuerzo. Como sus manos se rehúsan a trabajar, los deseos del
perezoso no pasan de devaneos. Él muere deseando sin jamás alcanzar lo que
desea. No tiene valor de estudiar. No tiene ánimo para trabajar. No tiene disposición para sembrar. El resultado es una vida entera de deseos y una muerte
inevitable en la pobreza.

18

de diciembre

El culto que Dios no acepta

El sacrificio de los impíos es abominación; ¡cuánto más ofreciéndolo con mala intención!

PROVERBIOS 21:27

El culto que agrada a Dios tiene dos marcas distintas: es verdadero y sincero. Deber ser ofrecido a Dios en espíritu y en verdad. No basta ser un culto verdadero; tiene que ser ofrecido de todo corazón. No basta ser sincero; es necesario ser bíblico. El culto o es bíblico o es anatema. No podemos adorar a Dios a nuestra manera, según las inclinaciones de nuestro corazón. Dios estableció la forma correcta como debe ser adorado. El culto divino es prescrito por el propio Dios. No tenemos libertad de añadir ni de retirar ningún elemento del culto. La adoración no puede ser separada del adorador. El culto no puede ser divorciado de la vida. Antes de que Dios acepte nuestra ofrenda, él tiene que aceptar nuestra vida. Es por eso que el sacrificio de los perversos es abominación para Dios. El Señor se complace más en la obediencia que en los sacrificios. Requiere más misericordia que holocaustos. Hacer ofrendas a Dios con la vida mal y con las motivaciones equivocadas es intentar sobornar a aquel que es santo y justo. Es una gran locura, pues nadie puede engañar al que escudriña los corazones. Dios no se impresiona con la cantidad de nuestras ofrendas ni con la elocuencia de nuestras palabras. Él requiere verdad en la intimidad.

19

de diciembre

El testigo falso paga
con la propia vida

El testigo mentiroso perecerá; mas el hombre que escucha,
tendrá la última palabra.

PROVERBIOS 21:28

E l testigo es una persona que vio, oyó y presenció un hecho y delante del
juicio narra con fidelidad los acontecimientos relacionados. Un testigo
fidedigno está dispuesto a morir, pero no a mentir sobre lo que vio y oyó. La
palabra griega para "testigo" es *martiria*, de donde viene nuestra palabra "mártir". Pedro respondió al sanedrín judío ante sus amenazas: "Juzgad si es justo
delante de Dios obedecer a vosotros más bien que a Dios; porque no podemos
menos de decir lo que hemos visto y oído" (Hechos 4:19-20). Si el testigo verdadero prefiere morir a mentir, el testigo falso, por ocultar y torcer la verdad
ante el tribunal, no quedará impune. El testigo falso morirá. Primero viene la
muerte de la credibilidad y del respeto. La verdad vendrá a la luz, y el testigo
falso caerá en el oprobio y en el desprecio público. Después viene la muerte
de la honra. Una persona mentirosa, que vende su conciencia por favores
inmediatos, será considerada maldita por los hombres y reprobada por Dios.
Finalmente viene la muerte eterna, pues los mentirosos no heredarán el reino
de Dios. A menos que el testigo falso se arrepienta, su fin será recibir el mere-
cido castigo por su error.

20

de diciembre

Un rostro endurecido

El hombre impío endurece su rostro; mas el recto ordena
sus caminos.

PROVERBIOS 21:29

Hay hombres que son mansos y humildes de corazón como Jesús, el suave
rabino de Galilea; otros son perversos y malos como el rey Herodes, que
impiedosamente mandó matar a los niños de Belén. Hay hombres que son
amables en el trato; otros son hombres de piedra, cuyo corazón es duro como
el acero. Hay aquellos cuyo rostro anuncia benignidad; otros cargan la dureza
en el trato estampada en la propia cara. La Biblia habla de Nabal, un hombre
incomunicable y duro en el trato, con quien nadie podía hablar. Ese hombre
era rico, pero insensato. Daba fiestas de rey sin ser rey. Le gustaba recibir beneficios, pero era incorregiblemente egoísta. Solamente pensaba en sí mismo,
y todo lo que tenía estaba al servicio de su propio deleite. Ese hombre fue
herido por Dios y murió como loco, pues tenía el corazón lleno de tinieblas
y un rostro duro como el mármol. No es así que reacciona el hombre recto.
El justo considera su camino. Reconoce sus pecados y llora por ellos. El justo
tiene el corazón quebrantado y el rostro bañado por las lágrimas del arrepentimiento. El justo no es duro en el trato, sino amable con las personas. El recto
se humilla ante Dios y trata al prójimo con honra. ¡El justo es estimado en la
tierra y muy amado en el cielo!

21
de diciembre

Desafiar a Dios es insensatez

No hay sabiduría, ni inteligencia, ni consejo, contra Jehová.

PROVERBIOS 21:30

No hay actitud más insensata que la criatura desafíe al creador. No hay necedad más grande que el hombre se subleve contra Dios. Es una gran locura que el hombre emplee su supuesta sabiduría o su poca inteligencia y entrar en consejo contra el Señor, pues ¿quién puede luchar contra Dios y prevalecer? ¿Quién puede chocarse en esa piedra sin volverse polvo? ¿Quién puede desafiar su poder y escapar? Muchos siglos atrás los hombres entraron en consejo contra el Señor y tomaron una decisión de construir una torre, la torre de Babel, cuyo tope llegara hasta el cielo. Era una torre astrológica para lectura de los astros. Esa generación apóstata pensó que asumiría el comando del universo. Planeaban destronar a Dios de su gloria y lanzar sobre sí el yugo del Altísimo. El resultado fue la confusión de las lenguas y la dispersión de las razas entre las naciones. Dios no se deja escarnecer. De Dios no nos podemos burlar. Aquello que el hombre siembra, él cosecha. Ninguna sabiduría, inteligencia o consejo puede tener éxito contra el Señor. Ningún plan puede oponerse al Señor y salir victorioso. Todos los recursos de los hombres son nada ante Dios. ¡El eterno Dios, Creador y sustentador de la vida, Señor absoluto del universo, Juez de vivos y de muertos, aquel que está sentado en el trono y tiene las riendas de la historia en sus manos, es el vencedor invicto de todas las batallas!

22
de diciembre

La victoria viene de Dios

> El caballo se apareja para el día de la batalla; mas Jehová es el
> que da la victoria.
>
> PROVERBIOS 21:31

Nosotros trabamos muchas batallas en la vida. Hay guerras reales y guerras ficticias. Hay guerras visibles y guerras invisibles. Guerras inevitables y guerras que nosotros mismos creamos. Con su destreza, el hombre hace planes y traza estrategias. Forma ejércitos y los equipa con las más sofisticadas tecnologías de guerra. Sale al campo y traba las peleas más encarnizadas. Pero la victoria no es resultado del brazo humano ni de la fuerza de los caballos. No vienen de la tierra, sino del cielo; no procede del hombre, sino de Dios. El hombre puede hacer planes, pero es de Dios que viene la respuesta. El hombre puede entrenar ejércitos, pero es Dios quien da la victoria. El hombre puede reunir un poderoso arsenal, pero es Dios quien abre el camino del triunfo. David entendió eso cuando luchó contra el gigante Goliat. Aquel hombre insolente que insultó al ejército de Israel y desafió a los soldados de Saúl durante cuarenta días; humilló al pueblo de Dios y escarneció del propio Dios. Pero David corrió al encuentro del gigante filisteo, diciendo: "Tú vienes a mí con espada y lanza y jabalina; pero yo vengo a ti en el nombre de Jehová de los ejércitos, el Dios de los escuadrones de Israel, a quien tú has provocado. Jehová te entregará hoy en mi mano, y yo te venceré, y te cortaré la cabeza, y daré hoy los cuerpos de los filisteos a las aves del cielo y a las bestias de la tierra; y toda la tierra sabrá que hay Dios en Israel. Y sabrá toda esta congregación que Jehová no salva con espada y con lanza; porque de Jehová es la batalla, y él os entregará en nuestras manos" (1 Samuel 17:45-47).

23

de diciembre

Más precioso que el oro

De más estima es el buen nombre que las muchas riquezas, y la
buena gracia más que la plata y el oro.

PROVERBIOS 22:1

Salomón podía hablar con experiencia sobre este asunto, pues era el hombre más rico de su tiempo, y afirma enfáticamente que hay cosas más preciosas que las riquezas materiales. El buen nombre vale más que muchas riquezas, y el ser estimado es mejor que el oro y la plata. Note que Salomón no solamente declara que el buen nombre es mejor que las riquezas, sino que es mejor que muchas riquezas. Es mejor tener una buena reputación que ser un rico. Es mejor tener el nombre limpio que tener los bolsillos llenos de dinero sucio. Es mejor andar con la cabeza levantada, con dignidad, que vivir en una cuna de oro, pero maculado con la deshonra. La honestidad es un tesoro más precioso que los bienes materiales. Transigir con la conciencia y vender el alma al diablo para volverse rico es una gran locura, pues aquel que usa expedientes corruptos para enriquecer, sustrayendo lo que le pertenece al prójimo, en vez de ser estimado, pasa a ser odiado en la tierra. La riqueza es una bendición cuando viene como fruto del trabajo y de la expresión de la generosidad divina. Pero perder el buen nombre y la estima para ganar dinero es necedad, pues el buen nombre y la estima valen más que las muchas riquezas.

24

de diciembre

El misterio del pobre
y el ministerio del rico

El rico y el pobre se encuentran; a ambos los hizo Jehová.

PROVERBIOS 22:2

Dios no hace acepción de personas. Es el creador tanto del rico como del pobre. Ama tanto al rico como al pobre. Hace tanto a uno como al otro. La gran pregunta es: ¿Por qué Dios en su soberanía hace al rico y de igual manera al pobre? El propósito de Dios es que, ante el misterio del pobre, el rico ejerza un ministerio de misericordia. El rico es bienaventurado cuando auxilia al afligido, pues más bienaventurado es dar que recibir. El pobre, al recibir la ayuda del rico, glorifica a Dios por su vida y por el auxilio recibido. Así, ambos exaltan a Dios por su generosa providencia. El apóstol Pablo enseñó a la iglesia de Corinto en los siguientes términos: "Ahora, pues, acabad también de hacerlo, para que como estuvisteis prontos a quererlo, así también lo estéis en cumplirlo conforme a lo que tengáis. Porque si la voluntad está ya pronta, será aceptada según lo que uno tiene, no según lo que no tiene. Porque no digo esto para que haya para otros holgura, y para vosotros estrechez, sino para que en este tiempo, con igualdad, la abundancia vuestra supla la escasez de ellos, para que también la abundancia de ellos supla la necesidad vuestra, para que haya igualdad, como está escrito: 'El que recogió mucho, no sobreabundó, y el que poco, no escaseó'" (2 Corintios 8:11-15).

25

de diciembre

Siga los avisos de señalización

El avisado ve el mal y se esconde; mas los simples pasan adelante y reciben el daño.

PROVERBIOS 22:3

Dios coloca avisos de señalización a lo largo de la carretera de la vida. El secreto de un viaje seguro es obedecer a esas señales. No observarlas es ir rumbo al desastre. Las luces rojas del mal se prenden en nuestro camino. Nos advierten sobre el peligro de continuar viaje por esa carretera. El prudente no avanza ignorando esas advertencias. Solamente los necios cierran los ojos a esas señales y se tapan los oídos a esas advertencias. Seguir adelante cuando la prudencia nos ordena que paremos es sufrir inevitablemente la consecuencia de haber escogido de manera insensata. Cuando Pablo embarcó para Roma, avisó al capitán del barco sobre los peligros del viaje, de que entonces no era prudente partir. Pero el capitán no le dio oídos al siervo de Dios, y el viaje fue muy tormentoso; ellos enfrentaron vientos contrarios y tifones. La carga del barco se perdió, y el propio barco quedó todo despedazado. Eso porque el capitán no obedeció los avisos de señalización. La Palabra de Dios dice que el prudente nota el peligro y busca refugio; el que no tiene experiencia sigue adelante y sufre las consecuencias. La persona sensata ve el mal y se esconde, pero la insensata sigue adelante y acaba mal. ¡Haga un viaje seguro; obedezca los avisos de señalización!

26
de diciembre

El galardón de la humildad

Riquezas, honor y vida son la remuneración de la humildad y
del temor de Jehová.

PROVERBIOS 22:4

L a humildad es la reina de las virtudes. Es la puerta de entrada de las bienaventuranzas. Es la marca distintiva de los súbditos del reino de Dios.
Jesús, el Hijo del Altísimo, era manso y humilde de corazón. La humildad y el
temor del Señor son dos caras de la misma moneda. Es imposible ser humilde
sin temer a Dios, así como también es imposible temer a Dios sin ser humilde.
Tanto la humildad como el temor del Señor tienen recompensa garantizada.
El galardonador es el propio Dios. Tres galardones son concedidos: riquezas,
honra y vida. Riquezas sin honra tienen poco valor. Riquezas y honra sin vida
no tienen provecho. Las tres bendiciones vienen en un creciente. Las riquezas
que vienen como un galardón de Dios producen honra. La honra es señal de
que las riquezas fueron conseguidas de manera honesta y concedidas por la
bondad divina. La vida para disfrutar tanto de las riquezas cuanto de la honra
es la coronación de esas dádivas. La humildad va delante de la honra. Es la
puerta de entrada de la riqueza. La humildad pavimenta el camino de la vida.
El temor del Señor nos libra del mal, aleja nuestros pies de la caída, nos dirige
por el camino de la prosperidad. El temor del Señor nos viste con la honra y
nos concede la vida. Riquezas, honra y vida son todas dádivas de Dios. Proceden todas del cielo. Son todas destinadas a aquellos que se doblegan bajo la
poderosa mano del altísimo.

27
de diciembre

Trampas en el camino

Espinos y lazos hay en el camino del perverso; el que guarda su alma, se alejará de ellos.

PROVERBIOS 22:5

El camino del hombre malo está lleno de espinas y salpicado por muchas trampas. Es como un terreno minado, lleno de bombas mortales. Andar por ese camino es caminar para la muerte. Un camino lleno de espinas es una carretera de dolor y falta de comodidad. Espinas hieren los pies y enredan los pasos. Las espinas nos impiden caminar victoriosamente. Lazos son tramas invisibles, pero reales. Son lazos que prenden, ardides que atraen y trampas que matan. Los placeres de la vida, las aventuras sexuales y la tentación de la ganancia fácil son banquetes que invitan. Las copas llenas de placeres resplandecen ante los ojos de los transeúntes que atraviesan ese camino. No obstante, esas copas contienen veneno, y no el vino de la alegría; generan esclavitud, en vez de libertad; promueven la muerte en lugar de la vida. El pecado es un gran embuste. Usa una máscara muy bonita y atrayente, pero por debajo de esa apariencia encantadora esconde una cara horrible, el espectro de la propia muerte. Quien guarda su alma se retira lejos del perverso. No anda en sus consejos, no se detiene en sus caminos ni se sienta en su mesa. El hombre sensato huye de las luces falsas del camino del perverso para andar en la luz verdadera de Cristo.

28

de diciembre

Ejemplo,
forma eficaz de enseñanza

Instruye al niño en el buen camino, y aun cuando envejezca no
se apartará de él.

PROVERBIOS 22:6

L os padres son los pedagogos de los hijos. Les corresponde a ellos la enseñanza de los hijos. Les compite la formación del carácter de los hijos.
Pero ¿cómo se desarrolla ese proceso? Primero, los padres no deben enseñar el
camino en el cual los hijos quieren andar, ya que la estulticia está en el corazón del niño. Segundo, los padres no deben enseñar el camino en el cual los
hijos deben andar. Eso apenas significa apuntar una dirección para los hijos,
sin estar presente en la caminada. Es lo mismo que imponer un patrón de
comportamiento para los hijos, pero vivir de forma contraria a lo que se enseña. Tercero, los padres deben enseñar en el camino en el que los hijos deben
andar. Enseñar en el camino significa caminar junto a los hijos, ser ejemplo
para ellos, servirles de modelo y paradigma. Albert Schweitzer dijo que el
ejemplo es apenas una forma de enseñar, pero la única forma eficaz de hacerlo.
La actitud de los padres habla más alto que sus palabras. Los hijos no pueden
escuchar la voz de los padres si la vida de ellos reprueba lo que enseñan. La
enseñanza estribada en el ejemplo tiene efectos permanentes. Hasta el fin de la
vida, el hijo no se desviará de ese camino aprendido con los padres.

29

de diciembre

Cuidado con los préstamos

El rico se enseñorea de los pobres, y el que toma prestado es
siervo del que presta.

PROVERBIOS 22:7

L a dependencia financiera genera esclavitud. La deuda es una especie de
collar que mantiene prisionero el endeudado. Es por eso que los ricos
mandan en los pobres, pues detienen el poder económico. Quien toma prestado queda rehén del que presta. La usura es una práctica criminal. Es una
forma injusta e inicua de aprovecharse de la miseria del pobre, prestándole
dinero en el momento de la angustia, con altas tasas de intereses, para después mantenerlo como rehén. Muchos ricos sin escrúpulos y avaros, movidos
por una ganancia insaciable, aprovechan el sofoco del pobre para prestarle
dinero en condiciones desfavorables, apenas para quitarle con violencia sus
pocos bienes. En el tiempo de Nehemías, gobernador de Jerusalén, los ricos
que prestaban dinero a los pobres ya habían tomado sus tierras, vides, casas e
inclusive esclavizado a sus hijos para saldar una deuda impagable. El profeta
Miqueas denuncia esa forma de opresión, diciendo que en su tiempo muchos
ricos estaban comiendo la carne de los pobres. Una persona sabia es contro-
lada en sus negocios y no cede a la presión ni a la seducción del consumismo.
No se aventura en deudas que crecen como hongos, pues sabe que el que toma
prestado es siervo del que presta.

30
de diciembre

Lo que el hombre siembre eso segará

El que siembra iniquidad, iniquidad segará, y la vara de su insolencia se consumirá.

PROVERBIOS 22:8

La ley de la siembra y la cosecha es un principio universal. No podemos sembrar el mal y segar el bien. No podemos sembrar vientos y cosechar bonanza. No podemos plantar espinas y cosechar higos. No es posible sembrar en la carne y cosechar vida eterna, Dios no se deja escarnecer. Él va a retribuir a cada uno según sus obras y dará la cosecha a cada uno de acuerdo a lo que sembró. "Pues todo lo que el hombre siembre, eso también segará" (Gálatas 6:7). El que siembre con injusticia cosechará males. Quien siembra maldad cosechará desgracia y será castigado por su propio odio. El castigo de su indignación será completo. Muchas personas actúan como si esa ley fuese una farsa. Pasan la vida sembrando la maldad y esperan al final cosechar bondades. Hacen de su historia una siembra maldita de odio y esperan cosechar los frutos de la santidad. Eso es absolutamente imposible. Así como no podemos negar ni alterar la ley de la gravedad, tampoco podemos alterar leyes morales y espirituales. Si queremos hacer una cosecha de justicia, deberemos proferir palabras verdaderas y regadas de amor y realizar buenas obras que bendicen a las personas y glorifican a Dios.

31

de diciembre

La recompensa de la generosidad

El ojo misericordioso será bendecido, porque da de su pan
al indigente.

PROVERBIOS 22:9

L a generosidad es el camino de la prosperidad. En el reino de Dios, usted
tiene lo que da y pierde lo que retiene. Quien cierra las manos con usura
deja escapar entre los dedos lo que intenta retener, pero quien abre las manos
para bendecir será lleno de abundancia. El alma generosa prospera, pero quien
retiene más de lo que es justo sufre grandes pérdidas. Quien le da al pobre le
presta a Dios. Aquello que le hacemos al prójimo, le hacemos a Jesús. Hasta
un vaso de agua fría que le damos a alguien en nombre de Cristo no quedará
sin recompensa. Moisés orientó, de la parte de Dios, el pueblo de Israel en los
siguientes términos: "Cuando haya en medio de ti algún menesteroso entre
tus hermanos en alguna de tus ciudades, en la tierra que Jehová tu Dios te da,
no endurecerás tu corazón, ni cerrarás tu mano contra tu hermano pobre, sino
que abrirás a él tu mano liberalmente, y en efecto le prestarás lo que necesi-
te. Guárdate de tener en tu corazón pensamiento perverso, diciendo: Cerca
está el año séptimo, el de la remisión, y mires con malos ojos a tu hermano
menesteroso para no darle; porque él podrá clamar contra ti a Jehová, y se te
contará por pecado. Sin falta le darás, y no serás de mezquino corazón cuando
le des; porque por ello te bendecirá Jehová tu Dios en todos tus hechos, y en
todo lo que emprendas" (Deuteronomio 15:7-10).

Índice temático